COLLECTION

DE

DOCUMENTS INÉDITS

SUR L'HISTOIRE DE FRANCE

PUBLIÉS

PAR ORDRE DU ROI

ET PAR LES SOINS

DU MINISTRE DE L'INSTRUCTION PUBLIQUE

PREMIÈRE SÉRIE

HISTOIRE POLITIQUE

PROCÈS-VERBAUX

DES SÉANCES

DU CONSEIL DE RÉGENCE

DU ROI CHARLES VIII

PENDANT LES MOIS D'AOUT 1484 A JANVIER 1485

PUBLIÉS

D'APRÈS LES MANUSCRITS DE LA BIBLIOTHÈQUE ROYALE

PAR A. BERNIER

AVOCAT A LA COUR ROYALE DE PARIS

PARIS

IMPRIMERIE ROYALE

M DCCC XXXVI

AVANT-PROPOS.

Dans les notes que nous avons jointes au Journal des États de Tours, de Masselin[1], nous avons eu l'occasion de citer des Procès-verbaux des séances du Conseil de Charles VIII, en 1484, qui contiennent des renseignements sur des faits dont avait parlé Masselin. L'étendue de ces procès-verbaux n'a pas permis de les imprimer dans l'Appendice à la suite du journal de Masselin, comme nous en avions d'abord eu le projet; mais la citation que nous en avions faite et la nature des matières qui y sont traitées, et qui, réunies au journal de Masselin, donnent des mémoires sur le gouvernement et l'administration de la France, pendant l'année 1484 presque tout entière, ont décidé monsieur le Ministre de l'instruction publique à nous permettre de publier, pour la première fois, un document jusqu'à ce jour presque entièrement oublié, et dont les historiens ne s'étaient pas encore servis.

Ce nouveau volume peut donc être considéré comme le complément de celui qui contient le journal des états de Tours. Il s'y rattache à la fois par la date et par la nature des documents qu'il renferme.

[1] *Journal des États Généraux de* 1484, p. 517, à la note; et la note, à la fin de l'Appendice, p. 745.

On remarquera, d'ailleurs, que ces procès-verbaux sont par eux-mêmes un morceau historique assez intéressant pour que la publication en soit utile, indépendamment de toute autre raison. Ce sont des actes authentiques rédigés par le secrétaire du conseil privé du roi. Ils ne peuvent manquer de fournir, par leur rédaction même, quelques lumières précieuses sur ce conseil, sur la nature de ses attributions, sur ses formes de procéder, sur la manière dont était entendue et conduite la haute administration de la France après le règne de Louis XI; toutes choses fort mal connues ou tout à fait ignorées jusqu'à présent.

Les documents authentiques relatifs au conseil privé des rois de France sont fort rares, et il y en a peu de publiés. Tout ce que l'on en peut découvrir est fort bon à mettre au jour, et c'est l'un des points sur lesquels les recherches dans les dépôts d'archives et les publications de manuscrits inédits peuvent apporter encore le plus de lumières. Nous croyons donc que toutes les personnes qui s'occupent de cette partie de l'histoire de France nous sauront quelque gré de les avoir fait jouir du fragment que nous publions aujourd'hui.

L'authenticité de ce document ressort avec une telle évidence de sa forme même et de sa nature, qu'il nous semblerait inutile de chercher à l'établir mieux par des discussions. Nous nous contenterons de faire observer que deux des manuscrits que nous avons eus sous les yeux approchent du temps même de la rédaction de ces actes, et que l'un d'eux paraît être l'original; et, d'autre part, la personne dont l'autorité est la plus grande et la moins con-

AVANT-PROPOS.

testée en ces matières, M. Daunou, a cité ces procès-verbaux comme authentiques et s'en est servi, avant même qu'ils fussent imprimés, pour rectifier quelques allégations inexactes des historiens de Charles VIII [1].

Bien que les matières traitées dans ces procès-verbaux soient loin d'être toutes d'un égal intérêt, nous ne nous sommes pas permis d'en retrancher quoi que ce soit, et nous les publions avec exactitude et tels que nous les ont fait lire les manuscrits qui ont été conservés.

Ces manuscrits, venus à notre connaissance, sont au nombre de cinq :

1° Le manuscrit de la Bibliothèque royale, ancien fonds, coté 9824. C'est un petit in-folio de 129 feuillets sur papier, avec ce titre écrit d'une main moderne : *Registres du conseil du roy Charles VIII*^{e}. Les ratures, les surcharges, les interlignes en blanc qui distinguent ce manuscrit des autres pourraient le faire considérer comme l'original; l'écriture est sans aucun doute contemporaine des actes qui y sont consignés. Ce manuscrit a servi de base à notre travail; malheureusement le commencement et la fin y manquent, et il a souffert des lacérations en plusieurs endroits.

2° Les manuscrits de la Bibliothèque royale, cotés n° 296, collection de Brienne, 1 vol in-folio de 242 feuillets; — n° 556, collection de Dupuy, 1 vol. in-folio; — n° 77 H, Saint-Germain, 1 vol. in-folio, tous sur papier, sont des copies, plus ou moins récentes, et plus ou moins correctes du n° 9824.

---

[1] *Journal des Savants,* octobre 1835.

Le catalogue du fonds de Sérilly, de la Bibliothèque royale, mentionne, au n° 193, un registre du conseil d'état de 1484; mais au-dessus de cette indication on a écrit le mot: *deest*.

3° On trouve aux archives du royaume un manuscrit du *Registre du conseil du roy Charles VIIIe*, qui y est coté K 76, n., section historique. Il a 229 feuillets, petit in-4°, écrit sur papier, et recouvert en parchemin. Quoique l'écriture en soit fort ancienne, nous lui avons attribué moins d'autorité qu'au n° 9824 de l'ancien fonds du roi, dont il nous a paru pouvoir bien n'être qu'une copie. L'orthographe y a été rajeunie en plusieurs endroits.

Nous avons ajouté aux procès-verbaux du conseil de Charles VIII une table des séances qui y sont contenues.

ADHELM BERNIER.

SÉANCES
DU CONSEIL DE RÉGENCE

DU ROI CHARLES VIII,

CONTENANT LES DÉLIBÉRATIONS ET LES ARRÊTÉS DE CE CONSEIL DEPUIS LE MOIS D'AOUT 1484 JUSQU'A LA FIN DE LA MÊME ANNÉE.

...... [1] L'absence de l'autre, et ce sans préjudice du droit de baillistre ou curatelle prétendu par madite damoyselle Marguerite, laquelle sera oye sur ses droiz, pour lui estre pourveu ainsi que de raison. Et au surplus seront commis par le roy ceulx qui lui plaira pour la distribucion des deniers du revenu de mesdits S^{urs} les enffans, lesquelz commis seront tenuz d'en rendre compte.

Item. Oudit conseil ont esté leues certaines expédicions faictes sur plusieurs requestes cy-après insérées, lesquelles ont été conmandées oudit conseil et depuis par le roy; dont la teneur sensuit:

Pour les bons hommes, portiers, garenniers, concierges et sergens du bois de Vincennes, et qu'ilz font continuelle résidence; franchise du quatriesme et huitiesme du vin qu'ilz vendent de leur creu en destail.

---

[1] Il y a ici une lacune considérable dans le ms.

Item. Franchise des tailles, ainsi qu'ilz ont acoustumé d'en joir du temps des roys Charles le Quint, VIe et VIIe.

Pour maistre Martin Quinon, notaire en Chastellet, à Paris, congié de résigner son office de notaire.

Une conmission adressant au procureur du roy en Poitou, pour soy informer de ceulx qui sont coulpables de soustenir et favoriser les pillars, de les avoir mis sus, et des maulx qu'ilz font, et l'informacion faicte, la rapporter au conseil du roy.

Une conmission adressant à Seguier et Bognier, apothicaires, pour faire revisitacion sur les drogues des appothicaireryes qui sont dedans Paris, pour corriger les abuz qui s'i font; et lettres de déclaracion dudict mestier d'appoticairerie, pour icellui mestier estre juré, comme les autres mestiers jurez de Paris.

Pour les cordelliers de Caen, admortissement d'un petit jardin et maison qu'ilz ont en ladite ville.

Pour les cordeliers de l'observance de saint Bonneavanture, congié de bastir ung monastère de leur ordre dedans ou dehors la ville de Lyon, ou lieu où les habitans verront estre plus propice.

Pour Jacques de Chaneil, chanoine de Notre-Dame de Condé, lettres pour estre nonmé chappellain du roy en l'église de Saint-Martin de Condé, pour déservir le cantuaire fondé en ladite église par le feu roy Lois, moiennant argent baillé contant à ladite église : à quoy ledit feu roy n'avait encores nonmé chappellain, ainsi que la fondacion le portoit.

Item. Lettres missives au duc d'Autrische, et autres pour cette matière.

Pour maistre Pierre Pezier, juge de la rectorie de la partanticque de Montpeslier et des ressors, mandement adressant au premier des présidens du parlement de Thoulouse ou au senneschal de Beaucaire ou à son lieutenant, que se lui appert que ledict Pezier ait joy dudit office dix-neuf ans, jusques au trespas du feu roy Lois, et qu'il ait esté confermé oudit office, tant par la confirmacion générale et particulière, en ce cas il le face joir dudit office, nonobstant l'impectracion faicte d'icellui office par maistre Raymon Arnault, depuis la confirmacion dudit Du Pezier, soubz couleur qu'il disoit ledit Du Pezier tenir l'office de général de la justice en Languedoc, actendu qu'il ne joyst dudit office de général, au moien de l'abolicion faicte de la court des généraulx, et en cas d'opposition lui joissant, par manière de provision, jour aux parties au grant conseil du roy, pour leur faire droit.

Pour Nicolas Du Courreil, naguières contrerolleur en une des bandes du camp, mandement aux gens des comptes pour lui allouer la somme de LX l., à lui paiez pour ses gaiges du qartier d'octobre mil IIII^c IIII^{xx} et deux, nonobstant qu'il ne peust estre à la monstre dudit quartier, pour la malladie qu'il avoit.

Pour maistre Jehan de La Rue, contrerolleur de Lisieux, lettres de non résidence pour ung an et reliesvement des années passées, actendu l'occupacion qu'il avoit en l'office de secrétaire de la guerre.

Pour maistre Guillaume Fabre, S^{ur} de Puymisson, et juge de Besiers, mandement aux senneschal de Carcassonne et viguier de Besiers, pour recevoir son honmaige, actendu l'occupacion qu'il a à l'exercice dudit office.

Pour Jehan Boileau, congié de muer son surnom de Boyleau au surnom de Grans Hommes, actendu qu'il est descendu de la maison de Grans Hommes, et qu'il en est à présent seigneur du lieu.

Pour l'Ostel Dieu de Paris, confirmacion du muy de sel par an sans gabeller, dont ilz ont tousjours joy, et en tant que mestier seroit, don de nouvel, pour ce qu'ilz ont perdu leur fiertre.

Item. Confirmacion de tous leurs admortissemens donnez par les roys de France, et confermez par le roy Lois, avec cellui de deux cens livres paris. à acquérir, qu'il leur donna.

Confirmacion des previlleiges des Chartreux de Balbonne, près du pont Saint-Esperit en Languedoc, et que le senneschal de Beaucaire soit conmissaire en leur sauvegarde avec les autres nonmez en leur dite sauvegarde.

Item. Confirmacion du don de dix quintaulx de sel sans gabeller, qu'ilz ont droit de prandre ou grenier du pont Saint-Esperit, pour la nourriture de leur bestail menu, duquel bestail ilz ont quelque proffit pour nourrir les religieux, qui sont petitement fondez.

Pour Claude Lambert, confirmacion de son office de conservateur de l'équivalent, au sieige de Montpeslier, dont il joissoit au jour du trespas du feu roy Loys et fait encores à présent.

La confirmacion de l'office de receveur des donmaine et tailles de Quercy, pour Jehan Du Vivier, auquel le feu roy donna ledit office, et au survivant de Jacques Du Vivier, son père, et de luy; et duquel office ledict Jacques, père, avoit seulement obtenu confirmacion en son nom, et dont il joist paisiblement, pourveu que ledict Jehan Du Vivier soit souffissant pour excercer ledit office.

Pour maistre Loys Seillon, filz de la mère nourrisse du feu roy Loys, appoinctement de vi^{xx} l. tourn. par an, pour son entretenement ou service du roy, jusques à ce que le roy lui ait donné quelque office, en récompense de l'office de clerc des comptes extraordinaire, qui lui a esté aboly, et de vingt livres tournois qu'il prenoit par an sur Pierre Sunart, par don du feu roy Lois, que Dieu absoille.

Pour maistre Estienne Gouppillon, evesque de Seez, lectres du roy de reconmandacion au pape, touchant son évesché, pareilles en substance de celles de son adverse partie, maistre Gilles de Laval, après que monseigneur de Périgueux les aura veues et visitées.

Pour Jacques Wadran, tonnellier, Collecte de Fussiau et Philippe de Wadran, leur filz, natifz d'Avaines en Hénault, et à présent demourans à Reims, lettres de habilitacion de pouvoir acquérir des biens et possessions ou royaume, et en disposer comme s'ilz en estoient natifz, sans paier finance, en faveur de ce qu'ilz furent destruitz à la prinse que fist le feu roy Lois de ladite ville d'Avainés.

Pour messire Bertrand d'Allegre, S^{ur} de Busset et cappitaine de Nogent-Le-Roy, ou bailliage de Chaumont en Bassigny, appoinctement de L livres tourn. par an, pour lui aider à la garde, oultre les gaiges ordinaires de XL l. tourn. par an, pourveu que en ladite place n'y ait droit de prandre aucuns guets.

Pour Nicollas de Vaulselles dit Rouxcap, a esté ordonné qu'il sera récompensé par le roy de LX l. de rente, que lui valloient les maisons à lui appartenans à Arras, lesquelles le feu roy Loys fit abbatre pour y faire le chasteau qui y est à présent.

Pour Jehan Léritier, demourant à Paris, congié de faire passer une petite rivière nonmée Toelle, par ung estang et par ses terres qu'il a près ladite rivière, en laissant à ladite rivière pareil cours qu'elle a de présent, appellé à ce le procureur du roy, et pourveu que ses voisins s'i consentent, et que ce ne soit l'intérest de la chose publicque.

Pour les eschevins, conseil, corps et conmunaulté de la ville de Dohay, confirmacion de leurs exempcions et affranchissemens de toutes tailles et aides, que leur donna madame Marye de Bourgongne, dame d'Autrische, par ses lectres patentes conferméees par le feu roy Lois.

Pour Jehan et Amand Vigouroux, marchans demourans à Roddes, congié de marchander, en paiant les tailles et devoirs ordinaires touchant ladite marchandise, nonobstant qu'ilz aient esté adnobliz, et ce en faveur des pertes que leur feu père a portées par cy-devant.

Pour maistre Robert de Pompadour, doyen d'Angoulesme et conseiller en parlement à Bourdeaulx, lettres pour estre payé de ses gaiges dudit office de conseiller, depuis le premier jour de décembre dernier passé jusques à la fin de ce présent parlement, nonobstant qu'il n'ait servi durant ledit temps sondit office en personne, obstant l'occupacion qu'il a eue ou service du roy.

Pour messire Jehan de Arlay, chevalier du guet de Paris, pension de deux cens livres par an sur le receveur des aides de Paris, qu'il avoit du temps du roy Charles VIIe.

Pour l'evesque de Grâce, abbé de Saint-Honnorat en Prouvence, lettres patentes et missives adressans au senneschal de Prouvence et au S. de Serevon pour lui délivrer les places de Cannons et la tour de Saint-Honnorat, qui sont de son abbaye, lesquelles ledit S. de Serevon mist en la main du roy, quant l'abbaye vacqua.

Pour l'évesque, chantre et chanoine de Coustances, lettres patentes adressans aux gens des comptes, pour leur conmectre la congnoissance, vérifficacion et expédicion de certaines lettres octroyées par le feu roy Lois, adressans au bailli de Coustantin et viconte de Coustances, pour faire l'informacion si certaines places et lieux où anciennement les murailles et foussez de Coustances estoient, appartiennent à ladite église de Coustances; et l'informacion faicte, renvoyée aux trésoriers, et casser et adnuller en ce cas certains baulx faiz par les officiers du feu roy Loys desdites places, au proffit du demaine, depuis la démolicion desdits foussez, lesquelz trésoriers n'ont peu procéder à l'expédicion de ladite matière, pour ce que la congnoissance en appartient aux gens des comptes.

Pour les gens du clergié, de la cité et bourg de Nerbonne, mandement au senneschal de Carcassonne, si lui appert de l'acort et appoinctement fait entre eulx et les consulz et conseillers desdits lieux par l'évesque du Puy, lors lieutenant en Languedoc, Guillaume de Varye, général, et maistre Pierre Poignant touchant les différens estans entr'eulx pour raison de certains procès, pendans en la court des généraulx à Montpeslier, et depuis ratiffié et approuvé par lesdits consulz; et que depuis lesdits du clergié en aient joy, en ce cas qu'ilz les facent joir du contenu oudit appoinctement et articles : et en cas d'opposition, assignacion devant les généraulx de la justice à Thoulouse, pour faire raison aux parties, joissans lesdits du clergié selon lesdits articles et appoinctement.

Conmission adressant au bailli de Touraine ou à son lieutenant à Chinon, pour faire informacion et punicion de ceulx qui ont faiz les excès et violences, de par Navarrot et autres, en la maison de Guillemin, le plumacier du roy, ainsi que les cas le requièrent selon justice.

Pour les habitans de Salens-le-Roy lès Poissy, a esté ordonné que la confirmacion de leurs prévilleiges, confermez par le roy ou mois de jung derrainement passé, sera expédié par ung secrétaire des finances, pour ce que les trésoriers et gens de comptes ne les vuellent vériffier, obstant qu'ilz ne sont signez des secrétaires des finances.

Pour maistre Jehan de La Porte, lieutenant criminel de Paris, naguières prevost de l'ostel du feu roy Lois, a esté ordonné qu'il sera paié de ses gages au feur de ce qu'il avoit du feu roy Lois, et ses sergens aussi jusques *pro rata temporis*, au jour de sa destitucion.

Don a messire Georges, S. de Clere, franchement du tiers et dangier d'une pièce de bois, assise à Balneil, appartenant à lui de son héritaige, nonobstant l'ordonnance au contraire, pour lui aider à le récompenser des pertes qu'il a eues durant les guerres passées.

A esté ordonné que mons^{ur} de Périgueux, aumosnier du roy, donnera quelque somme d'argent des deniers de l'aumosne du roy, ainsi qu'il verra estre à faire, à messire Jehan de Vedriens, Cathelan, pour s'en retourner en son pais, en faveur des services qu'il a faiz au feu roy jusques à son trépas, en l'estat de chappellain chantant devant lui chacun jour la messe de la croix.

Lettres à monsieur Deaulne, pour le pourveoir de quelque béneffice.

Pour Pierre Labbé, notaire en Chastellet à Paris, congié de résigner son office de notaire.

Pour Jehan de La Grange et le père de sa femme, lettres pour joir du revenu des places de Roussillon et Vischastel, assises en Bourgongne, jusques à fin de paye de la somme de deux mil escuz, pour laquelle somme ledit feu roy Lois lui donna lesdites places en faveur de son mariaige[1].

A esté ordonné que le procès et question estans entre Patrix Alonze et Raymond de Montastruc, pour raison de la greneterie de Périac[2], sera évocqué au grant conseil du roy, et conmandement fait aux parties et apporter leurs tiltres, pour leur faire justice.

[1] On lit en marge du ms. « Soit encores parlé de cest article aux gens des finances. »
[2] Lisez *Pérignac*.

Pour Antoine, S^{ur} en partie de Chaudieu, lectres patentes adressans au parlement de Grenoble, que si leur appert, appellé le procureur dalphinal du roy, que ledit Anthoine et ses prédécesseurs aient joy de certain péaige qui se liève audit lieu sur le Rosne, et qu'il n'en ait esté empesché, sinon pour ce que promptement il ne povoit monstrer ses tiltres aux conmissaires sur ce ordonnez, en ce cas le facent joir dudit péaige, en faisant apparoir de ses lettres.

Pour maistre Nicolas de Contenchis, jacobin, confirmacion de l'office de inquisiteur de la foy catholicque en la senneschaucée de Carcassonne, selon les lettres du feu roy Loys.

Pour Loys Picard, S^{ur} d'Estellant, Du Mesnil, Tacte, de Radenal et Du Vivier d'Andely, don des reliefz qu'il peut devoir au roy pour raison desdits fiefz qu'il tient du roy à foy et hommaige, en faveur des services que feu mons^{ur} le bailli de Rouen, maistre Guillaume Picart, son père, a faiz au roy.

Pour messire Jehan de Mehun, viconte de Gand, ancien et débilité de sa personne, lettres au bailli de Tournesis ou à son lieutenant, pour le recevoir aux foy et hommaige qu'il est tenu faire au roy, pour raison de toutes les seigneuries qu'il tient en ce royaume, pourveu qu'il envoiera en la chambre des comptes dedans ix mois son dénombrement.

Pour maistre Pierre Jaupitre, greffier des généraulx de la justice en Languedoc, lettres pour joir de sondit office de greffier à Thoulouse, tout ainsi qu'il faisoit quant la court des généraulx estoit à Montpeslier, ensemble confirmacion et don de nouvel dudit office.

Pour les prieur et couvent du Pré-lès-Dozy, de fundacion royal, congié de remuer leurs foires anciennes qui sont à jour de feste à jour ouvrier, et création d'une foire davantaige avec la clause des pourveuz acoustumez.

A esté ordonné que mess^{urs} de la court de parlement de Paris déclaireront et discuteront de la question et procès estant entre maistre Jehan Jonglet d'une part, et maistre Jehan Malingres d'autre, pour raison de l'office de conseiller en ladite court, laquelle discutera du droit des parties.

Don d'une admende de LX l. pour Perrecte, fille de feu Girard le Mercier, avec le pourveu acoustumé.

A esté ordonné que maistre Guillaume Dannet, filz de feu maistre Jehan Dannet, premier président en la court de parlement à Paris, sera payé par le roy de la somme de III^c LVI l. II s. par., deuz par le feu roy à sondit feu père, pour argent prins sur lui, par manière de prest, à l'eure que ladite court fit certain prest audit feu roy; et que si ledit Dannet peut trouver quelque assignacion hors les finances contenues en l'estat du roy, qu'il sera appoincté dessus.

Item. A esté ordonné que mons^{ur} de Périgueux, aumosnier du roy, donna[1] quelque somme à Guillaume Des Roys et Simon Robin, des deniers de l'aumosne du roy, en récompense de la somme de XXXV l. XIIII s. VII d. tourn. que le feu roy Loïs leur avait ordonné, pour le temps qu'ilz avoient vacqué ou service des beaulx pères cordelliers de l'observance.

Pour Regnault de La Salle, Escoussois, demourant au Tresport, congié de tirer jusques à IIII^{xx} muys de blé en Escosse ou à la Rochelle, ou autre lieu du party du roy, franchement sans payer aucun droit, en faveur des pertes qu'il a eues de certains navires qu'il a perduz pour le service du roy, pourveu que le cappitaine de la garde escossoise certiffie qu'il soit homme de bien; ce que ledit cappitaine a fait.

Admortissement pour les doien et chappitre de l'église cathédralle de Saint-Estienne de Sens, de la moitié de la terre et seigneurie de Granchetes lez ledit Sens, et de la haulte justice et droiz appartenant à icelle, en paiant la finance pour ce deue.

Pour messire Guillaume de Nerbonne, chevalier, S^{ur} de Fitor[2] en Languedoc, confirmacion du don fait par le conte de Castres, visroy en Roussillon, de la confiscacion du cassal assis sur le lieu de

---

[1] Lisez *donnera*.
[2] *Alias* Fitour ou Sitour.

Monnet[1] audit pays, avec ses appartenances confisquées au roy, par Aybrine, vefve de feu Pierre Alfonse, marchant de Parpignen, et François, son filz, tenans party contraire à Gisard Gouste, et depuis transporté au marquis de Cousance, et depuis transporté audit S^{ur} de Fitor, qui en demande confirmacion du don desdites confiscacions et transpors.

Pour mons^{ur} de Villequier, lettres missives aux gens des comptes, pour lui bailler le double, collationné aux originaulx, des droiz et tiltres du don et assiète, faicte par l'ayeul du roy à feu Estienne de Vinolles, dit Layre, de la terre et seigneurie de Montmorillon, pour lui servir en certains procès qu'il a pour raison de ladite terre de Montmorillon, qu'il entant recouvrer, ainsi que d e raison.

Pour maistre Jehan Dumont, maistré ès ars, natif de Bresse, lettres de naturalité pour tenir beneffices, offices, faire testament et autres actes, tout ainsi que s'il estoit natif du royaume, avec le don de la finance.

Pour Guillaume Du Pont, cappitaine du pont de Charenton, et lieutenant de mons^{ur} de Vaten au bois de Vincennes, lettres adressans aux trésoriers de France, pour l'appoincter de XL l. tourn. par an pour la garde dudit pont.

Pour la vefve et enffans de feu Jehan de Montespedon, dit Houaste, lettres adressans au parlement du Daulphiné, pour lever la main et empeschement mis en la terre de Beauvaiz du Mare oudit pays de Daulphiné, à eulx appartenant, s'il leur appert que ladite terre n'ait esté aliénée du temps du feu roy Lois, et qu'elle ne soit aucunement de la condicion des choses comprinses en la réunion du demaine du roy.

Lettres missives à Romme au pape, pour avoir agréable et confermer la postullacion faicte du nepveu de mons^{ur} Du Lau en l'archevesché de Bayonne, pour lequel le roy avoit escript à notre saint père.

---

[1] Le texte paraît fautif en cet endroit.

Item. Lettres à l'arcevesque d'Auth, pour ne conferme r l'élection faicte par une partie des chanoines de Bayonne d'autre personne que dudit nepveu[1].

Item. Une provision pour mons^{ur} le président des comptes, maistre Pierre Doriolle, que, s'il appert que par l'appoinctement fait entre lui et mons^{ur} de Precigny, il ait esté dit que ledit Doriolle auroit la moitié du logeis du palaiz et des jardins, que en ce cas ledit Doriolle, nonobstant oppositions ou appellacions quelconques, en joira, et en cas de reffuz, lui joissant, et adjournement devant mons^{ur} le chancellier et le grant conseil du roy[2].

Sur la matière mise en termes touchant les iiii^m l. de rente que le feu roy Loys donna et fonda à l'église de Notre-Dame de Cléry, pour l'augmentacion du divin service d'icelle église, et pour prier Dieu pour lui, desquelles iiii^m l. lesdits de Cléry requièrent avoir délivrance, pour ce qu'elles ont été empeschées par la réunion du demaine.

A esté dit que on ne diminuera riens du service, mais que ceste matière sera encores débatue devant mess^{urs} de Périgueux, de Lombez, président Doriolle, trésoriers Bourre et Mery, et général Gaillart, pour calculler au vray combien peuvent monter les messes, vigilles et autre service que ceulx de ladite église font, et ont acoustumé de faire pour ledit feu roy, ensemble de l'entretenement de la fabricque, des aournemens, enffans et bedeaulx chappellains.

Item. Savoir de combien ilz ont admende dudit feu roy en argent comptant, et quelles rentes ilz ont acquises dudit argent.

Item. Savoir quel nombre de chanoines il y a, et pareillement de bedeaulx, enffans et autres officiers. Et ce fait, lesdites iiii^m l. seront reçeues par ung receveur qui y sera commis de par le roy; lequel

---

[1] Cet alinéa a été bâtonné dans le ms. à la marge duquel on lit N^t (néant).
[2] On lit à la marge du ms. : « C'est article sera vuidé au premier conseil qui se tiendra là où le roy sera en personne : et l'a ainsi le roy commandé et ordonné de bouche. »

leur paiera la somme qui sera advisée par les dessusdits, jusques à ce que le roi soit en aaige : et alors il en pourra faire à son bon plaisir.

Pour ceulx d'Avignon et conté de Vénicy[1], confirmacion de l'octroy à eulx fait par le feu roy, que à cause d'aucunes marques octroyées ou déclairées contre ceulx d'Avignon et conté de Vénicy, l'on ne se puisse prandre ne adapter aux biens, maisons, terres, héritaiges et possessions, assis ou royaume et Daulphiné, appartenant à aucun desdits habitans, pour lesquelz ilz contribuent aux tailles et impostz du roy, comme les subgectz du royaume et Daulphiné.

Et oultre, que lesdits habitans puissent aller veoir, visiter et faire cultiver, labourer et cueillir les fruitz de leursdits héritaiges, et ne puissent estre prins ne arrestez en ce faisant, à cause desdites marques, s'elles n'estoient expressément données et déclairées à l'encontre d'eulx, et aussi qu'ilz puissent tirer et enmener lesdits fruitz creuz en leursdits héritaiges, en aiant certifficacion des consulz senidiz ou habitans où ilz sont assis, que c'est de leur creu et de la quantité, pourveu que les subgectz du roy, aians héritaiges ès terres de l'église, le pourront ainsi faire.

Item. Lettres au senneschal de Beaucaire et autres juges, tant du royaume que Daulphiné, pour faire passer et repasser les marchans et habitans d'Avignon et terre de l'église, avecques leurs demrées et marchandises, tant par eaue que par terre, en payant les péaiges et droiz deuz et acoustumez, sans les souffrir contraindre à payer plus nulles exactions indeues.

Item. Confirmacion de la déclaracion faicte par le feu roy, que nulles marques ou reprinsailles ne feussent plus déclairées ne taxées par quelzconques juges, à l'encontre de ceulx d'Avignon et terres de l'église, sinon par le roy, mess[urs] du grant conseil ou par l'une des cours de parlement. Et octroy de nouvel, en tant que mestier est.

---

[1] Lisez *comtat Venaissain*

Item. Lettres, comme ilz avoïent du feu roy, adressans à ses officiers, tant du royaume que Daulphiné, comme protecteur des biens de l'église, qu'ilz ne souffrent nulz pillars ne larrons entrer ès terres de l'église et s'ilz y entrent, qu'ilz les facent vuider par main armée, se mestier est.

Item. Lettres, que nulles armées ne gens de guerre du royaume ou Daulphiné ne passent par les terres de l'église, tant qu'ilz puissent avoir passaige ailleurs aiséement : et sinon les officiers desdites terres de ce advertiz, qu'ilz ne séjournent aucunement, et ne prennent vivres sans payer.

Item. Lettres au senneschal de Beaucaire, appellé le procureur et advocat du roy, le maistre des pors et autres qui seront à appeller, il facent oster ung moulin que ledit maistre des pors a fait mectre et ataicher à la principalle arche du pont d'Avignon, et le mectre plus hault ou plus bas, hors° la terre de l'église, si lui appert qu'il soit nuisible audit pont et aux fustes, barques et vaisseaulx montant ou descendans par la rivière du Rosne.

Item. Lettres à la court de parlement de Thoulouse, qu'elle expédie le procès qui est pendant entre les officiers du roy et ceulx d'Avignon, à cause des isles d'Argenton, Monton, Bornoyon et autres prochains, dont est question.

Item. Lettres au senneschal de Prouvence, que appellé le procureur et officiers du roy et autres qu'ilz feront à appeller, il face justice et raison aux parties, touchant le débat qui est entre lesdits officiers et ceulx d'Avignon, à cause du terrouer, dit Lorme Dapas.

Item. Lettres à ceulx de la court de parlement, aux senneschaulx de Beaucaire, de Carcassonne et autres, pour délivrer un courrier de notre saint père le pape, qui a esté mené prisonnier en ladite court, à la requeste de ceulx de chappitre d'Uzès, pour leur avoir présenté ung bref de notre saint père, touchant la provision faicte par lui de l'évesché d'Uzès à maistre Jacques de saint Gelaiz.

Le fournissement des greniers à sel a esté octroié aux villes du royaume pour leur aider à entretenir lesdites villes en réparacion, en ensuivant plusieurs autres pareilles délibéracions, par cy-devant prinses de ceste matière, dont plusieurs lettres par cy-devant leur en ont esté expédiées.

DU IIIe JOUR D'AOUST L'AN MIL IIII^c IIII^{xx} ET QUATRE, AUX TOURNELLES, A PARIS.

Estans au conseil :

M. le cardinal de Lion,
M. de Beaujeu,
M. de Bresse,
M. d'Albi,
M. de Périgueux,
M. de Lombez,
M. de Torcy,
M. de Baudricourt,

M. Du Lau,
M. de Lisle,
M. de Chastelarchier,
Me Guillaume Dannet,
Me Charles de La Vernade,
Me Pierre de Sacierges,
Me Jacques Connet.

Lettres à mons^{ur} de Valengin, que le roy a esté adverty qu'il a fait prandre et destrousser entre Chaalon et Beaulne; certains marchans estans de Lorraine, au retour de la foire de Lion, soubz umbre du différent qui est entre mons^{ur} de Lorraine et lui, pour raison de la seigneurie de Baffremont; dont le roy est très-mal content, actendu qu'il a enffrainct dedans ses pays la seureté de son royaume, et aussi la franchise desdites foires de Lion; et que le roy lui fait savoir qu'il n'est pas délibéré laisser la matière en cest estat; et pour ce, qu'il face incontinant restituer lesdits marchans de tout ce qui leur a esté prins, et mectre leurs personnes à plaine délivrance; et que autrement le roy ne se peut mesler dudit différent d'entre mons^{ur} de Lorraine et lui, ainsi que lui en a prié ledit S^{ur} de Valengin, que premièrement lesdits marchans ne soient restituez.

Sauvegarde pour les célestins de Paris et leurs maisons.

Lettres à mons^{ur} de Vergy qui avoit retiré lesdits malfaicteurs en ses places, qu'il ne le face plus; et que si désormaiz aucuns s'i retirent pour faire pilleries ou donmaiges, en ce cas le roy se prandra à lui de tous les donmaiges qui seront faiz par ceulx qui se seront retirez dedens icelles.

A esté conclud que demain au palais, en la chambre du conseil aux comptes, se trouverront monsʳ de Périgueux, monsʳ de Torcy et autres du conseil du roy, qui s'i vouldroit trouver, et les gens des finances, pour oyr l'advis dressé par les generaulx sur l'ordre qui est à mectre au fait d'icelles monnoyes.

Sur ce point, M. de Dunoys est venu oudit conseil.

OUDIT IIIme JOUR D'AOUST, MIL IIII^c IIII^{xx} ET QUATRE, AUX TOURNELLES, A PARIS, APRÈS DISNER.

Estans au conseil :

Le roy,
M. d'Orléans,
M. le cardinal de Lion,
M. de Bourbon,
M. de Beaujeu,
M. de Bresse,
M. de Dunoys,
M. le chancellier,
M. d'Albi,
M. de Périgueux,
M. de Lombez,
M. de Coustances,
M. de Torcy,
M. de Baudricourt,
M. Du Lau,
M. de Montmoranci,
M. de Boisi,
M. le bailly de Meaulx,
Messire Pierre Doriolle,
Le tiers président de Thoulouse,
Mᵉ Adam Fumée,
Mᵉ Simon David,
Mᵉ Guillaume Dannet,

Mᵉ Charles de La Vernade,
Mᵉ Pierre de Sacierges,
Le premier président de parlement, maistre Jehan de La Vacquerie ;
Le segond président de parlement, Nanterre ;
Le quart président de parlement, Baillet ;
Mᵉ Jehan Avril,
Mᵉ Jehan Anin,
Mᵉ Guillaume Aymeret,
Mᵉ Jehan Simon,
Mᵉ Jehan Bouchart,
Mᵉ Guillaume de Cambray,
Mᵉ Jehan Le Viste,
Mᵉ Philippes Luillier,
Mᵉ Robert Thiboult,
Mᵉ Jehan Magistri, advocat du roy,
M. le procureur général du roy, Nanterre ;
M. le juge du Maine,
M. le général Michel Gaillart,
Mᵉ Jacques Louvet,
M. le général de Bourgongne.

Sur ce qui a esté proposé par monsʳ le chancellier comme messʳˢ de ladite court de parlement estoient illec venuz, pour advertir le roy de plusieurs choses touchant le bien et utillité de son peuple, mesmement des pilleries que les gens de guerre et autres pillars tenans les champs, font à l'entour de ceste ville, afin qu'il lui pleust y faire donner provision.

Aussi conment, pour le bien de la justice, veu la contrariété qui estoit chacun jour entre les jugemens faiz par la court de parlement et par le grant conseil, il estoit besoing à donner ordre pour la conservacion de la pragmaticque aux matières bénéfficialles, tant touchant les collations, nominacions, que autrement, et aussi touchant les censures qui, chacun jour, ont cours à présent en ce royaume, et pareillement touchant les évocacions qui chacun jour se font, dont les officiers ordinaires et ladite court de parlement perdent la congnoissance des matières, pour travailler et molester les parties : et aussi pourvoir à ce que les arrestz dudit parlement de Paris feussent executez en Bourgongne, nonobstant l'empeschement que y mectent ceulx dudit parlement de Bourgongne.

Le roy est party dudit conseil avant la conclusion.

Et après que oudit conseil a esté leue la coppie, extraicte des registres de parlement, de certaines lettres royaulx données par le roy Charles VIme en ceste ville de Paris, ou chastel du Louvre, l'an mil III^c IIII^{xx} IX, par lesquelles déclaire que veult et entend que ladite court ne obtempère à aucunes lettres patentes par lui octroyées, soit en matiers d'évocacions ou autrement, se premièrement il ne leur semble icelles estre justes et raisonnables.

A esté conclud que sur le premier point touchant la pillerye, que actendu que on à desjà conmencé à faire cesser en général lésdites pilleries, parce que on a envoyé mons^{ur} le mareschal de Gyé sur les champs pour punir les pillars qui encore ès cas particuliers qui sont ou pourront avenir, que on y pourvoira en manière que ladite pillerye cessera icy environ et partout où elle sera.

Et au surplus touchant les autres poins, que pour ce qu'il est nécessaire que, actendu la grandeur des matières, que les choses soient bien entendues, a esté conclud que du conseil du roy seront esleuz six personnaiges et six autres de messⁿʳˢ de la court de parlement pour débatre lesdites matières en l'ostel de monsʳ le chancellier, en sa présence. Et après ce sera rapportée leur conclusion et adviz ou conseil du roy, pour y estre mise ordre et fin, telle qu'il appartiendra.

Pour Anthoine Bel et Thomas Losa, marchans d'Avignon, sauf-conduit de marchander, pour ne estre compris ès marques relaxées contre ceulx d'Avignon, pour le terme d'un an seulement, à commencer du jour du relaxement de ladite marque, pendant lequel temps ilz pourront vuider leurs biens sauvement, si bon leur semble, pourveu qu'ilz ne maineront marchandise qui ne soit leur et de leur train ou raison, et que, s'il est trouvé qu'ilz facent le contraire, advouant la marchandise d'aultrui à eulx, et qu'ilz en abusent, ladite marchandise advouée faulcement sera confisquée au roy et leur sauf-conduit de nulle valeur, et soubzmis au roy à punicion de peine arbitraire.

DU Vᵐᵉ JOUR D'AOUST, L'AN MIL IIIIᶜ IIIIˣˣ ET QUATRE, A PARIS, AUX TOURNELLES, AU MATIN.

Estans au conseil :

M. de Bourbon,	M. de Lombez,
M. de Beaujeu,	M. de Coustances,
M. de Dunoys,	M. Du Lau,
M. d'Albi,	M. de Montmoranci,
M. de Périgueux,	M. de Lisle.

A esté mis en termes le despeschement de l'alée de monsʳ de Bresse, pour pourveoir à la pillerie que font les gens de guerre tenans les champs, et mesmement soubz umbre du différent estant entre madame la princesse et la royne sa fille, d'une part, et monsʳ le viconte de Nerbonne, d'autre.

A esté conclud qu'il soit si bien acompagné qu'il puisse conduire sa charge, à l'onneur du roy, en manière que son auctorité y soit gardée, qu'il menera quant et lui oudit voiaige quatre cens lances des compaignies qui s'ensuivent; c'est assavoir :

De la compaignie de Mons^{ur} d'Orléans..................	50 lances.
de M. le connestabble...............	50 lances.
de M. de Beaujeu..................	50 lances.
de M. de Dunoys..................	50 lances.
de M. le mareschal de Bourgongne....	30 lances.
De la compaignie des Escoussois.....................	90 lances.
De la compaignie de Mons^{ur} le Grant Bastard..........	75 lances.
Les........	395 lances.

A esté ordonné que pour aider et subvenir à mons^{ur} de Bresse, à la despense qui lui conviendra faire oudit voiaige, que durant le temps qu'il vacquera oudit voiaige, il aura par chacun mois du roy M l. tourn. pour ce qu'il y va comme lieutenant du roy, et qu'il n'a aucuns gens d'armes qui soient à luy, comme cappitaine d'eulx. Et, oultre ce, pour aider à soy habiller au partir de Paris, il aura mil livres tournois comptant.

Et est survenu sur ce point, oudit conseil mons^{ur} d'Orléans. Depuis sont survenuz oudit conseil mons^{ur} de Bresse et mons^{ur} le chancellier.

Oudit conseil a esté remonstré par mons^{ur} de Coustances conment mons^{ur} le cardinal Balue, légat *a latere* en France, de notre saint père, estoit prez de ceste ville de Paris, de cinq ou six lieues, venant avec lui mons^{ur} le cardinal de Foix, tous deulx ensemble du retour de leur voiaige qu'ilz avoient fait en Bretaigne devers le duc, et que ledit légat estoit délibéré d'entrer dedans Paris aujourd'ui à tout petit nombre de gens, qui ne le vouldroit recevoir comme légat, ou de différer son entrée jusques à demain, si on le vouloit recevoir comme il appartient à légat de notre saint père.

Et oultre a esté par lui dit que ledit légat avoit envoyé au roy et à mess^{urs} les princes et seigneurs de son sang ses bulles de sa légacion et toutes les facultés des charges et pouvoirs qu'il a de notre saint père, lesquelles mondit s^{ur} de Coustances avoit devers lui en ses mains, et desquelles en ont esté leues aucunes oudit conseil, en advertissant le roy que selon le scellé, modifficacions et obligacion que pieçà, dès le conmancement de sa venue de Romme, il bailla au roy ou à l'évesque de Lombez et autres depputez de par le roy, de ne user de censsures ne facultés quelzconques, fors selon le bon plaisir du roy. Il est encores délibéré de ainsi le faire sans aucunement y contrevenir, et que áfin que le roy et lesdits s^{urs} en soient mieulx acertennez, qu'il leur envoye lesdites bulles de sa légacion et de toutes ses autres facultez, délibéré de n'en user, s'il n'en plaist au roy, en manière que ce soit comme cellui qui ne veult évacuer de ce royaume la pécune, mais y faire le proffit et honneur du roy et bien de son royaume.

Et sur ce a esté mis en délibéracion si ledit légat entreroit dedans Paris, pour estre reçeu comme légat ou simplement comme cardinal et comme ambassadeur du duc. En quoi a esté prinse conclusion que, considéré l'honneur que notre saint père a fait au roy et au royaume, d'envoyer par deçà un légat *a latere,* comme est ledit cardinal, pour soy emploier en toutes les choses proffitables et utiles au roy et au royaume; et que ledit légat a esté reçeu par le roy comme légat soubz aucunes modifficacions, à l'entrée de son royaume à Lyon, et depuis en la présence du roy au bois de Vincennes *cum insigniis,* soubz le scellé et promesse de ne user de facultés quelzconques, que selon le plaisir du roy; considéré aussi qu'il offre, se déclaire et promect derechef de ne user autrement de ladite légacion que ainsi qu'il a promis, et qu'il a envoyé ses bulles de sa légacion et des autres facultez libéralement au roy; considéré aussi qu'il vient de devers le duc, de par lequel il dit avoir charge de parler au roy, et afin que le duc ne pense que, s'il estoit mal recueilly que ce feust pour desplaisir du voiaige qu'il aurait fait devers lui : par quoy semble estre expédient pour garder que le duc ne tumbe en ceste ymaginacion, que on ne le doit recevoir à moindre sollempnité qu'on a fait au conmancement qu'il entra en France ; considéré aussi qu'il a fait savoir au roy qu'il est pressé de notre saint père de s'en retourner devers lui, et que, avant son retour, il est bien honneste qu'il preigne congié du roy et que le roy le lui octroye, et lui tiengne bons termes à l'eure de son partement, afin que pareillement notre saint père soit enclin de recevoir honnestement à Romme les ambassadeurs que le roy doit envoyer devers lui en brief, pour lui faire l'obéissance fillialle.

Pour ces causes et autres considéracions, a esté conclud que en ceste manière l'entrée dudit légat ne peut estre préjudicialle en aucune manière, et qu'il entrera dedans Paris comme légat d'*usque sancti honoris,* sans avoir puissance du user de sa légacion, et que à lui, comme légat, seront faictes les honneurs et révérences, telles qu'il appartient à ung légat *a latere,* ainsi que fut fait à mons[ur] le légat saint Pierre *ad vincula,* qui entra[1] dedans Paris, du vivant du feu roy Lois, que Dieu absoille, *dempta facultate utendi legatione et aliis facultatibus.*

Toutesfois a esté advisé que, pour ce que mess[urs] de la court de parlement et de la ville de Paris pourroient faire quelque murmuracion ou faire quelques protestacions ou résistances, pensans, s'ilz n'estoient advertiz des choses dessusdites, que ledit cardinal voulsist user de sadicte légacion, et aussi que on les voulsist contempner, affin de contenter lesdits s[urs] de parlement et de la ville, que après disner mons[ur] le chancellier fera venir certain nombre de présidens et conseillers de ladite court oudit conseil du roy, pour les advertir de toutes les raisons dessusdites et déclaracion faicte par ledit cardinal légat, de ne user desdites facultés, sinon ainsi qu'il plaira au roy, en ensuivant son premier scellé et promesse.

Et au surplus, touchant la forme de sa récepcion, a esté conclud que l'en en communicquera après disner oudit conseil avec lesdits gens de parlement et ceulx du conseil du roy, pour adviser la forme

---

[1] Mst. *entrera.* J'ai remarqué que le texte du ms. est fautif en plusieurs endroits.

et manière de le recevoir honnestement, sans préjudicier en riens à l'auctorité et prééminence du roy. Et que oultre seront oyz mons^{ur} de Dunois, mons^{ur} le gouverneur de Limosin et autres qui furent depputez, du vivant du feu roy Loys, à faire recevoir en ladite ville de Paris, le cardinal saint Pierre *ad vincula*, comme légat, afin d'estre par eulx adverti de leur adviz sur la forme de la récepcion qui fut tenue à son entrée, pour faire pareillement audit cardinal Balue, légat, récepcion honneste, pour l'onneur de notre saint père et du saint sieige apostolicque.

Pour maistre Henry de Livres, prévost des marchans de Paris, confirmacion de ce que le feu roy Loys lui avoit donné par ses lettres patentes, sa vie durant, pour son entretenement, pour en joir, ainsi qu'il faisoit, montant III^c LX l. par. par an, à les prendre sur l'assignacion des généraulx de la justice à Paris, après les gaiges et droiz premièrement payez.

Plus, pour Bernardin Oudry, aumosnier de mons^{ur} de Bresse, lettres de reconmandacion au chappitre de saint Vincent de Mascon, pour la première prébende et chanonie vacant en ladite église.

Item. Lettres de naturalité pour lui, sans paier finances, avec dispense de tenir béneffices ou royaume.

Item. Cedit jour, matin, sont venuz ou conseil le prévost des marchans, aucuns des eschevins et plusieurs marchans de la ville de Paris,[1] .... aussi les hostelliers et passaiges, car il conviendra que les estrangiers venans audit Paris pour lesdites foires, despendent de l'argent ou royaume, ce qu'ilz ne faisoient, mesmement les Lombars et Ytalliens à venir à Lion, ou feroient, quant lesdites foires seroient mises en ville plus prochaine desdites extrémitez.

---

[1] Ici finit le f° 11 et commence le f° 12 : nous croyons qu'il y a une lacune d'un feuillet. La question des foires de Lyon est traitée en conseil royal d'après les termes du chapitre de la marchandise qu'on lit dans le cahier des états généraux de 1483, et que nous avons imprimé dans l'Appendice au Journal de ces états, par Masselin. La ville de Paris demande que ces foires soient transférées à Paris même et expose les avantages de cette translation. On sait qu'elles ne furent transportées qu'à Bourges.

Aussi en tant que ladite ville est située sur toutes rivières, comme dessus est dit, lesdits marchans lombars, ytalliens et prouvensaulx qui emportoient les deniers de leurs marchandises, sans les employer audit Lion, pour ce que trop somptueuse despense leur eust esté faire emploite de marchandise, pour les charrier en leurs pays; iceulx marchans lombars, ytalliens, et tous les autres comme Flamens, Hollandois, Almans, Bretons et Espaignoulx pourroient emploier en ladite ville de Paris leurs deniers ou trocher leurs marchandises, tant en draps, toilles, vins, blez, cuirs blans, comme autres plusieurs marchandises à eulx neccessaires et propices, parce que aisiement ilz les pourroient tirer, mener et conduire par lesdites rivières et par la mer, en leurs pays et ailleurs où bon leur sembleroit; qui seroit ung très-grant bien et proffit pour la dépesche de toute la marchandise de ce royaume.

Semblablement en ladite ville de Paris se pourra donner plus prompte provision quant au fait des monnoies et du billon que en nulle autre ville, tant parce qu'elle est loing de toutes extrémitez, comme dessus est dit, comme aussi parce que les généraulx des monnoies qui ont le regard sur ce pour le roy, y font leur jurisdicion et résidence, y pourront avoir l'ueil, en plus grande dilligence qu'ilz ne feroient en autre ville ou lieu de cedit royaume.

Et est à nocter que anciennement marchans de toutes nacions demouroient en ladite ville de Paris et y faisoient leur principalle marchandise et résidence, parce que toutes gallées, carracques et autres navires arrivoient à Harfleu et Honnefleu, près de Seine; et tenoient seulement lesdits marchans, leurs facteurs, en la ville de Bruges, qui lors estoit de petite valleur; mais à cause de la discontinuacion de ladite marchandise, et que pour les guerres, divisions et autrement, lesdits marchans se sont distraiz de ladite ville de Paris et ont prins à hanter ladite ville de Bruges, icelle ville et tout le pays de Flandres en est amendé et enrichy, et le royaume de France diminué et apouvry, quant au fait de la marchandise.

Quant à la ville de Bourges en laquelle aucuns veullent dire lesdites foires estre convenables, dient lesdits de Paris qu'ils sçeuvent bien ladite ville estre bonne et notable ville, digne de grans biens ; mais quant ausdites foires, chacun scet conment elle est située, et en quel avantaige pour icelles foires entretenir : dont parleront bien et plus au long plusieurs notables marchans du royaume, se le bon plaisir du roy est qu'ilz soient oyz.

Quant à ce aussi que l'en pourroit dire que ladite ville de Paris ne peut avoir tous les biens, semble soubz toute bonne courrection, que ce soit petit argument, parce que pour oster ou destourner ung bien particulier à cellui qui par semblance en auroit trop, on ne devroit raisonnablement destourner ou empescher cellui qui seroit publicque ou universal, combien que en toute bonne résolucion l'onneur et le bien du roy et de la chose publicque de son royaume seroit que sa ville capital, qui est ladite ville de Paris, feust tousjours de plus en plus douée et édiffiée de plusieurs grans biens et prérogatives, car ainsi l'ont tousjours voulu et désiré ses très-nobles progéniteurs et prédécesseurs.

Au surplus supplient et requièrent très-humblement lesdits de Paris, au roy notredit s[ur] et mesdits s[urs] de son sang et conseil, que il leur plaise à ce que dit est, et qui plus au long leur sera déduit, et humblement remonstré, se leur plaisir est les oyr, avoir esgard, sans ymaginacion aucune, qu'ilz facent ceste poursuite ou requeste à leur singulier proffit, ou pour aucun intérest particulier, mais pour le bien dudit s[ur] et utilité de la marchandise et chose publicque de ce royaume, comme dessus est dit.

A esté conclud que, en ensuivant la derrenière conclusion, prinse le IIe aost cy-devant, laquelle a esté conmandée par le roy le IIe jour de ce mois, présent mons[ur] de Torcy et autres, que lesdites foires qui estoient à Lion seront situées, mises, assises et demourront en ladite ville de Bourges, jusques à cinq ans excepté.

DUDIT JOUR, ESTANT AU CONSEIL, APRÈS DISNER, AUX TOURNELLES,
A PARIS,

M. de Beaujeu,	M. de Curton,
M. de Bresse,	M. Du Lau,
M. de Dunoys,	M. de Lisle,
M. le chancellier,	M. de Chastelarchier,
M. d'Albi,	M° Adam Fumée,
M. de Périgueux,	M° Charles de La Vernade,
M. de Lombez,	M° Guillaume Dannet,
M. de Torcy,	M° Pierre de Sacierges.

Lettres aux trois estatz de Navarre, de Bigourre, de Foix et de Béarn, que le roi a esté adverty du mariaige fait de la fille de madame la princesse royne de Navarre, et du filz de mons^{ur} d'Allebret, et que le roy a ledit mariaige pour agréable.

Lettres de reconmandacion à Thoulouse pour un des gens de madame la princesse d'Orléans, régent, à ce que on le laisse joir en son absence de son droit de maistrise, ou qu'il y puisse admectre, actendu l'occupacion ou service de ladite dame.

Item. Lettre audit docteur médecin, qu'il serve lesdites dames pour leur santé.

Lettres à mons^{ur} de Comminge, conment le roy envoye par delà mons^{ur} de Bresse pour chasser la pillerie qui a cours, soubz umbre du différent de ladite royne de Navarre et de mons^{ur} le viconte de Nerbonne, et que, s'il a afaire de lui de quelque chose, qu'il face ce qu'il lui ordonnera de par le roy.

Lettres au s^{ur} de Caulmont Foixet, ès mains duquel sont aucunes places contencieuses prétendues par madame la princesse et sa fille d'une part, et mons^{ur} le viconte de Nerbonne, d'autre, que, sur sa vie, et sur peine d'encourir l'indignacion du roy, il ne mecte èsdites places aucunes gens, partisans d'un cousté ne d'autre, ou préjudice de la nutralité en laquelle il les doit garder, sans favoriser une partie ne autre.

Oudit conseil ont esté esleuz et nonmez les dix personnaiges qui s'ensuivent, pour communiquer et praticquer avec mess[urs] de parlement le fait des évocations, nominacions, censures et autres choses touchant l'ordre des matières bénefficiales, afin que sur le tout ilz dient leur adviz, pour icellui estre rapporté ou conseil du roy. C'est assavoir :

    M. de Périgueux,
    Messire Pierre Doriolle, premier président des comptes ;
    M[e] Gacien Faure, tiers président de Thoulouse ;
    M[e] Jean Chambon,
    M[e] Charles de La Vernade,   } M[rs] des requestes.
    M[e] Pierre de Sacierges,

DU VI[e] JOUR D'AOUST, L'AN MIL IIII[c] IIII[xx] ET QUATRE, AUX TOURNELLES, A PARIS.

Estans au conseil :

M. de Beaujeu,	M. de Montmoranci,
M. de Dunoys,	M. de Vaten,
M. d'Albi,	M. de Lisle,
M. de Périgueux,	Messire Pierre Doriolle,
M. de Lombez,	M[e] Guillaume Dannet,
M. de Torcy,	M[e] Pierre de Sacierges,
M. de Courton,	M. le senneschal de Thoulouse.

Une lettre à mons[ur] le maréchal de Gié conment le roy envoye mons[ur] de Bresse faire ce qu'il avoit en charge, et pour ce, qu'il s'en peut bien retourner en sa maison, et qu'il se rende le VIIIe jour devant la Saint-Michel en ceste ville devers le roy, où la feste de l'ordre de Saint-Michel sera cellébrée, et qu'il s'enquière d'un nommé Le Baron, qui a assemblé des gens en Normandie à pié et à cheval, pour tirer en Foix, et qu'il le garde de passer oultre, et qu'il envoie à Bourges au XVe de ce mois les c lances qu'il avoit menées.

La lieutenance généralle du roy à mons[ur] de Bresse, pour faire cesser les pilleries que font les gens de guerre, soubz umbre du différent de madame la princesse et la royne sa fille et de mons^ur de Nerbonne, en les contraignant à tenir et obéir à l'appoinctement que le roy a sur ce en son conseil prononcé, et qu'il leur a fait scavoir.

Et oudit voiaige sera acompaigné ledit s^ur de Bresse de quatre cens hommes d'armes des compaignies des ordonnances; c'est assavoir:

De la compaignie de mons^ur d'Orléans............	5o lances.
de mons^ur le connestable............	5o lances.
de mons^ur de Beaujeu..............	5o lances.
de mons^ur de Dunoys...............	5o lances.
de mons^ur le mareschal de Bourgongne.	3o lances.
De la compaignie des Escossoys................	90 lances.
de mons^ur le Grant Bastard..........	75 lances.
Ces.........	395 lances.

Lettres aux cappitaines desdites compaignies ou à leurs lieuxtenans, les advertissent[1] de l'alée de mons^ur de Bresse, lieutenant du roy, et de la cause d'icelle, afin qui[2] lui obéissent en tout ce qui leur ordonnera de par le roy, et qu'ilz chevauchent incontinant pour eulx rendre devers lui. C'est assavoir : ausdites compaignies qui sont en Bourgongne, qu'ilz se rendent à Molusson au xv de ce mois prochain venant, où illec trouverront des nouvelles dudit s^ur de Bresse ; et aux autres compaignies qui ne sont en Bourgongne, qu'ils se rendent à Bourges, où pareillement ilz auront des nouvelles dudit s^ur de Bresse.

Lettres closes à tous ceulx qui avoient charge de par le roy d'assembler gens, pour acompaigner mons^ur le mareschal de Gié, à l'heure qu'il fut despesché pour aller faire cesser la pillerie ; comme à mons^ur de Ventadour, mons^ur de Pompadour et autres, qu'ilz facent dilligence d'assembler leurs gens, ainsi que leur commission du roy le porte, et que actendu que le roy envoye mons^ur de Bresse par delà, pour faire la charge que avoit ledit mares-

---

[1] Lisez, ici et ailleurs, le participe présent : *advertissant*.

[2] Il est aussi à dire, une fois pour toutes, que *qui* est mis plusieurs fois pour *qu'ils*.

chal de Gié, qu'ilz lui obéissent et facent obéir leurs gens, comme ilz eussent fait audit mareschal de Gié; dont les commissaires sensuivent :

Commission a été despechée pour le pais de Poitou, à mons^{ur} de La Forest et à mons^{ur} de Saint-Lo;

Pour Berry, à mons^{ur} de Champerroux;

Pour Limosin, aux s^{urs} de Ventadour et de Pompadour;

Pour Languedoc, à Jacques Galiot et aux s^{urs} Daubijoux et de Saint-Martin de Taleran.

Et a été escript à mons^{ur} de Cleremont de Lodève, faire cesser lesdites pilleries.

Lettres à Durant Fradet, pour s'en retourner incontinant icelles veues, devers le roy.

Lettres à mons^{ur} d'Alebret, pour faire ce que lui ordonnera M. de Bresse[1].

Pareilles à M. de Clermont de Lodève.

Pareilles à M. de Comminge.

Pareilles aussi à M. de La Barde.

Item. Aussi au conte de Castres.

Item. Au s^{ur} Daubijoux, et qu'il garde de passer les bendes, s'il en est adverti d'aucunes titans vers Foix ou ilec passans.

Item. Lettres de créance sur M. de Bresse à madame la princesse.

Pareilles à la royne de Navarre,

Pareilles à mons^{ur} de Narbonne.

DU VIIe JOUR D'AOUST, MIL IIII^c IIII^{xx} ET IIII, A PARIS, AUX TOURNELLES.

Estans au conseil :

M. de Beaujeu,
M. de Bresse,
M. le chancellier,

M. d'Albi,
M. de Périgueux,
M. de Lombez,

---

[1] Dans le ms. cet alinéa et les suivants, jusqu'au procès-verbal de la séance du 7 août, sont d'une autre écriture que ce qui précède.

M. de Richebourg,
M. de Torci,
M. Du Lau,
M. de Montmoranci,
M. de Chastelarchier,
M. de Lisle.

M. le président des comptes, maistre Pierre Doriolle;
M. le tiers président de Thoulouse,
M⁰ Charles de La Vernade,
M⁰ Pierre de Sacierges.

Pour les mesnagiers qui souloient demourer en la ville d'Arras, lesquelz avoient obmis à faire mectre en leurs lettres de franchise, qu'ilz ont eue par octroy du roy, en faveur des pertes qu'ilz ont eues, une clause; c'est assavoir : qu'ilz feussent francs, quictes et exemps du VIIIe et IIIIe du vin de leur creu, qui vendroient à destail d'ici à deux ans.

A esté conclud qu'ilz en seront francs, et que les fermiers en auront leur acquit pour ledit temps.

Une retenue de conseiller du roy aux honneurs, pour maistre Jacques de La Barde, licencié en chacun droit.

Une autre retenue de conseiller et médecin du roy aux honneurs, pour maistre Guillaume Poirier, docteur en médecine, ainsi qu'il avoit du feu roy Lois, que Dieu absoille.

Pour Guillaume Perrot, notaire ou chastellet de Paris, congié de résigner son office, pourveu que mons^{ur} le chancellier verra si le personnaige à qui il le veult résigner est souffisant et ydoyne.

Une légitimacion pour Pierre Thorenches, filz bastard de Pierre Thorenches et de Mariete de Citeaulx, pour succéder à sondit père, ou cas qu'il n'y auroit hoirs descendans de lui en loial mariaige, ensemble le don de la finance [1].

Pour maistre Gilles Dorin, l'office de procureur du roy à Bourges, vacant à présent par le trespas de maistre Pierre Poisle [2].

Pour Loys, mons^{ur} de Luxembourg, don de toutes les restes

---

[1] Le greffier a écrit en marge de cet article : « Bon. 11 l. hic, car c'est du second jour « de ce présent moys. » Ces mots *c'est du second jour, etc.* sont bâtonnés dans le ms.

[2] Cet alinéa a été bâtonné dans le ms. et on lit à la marge : « Ailleurs et ne vault riens, « c'est article derrenier. »

que les receveurs de l'isle de Ré et de Marent ou leurs héritiers, doivent ou pourroient devoir au roy, à cause de l'administracion qu'ilz en ont eue; lesquelles le feu roy, que Dieu absoille, avoit données au feu connestable, son père, en faveur du mariaige de lui et de feue madame Marie de Savoie, sa femme, montans icelles restes jusques à v ou vi cens l. tourn., pourveu que lesdits receveurs ne les aient encores paiées, et qu'ilz les doivent.

Lettres pour faire joyr mons^{ur} de Pons d'une admende de M. l. tourn., en quoy il avoit esté condampné envers le roy et que le roy lui a pieça donnée. Et a esté dit que le, *pourveu que les maistres des requestes s'y consentent*, y sera mis, mais que maistre Charles de La Vernade dira à ses compaignons, maistres des requestes, qu'ilz ne donnent point d'empeschement audit s^{ur} de Pons.

Une retenue de conseiller du roy aux honneurs, pour ung religieux dont mons^{ur} de Bresse a fait la requeste, nommé frère Guillaume Redom, docteur en theologie.

Item. Oudit conseil ont esté leuz par mons^{ur} le chancellier, les articles baillez et présentez par le bailli d'Allemaigne et maistre Nicollas Martin, ambassadeurs de mons^{ur} de Lorraine, cy-après inserez; et sur chacun article fait la responce, en la mainière qui sensuit :

C'est ce que les gens de mons^{ur} de Lorraine remonstrent au roy et à mess^{urs}, afin qui lui plaise y donner provision.

Fiat pour ung an; et à la fin de l'année, on lui renouvellera son don de an en an.

Premièrement, remonstrent qu'il a pleu au roy conferrer à mondit s^{ur} de Lorraine le don que lui avoit fait le roy Loys, du droit de gabelle et grenier à sel de Joinville-sur-Marne; et néantmoings mess^{urs} des comptes reffusent lui entériner ses lettres, sinon pour ung an, nonobstant que le roy leur en ait escript par deux foiz; qu'il[1]... au roy ordonner ausdits des comptes par mandement patent, ou leur envoyer aucuns s^{urs} de bien leur dire, qu'ilz entérinent lesdites lettres du roy, nonobstant quelzconques restrincion ou ordonnance.

[1] Ici le texte est fautif. Lisez *qu'il plaise au roy, etc.*

Remonstrent en oultre que de piéça le feu roy print par arrendement du feu roy Réné de Sicille, la ville et prévosté de Bar, parmy rendant chacun an vi^m l. tourn., et n'en a payé que une année, combien qu'il l'a tenue par arrendement IIII ans ; qu'il plaise au roy faire payer mondit s^{ur} de Lorraine de troys années, montans à xviii^m francs.

Le roy se fera informer de l'arendement et ce qui en a esté paié ; et, ce fait, y fera donner provision.

Item. Combien que par le trespas de feu mons^r du Maine qui est mort sans hoirs de son corps, les places et seigneuries de Sablé, Maine, La Juhez et La Ferté Bernart, doivent appartenir de plain droit à mondit s^{ur} de Lorraine, néantmoings mess^{urs} les enffans de Nemours les tiennent et occupent. Pour ce plaise au roy en faire faire la justice à mondit s^{ur} de Lorraine, sommairement et de plain, et sans figure de procès, ainsi qu'il fut accordé audit s^{ur} de Lorraine, au lieu de Cléry, touchant ce qu'il pourroit demander ès terres estans en France.

On parlera de ceste matière à mess^{urs} de Nemours et à ceulx qui ont l'administracion de leurs affaires, pour y trouver quelque expédient ; sinon le roy mandera à la court de parlement faire raison et justice aux parties, ainsi qu'il appartiendra.

Pareillement, lui faire délivrer les terres de Chailly et Longemeaulx, dont ledit feu roy Réné de Sicille à joy jusques à son trespas, ensemble d'une maison nonmée la maison d'Orléans. Et néantmoings lesdits s^{urs} de Nemours les tiennent et occupent.

A cest article, idem.

Item. Jaçoit ce que par appoinctement mondit s^{ur} de Lorraine deust joir des terres de Lambez et Orgon, à lui appartennant de par mons^{ur} son père, néantmoings il est venu à sa congnoissance que le s^{ur} de Saint-Valier lui a empesché et en a débouté les commis du s^{ur} Dorison, auquel mons^{ur} de Lorraine en avoit donné le gouvernement ; qu'il plaise au roy en lever la main mise.

La main sera levée desdites terres d'Orgon et Lambez.

Item. Il a pleu au roy accorder à mondit s^{ur} de Lorraine xxxvi^m l. par. de pension, à conmancer du premier jour d'octobre derrenier passé : et néantmoings n'en a eu assignacion que du mois de janvier en çà. Qu'il plaise au roy lui faire paier les mois d'octobre, novembre et décembre.

A ceste matière sera communicqué ou escript à ceulx des finances qui en viendront faire le rapport.

Item. Plaise au roy octroier à mondit s^{ur} de Lorraine ung estat d'un an en deux causses qu'il a contre le s^{ur} de Rieux en Bretaigne, l'une pendant au parlement, l'autre aux requestes.

Fiat pour troys mois seulement.

Il aura lettres qui seront d'autel effect comme s'il eust levé lesdites lettres d'ommaige. Et certiffiera le roy avoir receu ledit hommaige.

Item. Comme le roy et plusieurs de mess^rs sceuvent, mondit s^ur de Lorraine a reprins et fait hommaige au roy de tout ce qu'il peut tenir de lui, et pour ce que, après ladite reprinse, le convint partir hastivement pour le trespas de sa mère; par quoy n'eust loisir de lever ses lettres: et de présent n'y a secrétaire qui vueille faire ses lettres de reprinse; qu'il plaise au roy ordonner à aucun secrétaire faire sesdites lettres de reprinse.

La main levée du temporel de l'évesché de Marceille a aussi esté délibérée pour l'empeschement qui lui a été donné par le senneschal de Provence.

Item. Lettres réitératives à ceulx de chappitre de Thérouenne pour mons^ur l'évesque de Thérouenne, oncle de mons^ur de Lorraine, touchant la question estant entre lui et ceulx dudit chappitre de Thérouenne.

DU LUNDI IXe JOUR D'AOUST MIL IIII^c IIII^{xx} ET QUATRE, A PARIS, AUX TOURNELLES.

Estans au conseil:

Mons^ur de Beaujeu,
M. d'Alby,
M. de Périgueux,
M. de Lombez,
M. de Torcy,
M. de Richebourg,
M. Du Lau,

M. de Montmoranci,
M. de Lisle,
M. de Chastelachier,
Me Gacien Faure, tiers président de Thoulouse;
Me Guillaume Dannet,
Me Charles de La Vernade.

Lettres à mons^ur de Lorraine de créance sur le bailly d'Alemaigne et maistre Nicole Martin, respondans aux siennes qu'il a escript au roy.

Oudit conseil a esté leu le povoir de mons^ur de Bresse, lieutenant du roy, ou voiaige qu'il fait présentement pour tirer en Foix, pour faire entretenir à madame la princesse et à la royne de Naverre sa fille, et à mons^{ur} le viconte de Nerbonne, l'appoinctement prins et ordonné par le roy, en son conseil en cestelle ville de Paris, aux Tournelles, le ixe jour de juillet dernier passé, cy-dessus enregistré, touchant le différent desdites parties, et aussi pour faire cesser les pilleries des gens de guerre tenans les champs; duquel povoir la teneur sensuit :

Charles, par la grâce de Dieu, roy de France; à tous ceulx qui ces présentes lettres verront, salut. Comme depuis le trespas de feu notre très-chier s^{ur} et père, que Dieu absoille, et que nous sommes tirez et venuz ès marches de par deçà, tant pour notre sacre et couronnement que pour donner ordre et provision ès plus grans et principaulx affaires de notre royaume, par l'advis et délibéracion des princes et s^{urs} de notre sang et lignaige et autres grans et notables personnaiges de notre conseil : pour ce que plusieurs grans plaintes et doléances nous ont esté et sont chacun jour faictes de diverses contrées de notredit royaume, et entre autres de noz pays de Beausse, Touraine, Anjou, le Maine, Poictou, Engoulmoiz, Xaintonge, Aulnis, gouvernement de La Rochelle, Périgort, Quercy, Agenoiz, Berry, la Marche, Lymosin, Languedoc et autres pays, des grans maulx et oppressions que font chacun jour aucuns gens de guerre et autres qui, sans le congié et licence de nous, ne d'autre aiant à ce povoir de par nous, se sont mis sus en armes, soubz couleur de la question et différent qui est entre noz très-amées tante et cousine la princesse de Vienne et la royne de Naverre sa fille, d'une part, et notre très-chier et amé cousin le viconte de Nerbonne, d'autre part; ou autrement tiennent les champs, vivent sur le peuple, sans aucune chose paier, pillent, destroussent, desrobent, tuent et murtrissent les habitans des lieux et les allans et passans, prennent, ravissent et forcent femmes et jeunes filles, et font plusieurs autres grans et innumérables maux, à la grant charge, foulle et oppression de noz povres subgectz, à notre très-grant desplaisance: Pour ces causes, nous voulans donner ordre et provision aux choses dessusdites, et aux grans inconvéniens qui s'en pourroient ensuir, et afin que toutes voyes de fait cessent d'une part et d'autre; dès le ix° jour du moys de juillet dernier passé, par l'advis et délibéracion desdits princes et s^{urs} de notre sang et gens de notre grant conseil, que nous avyons pour ce fait assembler en notre présence, en grant nombre, eussions ordonné, délibéré et conclud que dèslors nous avyons prins et mis en notre main tout ledit diférent, estant entre nosdites tante et cousine et notredit cousin, et appoincté et ordonné que des seigneuries et places qui sont en notre royaume et obéissance, nous arions la congnoissance, et en ferions traicter l'appoinctement amyablement, se faire se povoit : et sinon nous ferions et ferions faire à chacune des parties raison et justice dedans un an prouchainement venant. Et au regart de ce qui est hors de notre royaume, les estatz tant de Naverre, Béarn que autres seroient pour ce faire assemblez; et ès présences de certains depputez et notables personnes, qui de notre part y seront commis et envoiez, et des enfans de la maison, ledit différent et le droit de chacune desdites parties seroit jugé par lesdits estatz. Et seront tenuez icelles partyes acquiescer à l'appoinctement et ordonnance qui s'en donneroit par lesdits estatz; laquelle chose nous seroit refférée par nosdits depputez et lesdits enfans. Et ce fait, nous tiendrions la main, de tout notre povoir, à cellui auquel auroit esté dit, ordonné, appoincté et jugé avoir le meilleur et plus évident droit : et luy baillerions main forte et délivrerions gens d'armes, artillerie et autres choses neccessaires, pour y faire obéyr celuy qui seroit trouvé avoir tort en ceste partye, en manière que lesdites ordonnances, jugement et appoinctement sortiroient leur plain et entier effect, tant de ce qui est en notre royaume et obéissance que dehors. Et en tant que touchoit les cinq places du conté de Foix, dont est intervenu arrest en notre grand conseil; en ensuivant icellui, lesdites places seroient préalablement mises en notre main, et icelles baillées et délivrées à notre amé et féal conseillier et chambellan, le sire de La Barde, seneschal de Lyon, lequel à la garde d'icelle commetroit gens loyaulx, non suspectz, ne favorables à l'une partye ne à l'autre, pour après les bailler en garde à icellui ou ceulx, et ainsi que par nous lui seroit ordonné et commandé. Et quant à la place de Mamburgnet, où l'en disoit le sieige estre lors, nous avioins semblablement ordonné, appoincté et voulu que ledit sieige se leveroit, et que les gens d'armes estans tant en ladite place que oudit sieige, vuyderoient, et que en icelle place ne demoureroit que notre très-chière et très-amée cousine la vicontesse de Nerbonne avec le simple train de sa maison seullement, pour illec faire sa demeure, jusques à ce que nous lui eussions fait bailler et délivrer de bref quelque autre logeiz, et que à ceste cause nous envoierions par devers notre très-chier et amé cousin le conte d'Armaignac luy requérir sur tout le plaisir et service qu'il désiroit nous faire, que ainsi feust fait. Et oultre avyons voulu et ordonné que toutes gens de guerre, non estans de noz ordonnances, vuydassent incontinant, et s'en retournassent en leurs maisons, sur peine d'estre repputez à nous rebelles et désobéissans, et de confiscacions de corps et de biens, et semblablement ceulx qui ne seroient de notre royaume, ausquelz seroit baillé par ledit s^{ur} de La Barde gens et conduicte pour les guider et conduire hors de notre royaume, en tel quartier qu'ilz vouldroient prendre et aller. Et avec ce que noz très-chiers et amez cousins les contes d'Alebret et de Comminge ne s'entremectroient ne mesleroient plus de ladite matière, en quelque manière que ce feust; mais en auroit la charge et entière puissance ledit s^{ur} de La Barde, auquel lesdits contes d'Alebret et de Comminge feroient obéyr leurs gens d'armes, lesquelz délibéracion, appoinctement et ordonnance, par nous faiz par la manière dessusdite, nous avons tant par noz lettres pactentes que missives, fait savoir et signiffier ausdites parties et chacune d'icelles, et leur avons enjoing les entretenir et faire entretenir de point en point, selon leur forme et teneur, sans aucunement aller ne venir, ne faire aller ou venir au contraire. Maiz ce néantmoins il est venu à notre congnoissance que lesdites parties ou aucune d'icelle se sont tousjours de plus en plus efforcez, et s'efforcent mectre sus et assembler gens en grant nombre : et sont lesdits gens de guerre, qui se sont ainsi mis sus à cause dudit différent, encores sur les champs, qui destruisent notre povre peuple, assaillent villes, les prennent par force et font plus de pilleries que jamaiz. Par quoy avons conclud, avisé et délibéré envoier aucun grant personnaige de grant auctorité, sage et prudent, avecques une bonne puissance de gens de noz ordonnances devers lesdites parties et chacune d'icelles, pour leur signiffier ou faire signiffier derechief nosdites conclusions, appoinctemens, ordonnance et déclaracion et, se mestier est, les contraindre à y obéyr et les entretenir par puissance d'armes, et autrement faire cesser lesdites pilleries, et faire faire pugnicion desdits pillars et malfacteurs. Savoir faisons que nous, voulans nosdits appoinctement, ordonnance et déclaracion èstre entretenuz et gardez, et fin estre mise èsdites pilleries, en manière que notredit povre peuple puisse vivre soubz nous en bonne paix et transquillité, pour la grant, entière et parfaicte amour et confience que nous avons de la personne de notre très-chier et très-amé oncle, le comte de Baugé, s^{ur} de Bresse, et de ses sens, vaillance, loyaulté et bonne conduicte, icellui, pour ces causes et par l'advis et meure délibéracion d'iceulx princes et s^{urs} de notre sang, et autres gens de notredit conseil, avons fait, commis, ordonné, establi et depputé, faisons, commectons, ordonnons, establissons et depputons par ces présentes notre lieutenant général en ceste partye; et lui avons donné et donnons par ces présentes plain povoir et auctorité de soy transporter, s'il voit qu'il en soit besoing, devers notredite tante et cousine la princesse de Vienne et sa fille, par devers notredict cousin le viconte de Nerbonne, et partout ailleurs qu'il verra estre à faire, leur signiffier derechief noz appoinctement, conclusion, délibéracion et ordonnance dessusdites, et leur enjoindre de les tenir, entretenir, garder et observer de point en point, ainsi et par la forme et manière qu'il est cy-dessus contenu, et, se mestier est, les contraindre et tous autres qu'il appartiendra, à les entretenir, observer et garder par puissance d'armes et autrement, ainsi qu'il verra estre à faire; et pour ce, faire appeller, convocquer et assembler, ou faire convocquer et assembler, si besoing est, à son ayde, toutes et quantesfoyz que besoing sera, noz bailliz, séneschaulx et autres justiciers, officiers, nobles, vassaulx et subgectz de tous noz pais et contrées, tant de bonnes villes que autres lieux, en tel nombre qu'il verra estre à faire, oultre le nombre de IIII^c lances fournies de notre ordonnance, que avons ordonné pour l'acompaigner. Et aussi lui avons donné et donnons par cesdites présentes, plain povoir et auctorité de soy informer ou faire informer desdites pilleries, roberies, destrousses, meurtres, ravissemens, forcemens de femmes, assaulx et prinses de villes, et autres maulx et excez quelzconques faiz par lesdits gens de guerre, de chasser et faire chasser iceulx gens de guerre, et des crimineus et délinquans faire ou faire faire pugnicion et justice, telle qu'il verra estre à faire, selon l'exigence des cas, et, en ce faisant, procéder ou faire procéder à l'encontre d'eulx et de chacun d'eulx réaument et de fait, et mesmement contre ceulx qui les ont assemblez, les advoueront, soustiendront, pourteront ou favoriseront, ou ont esté cause de les mectre sus, sans aucun exepter, par prinse de leurs corps et de leurs biens, meubles et immeubles en notre main et autrement, ainsi qu'il verra estre à faire pour le mieux : en procédant aussi ou faisant procéder contre eulx et chacun d'eulx par exécucion de leurs personnes, bannissemens de notre royaume, se mestier est, et autrement, ainsi qu'il appartiendra par raison; et ou cas que lesdits gens de guerre, ou délinquans, ou malfaicteurs se seroient retirez et fortiffiez en aucunes villes et places fortes, pour obvier à ladite pugnicion, et que pour les appréhender feust besoing de procéder par main armée, de prendre ou faire prendre en noz prouchaines bonnes villes d'ilec environ tel nombre d'artillerie, pouldres, salpestres et autres engins de guerre, qui lui seront neccessaires, et les faire mener ou conduire devant lesdites villes et places où ilz se seront ainsi retirez, et y mectre et tenir le sieige, et y procéder tout ainsi qu'il est requis de faire contre telz délinquans et comme à nous rebelles et désobéissans, tant par démolumens de leurs places que autrement, et en manière que la force lui en demeure, et que notre auctorité y soit gardée, ainsi qu'il appartient; et faire convocquer et appeller pour ce faire à son aide noz bailliez, séneschaulx et subgectz par la manière dessusdite, et à faire et souffrir les choses dessusdites, et chacune d'icelles, contraindre ou faire contraindre royaument et de fait tous ceulx qui pour ce seront à contraindre, tout ainsi qu'il est acoustumé de faire pour noz propres afaires, nonobstant oppositions ou appellacions quelzconques, pour lesquelles ne voulons en ce estre aucunement différé. Et pour ce que lesdits pillars et gens de guerre sont en plusieurs et divers pais, par quoy il ne seroit bonnement possible à notredit oncle de soy transporter par tous les lieux et pays où ilz sont, pour faire les pugnicions et exploiz dessusdits en si grant dilligence que le cas le requiert, nous luy avons en oultre donné, et donnons par cesdites présentes plain povoir et auctorité de commectre, ordonner et depputer telz notables personnaiges qu'il verra estre à faire, pour y procéder en son absence, tout ainsi qu'il feroit et faire pourroit, s'il y estoit en personne, et généralement de faire et besoigner ès choses dessusdites et chacune d'icelles, leurs circonstances et deppendences, toutes et quantesfoyz que besoing sera, quicter, remectre et perdonner tout ce qu'il verra estre à faire, pour le bien de nous, notre royaume, pays et subgectz, et tout ainsi que nous mesmes ferions et faire pourrions, si présens y estions en personne, promectans par ces présentes, signées de notre main, tenir et entretenir tout ce que par lui aura esté fait et besongné en ceste matière. Si donnons en mandement par cesdites présentes à notre très-chier et amé cousin le conte d'Alebret et de Dreux, noz chiers et féaulx cousins les contes de Comminge, de Castres, le sire Daubigeoux, à notre amé et féal conseillier et chambellan Gacien de Guerre, chevalier, aux cappitaines et gens de guerre desdites

IIII*c* lances, et à tous cappitaines, lieuxtenans des gens de guerre, tant de nosdites ordonnances, ordonnez et establiz de par nous en garnison en tous noz pays de Guienne, Languedoc, Roussillon et autres leurs circonvoisins, à tous nosdits bailliz, séneschaulx, justiciers, officiers, nobles vassaulx, gens de noz ban et arrière-ban desdits pais et contrées, et à tous noz subgectz et à chacun d'eulx, si conme à luy appartiendra, que à notredit oncle, sesdits commis et depputez, en faisant et exerçant les choses dessusdites et chacune d'icelles, obéissent et entendent dilligemment, prestent et donnent conseil, confort, aide, secours et prisons, si mestier est, et requis en sont. En tesmoing de ce, nous avons fait mectre notre scel à ces présentes. Donné à Paris le ix*e* jour d'aoust, l'an de grâce mil IIII*c* IIII*xx* et quatre, et de notre règne le premier. Et dessus le reply estoit escript : Par le roy en son conseil; M. de Beaujeu, M. d'Alby, M. de Périgueux, M. de Lombez, M. de Torcy, M. de Richebourg, M. Du Lau, M. de Montmoranci, M. de Lisle, M. de Chastelachier, M*e* Gacien Faure, tiers président de Thoulouse, M*e* Guillaume Dannet, maistre Charles de La Vernade et autres présens. Ainsi signé E. Petit.

Pour messire Jaques de Luxembourg, s*ur* de Richebourg, descharge et quictance du roy, pour n'estre comptable pour le temps passé, de la charge qui lui a esté baillée par le roy de la tutelle et curatelle de mess*urs* et damoiselle de Nemours, pourveu qu'il ne se soit meslé de la recepte de leurs deniers, et qu'il n'en ait eu aucune entremise. Et a esté ordonné que tous ceulx qui ont eu l'administracion de la recepte des deniers appartenans ausdits enfans de Nemours rendront le compte de leur administracion de tout le temps passé jusques à présent, par devant ledit s*ur* de Richebourg, et maistre Gacien Faure, tiers président de Thoulouse.

Pour Bremond de Laliere, maistre des portz de la séneschaucée de Beaucaire, en Languedoc, et serviteur de mons*ur* de Bourbon, lettres pactentes de déclaracion, adressantes au sénéschal de Beaucaire ou à son lieutenant, pour le faire joir des droiz et prouffiz appartenans d'ancienneté à sondit office de maistre des portz.

Item. Déclaracion pour lui, adressante audit séneschal pour le faire joir de la cappitainerie de la tour du pont d'Avignon, que tenoit le bastard de Comminge, nonobstant l'empeschement que luy donne ledit bastard de Comminge, pourveu qu'il ait don du roy de ladite tour, précédant en date la confirmacion dudit bastard de Comminge, et ce en faveur de ce que tousjours les maistres des portz de ladite séneschaucée ont acoustumé tenir ladite tour, et ou cas qu'ilz aient acoustumé la tenir avec lesdits offices de maistre des portz.

Pour Charles, s^{ur} de Contay, lettres de recommandacion, adressantes aux gens des comptes à Lisle en Flandres, pour bailler audict s^{ur} de Contay, cappitaine de Corbie, l'extrait des anciens comptes de ladite chambre, des gaiges que ont acoustumé prendre d'ancienneté les cappitaines de Corbye, pour lui servir ou compte de Mahieu de Canteleu, receveur d'Amyens.

Item. Pour luy, mandement, après ledit extraict venu de Lisle, adressant aux gens des comptes à Paris, que, s'il leur appert par ledit extraict que les gaiges de ladite cappitainerie de Corbye soient d'ancienneté de cent livres tournois, en ce cas ilz allouent lesdits gaiges ou compte dudit receveur.

Pour Nicolas Stocq, Alemant, guide des lignes des Alemaignes, don de ce qui est deu par le roy à Henry Assessercq, Tiringe de Riqueltinqueir et Bartholemeu Fonbert de la ville de Berne et de Lucerne, du reste de leurs pensions, dont les deniers sont és mains de Michelet Marquet, jusques à la somme de vj^c l. tourn.

Item. Lettres de recommandacion aux églises de Sainct-Just, Sainct-Pol et Sainct-Nysier de Lyon, en faveur de ses enfans, à ce qu'ilz puissent obtenir les premiers bénéfices qui vacqueront.

Pour les habitans de la ville et perroisse de Lisle en Périgort, congié de tenir quatre foires l'an, aux jours ouvriers, ou lieu d'une foire qu'ilz advouent en ladite ville, pour quatre jours, par octroy à eulx fait par le roy Philippe le Bel, avec congié de tenir la marche chacun samedi de la sepmaine avec les pourveuz acoustumez.

Pour Rollant Boullant, estant à l'eure du trespas du feu roy Loys, des cent gentilzhommes de la maison, et depuis cassé, lettres aux gens des finances pour lui délivrer L l. tourn. pour une foiz, pour s'en retourner en sa maison, en faveur des services faiz par luy audit feu roy.

Oudit conseil sont survenuz :

M. de Bresse,

M. de Vendosme.

Pour Charles de Pannenin, escuier, confirmacion de l'office de cappitaine de Chasteau-Tierry, qu'il a tenu et tient encores, par don à luy fait par mons^{ur} le bastard de Bourgoigne, qui tient ladite terre et seigneurie de par le roy, et don en tant qu'il seroit vacant par la réunion du dommaine, sans préjudice de mondit s^{ur} le bastard, en le faisant paier des gaiges ordinaires appartenans audit office, sur le revenu desdites terres.

Pour Pierre de Villery, naguières contrerolleur de l'artillerie, lettres aux gens des finances, qu'ilz l'appoinctent de quelque somme qu'ilz adviseront, sa vie durant, en récompense dudit office à luy osté par le feu roy Loys, pour le donner à maistre Jehan Rabineau, et qu'ilz lui facent ainsi qu'on a acoustumé de faire aux anciens serviteurs de l'artillerie, quant ilz ne peuvent plus servir pour leur ancien aaige, en faveur de ce qu'il a excercé ledit office de contrerolleur trente-six ans.

Lettres pactentes à la court de parlement de Thoulouse, pour faire pugnicion de ceulx qui ont commis aucuns rebellions et excès en la personne d'un nommé Pierre Roussière, sergent, en exécutant certaines lettres royaulx de la chancellerie de Thoulouse.

Pour Jehan et Aymé Des Maretz, gentilzhommes, lettres à mons^{ur} le mareschal du Gyé, pour les mener quant et luy à la première monstre qui se fera des gens d'armes, et leur donner à chacun une place d'omme d'armes de l'ordonnance, des places des cassez ou de ceulx qui seront moins souffisans, et qu'il les ait pour recommandez à leur favuer, et faire avantaige de deux archiers à chacun.

Pour la dame et s^{ur} de Montsoreau, lettres à mons^{ur} de Mery, trésorier de Normandie, pour le faire paier de troys mille rancs qui luy ont esté assignez en sa charge, sur le domeine de Normandie, en déduction de certaine grant somme de deniers, en laquelle le feu roy Loys, que Dieu absoille, leur estoit tenu et dont il feist recongnoissance de bouche, à la fin de ses jours, ung peu avant son trespas, et sans avoir regard à ce que l'extimacion desdits biens prins par ledit feu roy, contenuz en certain inventaire, n'est encores faicte, actendu qu'il en y a de congneu d'une part xvi^m escus et lx marcs d'or, et d'autre part viii^c marcs de vaisselle, pourveu que après la récepcion desdites troys mille livres, avant que lesdits dame et s^{ur} de Montsoreau entrent plus avant en paiement, l'extimacion desdits biens contenuz en l'inventaire sera faicte au vray.

Pour maistre Guillaume Lamy, notaire et secrétaire du roy, lettres pour estre paié des gaiges de vi sols paris. par jour et x l. paris. par an, pour les manteaulx appartenans audit office de notaire et secrétaire.

Pareilles lettres pour maistre Jehan Le Picart, notaire et secrétaire du roy.

Une retenue de chappellain aux honneurs, pour messire Andry Beldon, curé de Montsoleau.

Item. Une autre retenue de chappellain, pour Me Jehan Du Carray, prebstre de mons^{ur} d'Alby.

Item. Autre retenue de chappellain, pour frère Jehan de Salins, cordellier, docteur en théologie.

Pour damoiselle Gillette Bataille, vefve de feu maistre Pierre Clutin, conseillier en parlement, lettres pour estre paié de la somme de deux cens livres tournoiz, à elle deue de reste de la somme de vi^c livres tournoiz, dont le feu roy Loys, que Dieu absoille, l'avoit fait appoincter sur Martin-le-Roy, receveur général, pour et en récompense de plusieurs voiages faiz par sondit feu mary.

Pour messire Hugues Serpault, don d'une petite chappelle du palaiz de Montpellier, vacant par le trespas de messire Anthoine Bertrand.

Pour Regnauldin Richier, contrerolleur du grenier de Villeneuve, en Languedoc, dont il joissoit au jour du trespas du feu roy, et depuis confermé par le roy qui est à présent, lettres pactentes de déclaracion pour joir dudit office, nonobstant l'empeschement à luy donné par ung nommé Jehan Debos qui a impétré ledit office depuis ladite confirmacion.

Pour Anthoine de Puymisson, serviteur de mons^{ur} le chancellier, l'office de soubz viguier de Bésiers, que tient Jehan Cathelan, vacant parce qu'il n'a aucune confirmacion du roy dudit office.

Pour Jehan Spifame, s^{ur} de Brou et de Forestz, retenue d'escuier d'escuierie aux honneurs.

Pour Jehan Philibert, confirmacion de l'office de conservateur de l'équivalent à Bésiers, dont il joissoit à l'eure du trespas du feu roy, et fait encores à présent.

Item. Une retenue de conseiller du roy aux honneurs, pour maistre Jehan Du Caurrel le jeune.

Pour maistre Charles de La Vernade, maistre des requestes ordinaire de l'ostel du roy, et lequel office le feu roy luy donna en deschargent maistre Jehan Bouchier, qui lors le tenoit depuis lequel don ledit de La Vernade en a joy XVIII ans jusques au trespas du feu roy, et depuis a esté confermé par le roy qui est à présent, tant par la confirmacion générale du raoulle de tous les maistres des requestes, que particulière. Et pour ce que ledit Bouchier poursuivoit à recouvrer ledit office, il a pleu au roy pour l'appaisement des parties, en récompense dudit office de requestes, donner audit Bouchier l'office de conseiller en parlement, vacant par le trespas de maistre Jehan Mortis, lequel il a accepté : et à ceste cause, ledit de La Vernade demande lettres et don de nouvel dudit office des requestes, du droit prétendu par ledit Bouchier, en tant que mestier seroit, et pour plus grant seurté pour le temps advenir, comme vacant par la promocion, acceptacion dudit Bouchier faicte dudit office de conseillier en parlement et autrement en quelque manière, cause ou moien de quelque personne que ce soit.

Pour maistre Guillaume de Nefve, confirmacion de l'office de conseillers conservateurs et juges souverains de l'équivalent, au lieu et sieige de Montpellier.

DU MECREDI XIme JOUR D'AOUST MIL IIII^c IIII^xx ET QUATRE, A PARIS.

Estans au conseil :

M. de Bourbon,
M. de Beaujeu,
M. de Dunoiz,
M. le chancellier,
M. d'Alby,
M. de Périgueux,
M. de Lombez,
M. de Coustances,
M. de Richebourg,
M. de Montmoranci,
M. Du Lau,
M. de Chastelachier,
M. de Lisle,
M. le premier président de parlement, Me Jehan de La Vacquerie;
M. le président, Me Thibault Baillet;
Le tiers président de Thoulouse;
Me Jehan Chambon,
Me Adam Fumée,
Me Charles de La Vernade,
Me Pierre de Sacierges,
} M^res des requestes;

Me Jehan Avin,
Me Jehan Bouchart,
Me Jehan de La Place,
Me Jehan Le Viste,
Me Claude Chanureux,
} conseilliers en parlement;

Mᵉ Philippe Luillier,
Mᵉ Jehan Magistri, } advocatz du roy en parlement ;
Mᵉ Robert Thiboult,
Mᵉ Jehan de Nanterre, procureur du roy en parlement.

Sur la matière mise en termes par monsʳ le chancellier, touchant l'évocacion des procès des offices.

Pour ce que combien que par cy-devant ait esté conclut ou conseil estroit du roy, que ladite évocacion auroit lieu, et que le grant conseil dudit sʳ congnoistroit desdits procès et matières d'offices et que le roy, lui estant et président en la court de parlement, eust fait dire à ladite court, en sa présence, qu'il vouloit et entendoit que ladite évocacion eust lieu, comme dit est, et que néantmoins icelle court n'a obtempéré à ladite conclusion.

A ceste cause, ont esté mandez les présidens et autres de parlement venir oudit conseil estroit, et en leur présence, la matière bien au long débatue et sur icelle oppiné, tant par mesdits sʳˢ du sang et conseil estroit, que de ladite court de parlement, a esté conclud et appoincté ce qui sensuit :

C'est assavoir : que pour évicter la confusion, et afin que les parties qui sont en procès en ladite court pour raison desdits offices puissent avoir plus prompte et briefve expédicion que par ladite court, seront nommez six personnaiges d'icelle court, et aussi par mesdits sʳˢ du sang et dudit conseil estroit seront nommez six autres personnaiges d'icellui conseil estroit ; lesquelz douze personnaiges en l'ostel du roy et non ailleurs se assembleront par aucuns jours. Et devant eulx seront appourtez tous les procès, tiltres et droiz des parties querellans lesdits offices, pour sur le tout estre fait raison et justice par eulx auxdites parties sommairement et de plain.

DU JEUDI XIIme JOUR D'AOUST MIL IIIIe IIII{xx} ET QUATRE, A PARIS, AUX TOURNELLES.

Estans au conseil :

M. de Beaujeu,
M. de Bresse,
M. d'Albi,
M. de Périgueux,
M. de Lombez,
M. de Baudricourt,

M. Du Lau,
M. de Montmoranci,
M. de Chastelacher,
M. de Lisle,
M. le tiers président de Thoulouse,
M. le senneschal de Thoulouse.

Oudit conseil ont esté leues les lettres que le roy escript au roy d'Angleterre, par Roussillon le hérault, touchant le sauf-conduit des ambassadeurs du roy, lesquelles lettres mons{ur} le chancellier avait dressées, et desquelles la teneur sensuit :

Très-hault, très-puissant prince, et notre très-cher et très-amé cousin Richard, par la grâce de Dieu, roy d'Angleterre, Charles, par icelle mesme grâce, roy de France; par l'évesque de Saint-David, votre ambassadeur, en paissant par nous, faisant son voiage de Romme, avons esté advertiz des bonnes et honnestes parolles et affection envers nous, que lui avez chargé nous dire de votre part, dont de très-bon cueur vous mercions; et pour ce que, durant sa demeure de par deçà, a esté parlé de faire aucunes trèves entre les deux royaumes, sur lesquelles aucune conclusion n'a esté prinse, dont croions qu'il vous ait adverty, et que de notre part désirons la paix et union desdits deux royaumes, nous envoions présentement par devers vous notre très-cher et bien amé hérault Roussillon, par lequel vous prions nous envoyer ung sauf-conduit pour nosdicts ambassadeurs, que avons entencion de depputer jusques au nombre de soixante personnes à cheval et au dessoubz; et par lui nous signiffier le lieu deçà la mer, où il vous semblera que lesdites matières se puissent conduire : et incontinent nous y envoierons nosdits ambassadeurs, pour traicter desdites matières, en manière que, à l'aide de Dieu, elles pourront prandre bonne conclucion au bien et proffit desdits deux royaumes. Très-hault, très-puissant prince, et notre très-cher et très-amé cousin, notre Seigneur vous ait en sa saincte garde. Donné à

(A très-hault et très-puissant prince, et notre très-cher et très-amé cousin le roy d'Angleterre.)

Depuis est survenu oudit conseil mons^{ur} de Dunois.

Et illec oudit conseil ont esté leues les instructions de mons^{ur} de Richebourg et de maistre Adam Fumée, ambassadeurs du roy devers le duc, ensemble les lettres du roy de créance, adressant au duc sur eulx; et une lettre missive à mons^{ur} de Maigne, pour faire démolir la bastille faicte devant Anscins par les barons de Bretaigne, estans à Angiers; desquelles instructions et lettres de mons^{ur} de Maigne, la teneur sensuit :

Instructions à mons^{ur} de Richebourg, conseiller et chambellan du roy, et chevalier de son ordre, et maistre Adam Fumée, conseiller et maistre des requestes ordinaires dudit s^{ur}, de ce qu'ilz ont à dire au duc, de par le roy.

Premièrement, lui diront que le roy par ses ambassadeurs, derrenièrement venuz devers lui, a esté bien au long adverty de la bonne affection et amour en laquelle le duc continue tousjours envers lui; dont le roy le mercye très-fort, délibéré de sa part, en toutes les manières à lui possibles, favoriser le duc en ses affaires.

Item. Lui diront que le roy est très-déplaisant des oultraiges que les nobles et barons de Bretaigne, estans à Angiers, lui ont faiz, ainsi que par lesdits ambassadeurs il a esté adverty, et vouldroit bien que la chose ne feust point advenue; toutesfois, puisque ainsi est, il désireroit bien que en ceste matière se peust trouver quelque bonne yssue, à l'onneur du duc; et que, à ceste cause, le roy prie au duc qu'il vueille estre content que mess^urs d'Orléans et de Bourbon s'emploient à y adviser, et mectre quelque bonne conclusion, à son honneur et proffit et de son pays de Bretaigne; et qu'il vueille croire ce qu'ilz lui en conseilleront, car il peut estre seur que ne lui conseilleront chose que ne soit à son honneur et proffit.

Item. Lui diront que le roy, pour complaire au duc, a fait séparer le prince d'Orenge d'avecques lesdits barons, et ordonne que lui et le mareschal de Bretaigne aillent eulx tenir à Montargis où ilz sont à présent; et que combien qu'ilz soient vouluz venir devers lui, toutesfois le roy ne l'a voulu souffrir, pensant que le duc n'y prandroit plaisir : et en oultre ordonne faire reculer les autres barons, estans à Angiers, hors de ladite ville et du moins jusques à Saumur; et pareillement a escript à mons^ur de Maigne, pour faire démolir et abatre la bastille qui a esté faicte par lesdits barons à Anscins, sans son sçeu et conmandement : et aussi a donné conmission adressant à maistre Simon Dany, maistre des requestes ordinaire, à maistre Pierre Turquan, conseiller en parlement, et à maistre Decchardy, juge du Maine, pour faire informacion contre les subgectz du roy qui se sont meslez de l'entreprinse desdits nobles; et l'informacion faicte estre rapportée en son conseil et en sa présence, pour faire des délinquans punicion telle qu'il appartiendra par raison.

Et au surplus advertiront le duc que, combien que lesdits nobles, estans à Angiers, aient eu recours au roy et à sa court de parlement, pour avoir remede de justice, mesmement lettres d'adjournement en cas d'appel, pour raison des donmaiges que lesdits barons dient leur estre journellement faiz par le duc, en faisant coupper leurs bois et abbatre leurs maisons, dont ilz se sont portez pour appelans, toutesfois le roy n'a point volu que la chose ait tiré plus avant, pour l'onneur du duc, espérant que le duc de sa part feroit cesser lesdits couppemens de bois et abatemens de maisons : et dont le roy le prie ainsi le faire.

Fait au conseil du roy, à Paris, aux Tournelles, présens mess^urs les contes de Cleremont, s^urs de Beaujeu et de Dunoys, les évesques d'Albi, de Périgueux et de Lombez, les s^urs de Curton, Du Lau, de Montmoranci, de Lisle, de Chastelacher, le senneschal de Thoulouse et le tiers président de Thoulouse, maistre Gacien Faure, le xiime jour d'aoust mil iiii^c iiii^xx et quatre. Et signé : Petit.

Très-cher et très-amé cousin, nous envoions présentement par devers vous notre cher et amé cousin, le s^ur de Richebourg, chevalier de notre ordre, et notre amé et féal conseiller et maistre des requestes ordinaire de notre hostel, maistre Adam Fumée, ausquelz nous avons chargé vous dire aucunes choses de notre part. Si vous prions que le vueillez croire de ce qu'ilz vous diront de par nous. Très-cher et très-amé cousin, notre Seigneur vous ait en sa saincte garde. Donné à Paris, le xiime jour d'aoust.

(A notre très-cher et très-amé cousin le duc de Bretaigne.)

DE PAR LE ROY.

Notre amé et féal, pour ce que nous avons délibéré en notre conseil que, en faveur de notre très-cher et très-amé cousin le duc de Bretaigne, la bastille faicte devant le chateau de Anscins par les barons de Bretaigne, estans à Angiers, sera démolye et abatue, et qu'il est besoing que icelle délibéracion soit mise à deue et entière exécucion, nous vous mandons et expressément enjoignons que incontinent, à toute dilligence, vous faictes démolir et abatre ladite bastille, et remectre le tout au premier estat, ainsi que les choses estoient auparavant ladite bastille faicte, et qu'il n'y ait point de faulte. Donné à Paris, le xiime jour d'aoust.

(A notre amé et féal conseiller et chambellan le s^ur de Maigne.)

Et oudit conseil ont esté conmandées par mons^ur de Beaujeu lettres missives de reconmandacion aux trésoriers de France, pour vériffier pour x ans et au dessoubz à mons^ur le senneschal de Thoulouse ce que le roy lui a donné de son demaine, et dont les gens des comptes ont reffusé faire la vérifficacion.

Item. Pareilles lettres aux gens des comptes du Daulphiné, pour la cappitainerie et seigneurie de Montelymar et de Sanasse ou païs du Daulphiné.

Depuis sont survenuz oudit conseil mons^{ur} de Bresse et mons^{ur} de Baudricourt.

Une rémission pour ung nonmé Guillemin, qui a mis ung faulx fleurin pour xxv s. tourn. et deux faulx escuz qu'il avoit dorez.

Lettres patentes pour maistre François Nyort, licencié en décret, procureur du roy en la senneschaucée de Querci, adressans à mess^{urs} du grant conseil que, s'il leur appert par informacion ou autrement, que ung nonmé Pierre Plaiguenen, notaire, soit mal famé et renonmé, et qu'il ait commis cas par quoy il doive perdre ledit office de procureur du roy en Quercy, que en ce cas ilz punissent ledit Plaiguenen, et facent joir et user ledit Nyort dudit office pendant ledit procès, en ensuivant sesdites lettres de droit.

Sur la requeste présentée par le senneschal de Quercy, requérant au roy que son plaisir soit déclarer que en ladite senneschaucée n'y ait que deux siéges, ainsi que l'ont requis ceulx du païs ès trois estaz du royaume dernièrement tenuz à Tours[1], et que les autres siéges qui ont acostumé estre tenuz en ladite senneschaucée, soient cassez et adnullez, nonobstant l'empeschement que y mectent les habitans des villes où souloient estre tenuz les autres siéges; et aussi que délivrance feust faicte audit senneschal du chastel de Montenq, lequel d'ancienneté les senneschaulx de Quercy ont acoustumé tenir, pour garder les prisonniers, actendu que en ladite senneschaucée n'y a lieu seur pour garder prisonniers que ledit chasteau. Ladite requeste qui touche les siéges a esté remise à la court de parlement de Thoulouse : et touchant le chasteau de Montenq, que ledit

---

[1] On venait demander au conseil privé (ou conseil *estroit*) de Charles VIII ce qui avait déjà été requis aux états généraux. Il semblait les remplacer temporairement.

senneschal demande, a semblé que on lui en doit bailler lettres de réservacion.

DU XIIIme JOUR D'AOUST L'AN MIL IIIIe IIII^xx ET QUATRE A PARIS.

Estans au conseil :

M. d'Orléans,
M. de Beaujeu,
M. de Bresse,
M. de Dunois,
M. le chancellier,
M. d'Albi,
M. de Périgueux,
M. de Coustances,
M. de Richebourg,
M. de Baudricourt,
M. Du Lau,
M. de Chastelacher,
M. de Vaten,
M. de Lisle,
M. le grant escuier,
M. le président des comptes, Doriolle,
M. le tiers président de Thoulouse,
Me Jehan Hebert,
Michel Gaillart,   } généraulx[1] ;
Denis Le Breton,
Me Adam Fumée,
Me Ambrois de Cambray,
Me Charles de La Vernade,   } M^es des requestes.
Me Pierre de Sacierges,
Me Olivier Le Roux.

Oudit conseil ont esté leues les lettres que ceulx des estaz des pays de Bourgongne et mons^ur de Lengres escripvent au roy par Anthoine de Bassay, bailli de Dijon, touchant l'assiete de la cocte et porcion des deniers de l'octroy, à quoy lesdits pays de Bour-

---
[1] Les deux premiers sont nommés par J. Masselin, p. 480 et 481.

gongne doivent contribuer pour ceste présente année, et autres choses concernans le fait de leurs anciens prévilleges; lesdites lettres contenant créance.

Laquelle créance ledit Bassey a dicte oudit conseil, et contient en effect que le bon plaisir du roy soit accepter le don que lesdits pays lui font pour ceste fois, actendu les grans charges que le roy a eues en cestedite année, tant pour le fait de son sacre que autrement; et qu'il lui plaise les entretenir ès previlleges, franchises et libertez, contenues ès articles que ledit Bassey a apportées; lesquelz et aussi lesdites lettres sont démourez ès mains de maistre André Brinon[1], lequel a eu charge de faire l'expédicion et responce dudit Bassey, et lectres à ceulx desdits estaz, pour eulx assembler à Dijon le quinziesme jour de septembre prochainement venant.

Item. Pareillement les deux conmissions pour le fait de ladite assiete; lesquelles seront envoiées à mons^{ur} de Lengres, l'une pour lesdits pays de Bourgongne et pais adjacens ensemble, et l'autre pour lesdits pays adjacens à part, pour les bailler ou faire bailler, ainsi que par lui sera avisé pour le mieulx et pour le bien et utilité du roy et du royaume.

Oudit conseil est venu maistre Olivier Le Roux qui vient devers le roy et royne de Castelle, lequel a fait le rapport de la charge qu'il avoit de par le roy, et dit sa créance, et la responce qui lui a esté faicte, tant par lesdits roy et royne, que par ledit cardinal d'Espaigne.

DUDIT JOUR, APRÈS DISNER.

Estans au conseil :

M. d'Orléans,
M. de Beaujeu,
M. de Bresse,

M. de Dunois,
M. d'Albi,
M. de Périgueux,

[1] Général de la province de Bourgogne, nommé aussi par J. Masselin, p. 344 et 345.

M. de Lombez,	M. le grant escuier,
M. de Richebourg,	M. de Chastelarchier,
M. Du Lau,	M. Jehan Chambon,
M. le senneschal de Thoulouse,	M° Adam Fumée.

Lettres aux nobles et barons de Bretaigne, estans à Angiers, comment le roy envoye mons^{ur} de Richebourg et maistre Adam Fumée devers le duc pour leur différent, et que afin que le roy soit plus contant, qu'ilz deslogent incontinant d'Angiers, et se recullent et retirent à Saumur, avant que lesdits ambassadeurs soient arrivez à Angiers, pour en porter tesmoignaige au duc de leur partement, réservé madame de Laval, laquelle au moien de son ancien aaige pourra, se bon lui semble, demourer à Angiers avecques ses femmes et son simple train de serviteurs, pour son usaige et service ordinaire, et sans retenir avecques elle aucuns de ses parens ne enffans.

Item. Lettres à mons^{ur} de La Henze, qui est allé par delà devers eulx, pour les faire partir.

Item. A mons^{ur} de Maigne, pareilles en l'absence dudit de La Henze.

Pour Jehan François, maistre d'ostel ordinaire du roy, et senneschal d'Armeignac, lettres adressans à mons^{ur} le chancellier, pour recevoir son serement de ladite senneschaucé, et souffrance du roy à ung an de faire son serement en parlement, à Thoulouse.

Oudit conseil ont esté ordonnées par mons^{ur} d'Orléans et mons^{ur} de Beaujeu, lettres à mons^{ur} de Lorraine, qui ont par eulx esté leues, pour les bailler à l'évesque de Verdum qui les lui portera, et desquelles la teneur sensuit:

Très-cher et très-amé cousin, pour ce que nous avons entencion à ceste feste de Saint-Michel, prochainement venant, faire célébrer en ceste ville de Paris la sollempnité de l'ordre de Saint-Michel, et que nous désirerions bien que les s^{urs} de notre sang et chevaliers de notre ordre se y peussent tous trouver, et mesmement vous, nous avons, à ceste cause, escript à plusieurs desdits s^{urs} de notre sang et à tous les chevaliers dudit ordre eulx trouver audit jour en ladite ville de

Paris. Toutesvoyes si aucunement estiez occuppé par delà en aucuns voz grans affaires, nous ne vouldrions vous presser, pour laisser à iceulx pourveoir ; mais quant il vous plairoit vous y trouver, je vous feray bonne chère, et nous ferez grant plaisir. En vous disant à Dieu, très-cher et très-amé cousin, que vous ait en sa saincte garde. Donné à Paris, le

(A notre très-cher et très-amé cousin le duc de Lorraine.)

Oudit conseil a esté ordonné que maistre Jehan Chambon et maistre Raoul Pichon, conseillers du roy, yront avecques mons^{ur} de Bresse, lieutenant du roy, ou voiaige qu'il fait présentement en Foix, pour le différent estant entre madame la princesse de Vienne, la royne de Navarre, sa fille, et mons^{ur} le viconte de Nerbonne, pour servir, acompaigner et conseiller mondit s^{ur} de Bresse, en ce qu'il aura à faire pour sa charge qu'il a du roy, de lieutenant en ceste partie, selon pouvoir cy-dessus enregistré.

DU XVIme JOUR D'AOUST MIL IIIIe IIII^{xx} ET QUATRE, A PARIS [1].

Estans au conseil :

M. de Beaujeu,
M. de Bresse,
M. de Dunois,
M. le chancellier,
M. d'Albi,
M. de Lombez,
M. de Périgueux,
M. de Torcy,
M. de Baudricort,
M. Du Lau,
M. de Vaten,

M. le grant escuier,
M. de Chastelacher,
M. de Lisle,
Messire Pierre Doriolle, président des comptes ;
M. le tiers président de Thoulouse, Faure,
Me Jehan Chambon,
Me Ambrois de Cambray,
Me Charles de La Vernade,
Me Pierre de Sacierges.

Sur la requeste faicte par mons^{ur} l'admiral par ses lectres qu'il a escript au roy, touchant un Anglois qu'il a prins, nommé [2]... qui est

[1] C'est le procès-verbal de la séance du matin.
[2] Le nom est laissé en blanc dans le manuscrit.

descendu à tout son navire à la couste de Normandie, sans saufconduit, soubz couleur de dire qu'il alloit en Bretaigne devers mons^{ur} de Richemont, et dont ledit admiral requiert la matière estre mise en délibéracion, assavoir : si ledit Anglois doit estre son prisonnier ou non, veu qu'il n'avoit point de saufconduit,

A esté dit que ledit Anglois et tous ses biens ont esté bien prins par ledit admiral, et qu'il est son prisonnier; mais pour ce que par ledit Anglois on pourra sentir et savoir qu'il alloit faire en Bretaigne et des autres nouvelles d'Angleterre, qu'on escripra audit admiral qu'il envoye ledit Anglois au roy, sans lui déclairer ne faire encores semblant qu'il soit son prisonnier.

Cédit jour, a fait le serement de conseiller dudit conseil mons^{ur} Durphé, grant escuier.

Lettres à mons^{ur} de Saint-Valier, senneschal de Prouvence, pour ne mectre aucun empeschement ès terres du s^{ur} de Cothignac, et autres serviteurs de mons^{ur} de Lorraine, pour raison de l'ommaige par eulx non fait au roy, mais tienne tout en surcéance jusques à six mois.

DUDIT XVIme JOUR DUDIT MOIS D'AOUST, L'AN MIL IIII^c IIII^{xx} ET QUATRE, A PARIS [1].

Estans au conseil :

M. d'Orléans,
M. le cardinal de Foix,
M. de Bourbon,
M. de Beaujeu,
M. de Bresse,
M. de Dunois,
M. le chancellier,
M. d'Albi,
M. de Périgueux,
M. de Lombez,

M. de Torcy,
M. de Baudricourt,
M. de Genly,
M. Du Lau,
M. de Montmoranci,
M. de Vaten,
M. Durphé,
M. de Chastelacher,
Messire Pierre Doriolle, président des comptes;

[1] C'est la séance de l'après-dînée.

Mᵉ Gacien Faure, tiers président de
  Thoulouse;
Mᵉ Ambrois de Cambray,

Mᵉ Charles de La Vernade,
Mᵉ Pierre de Sacierges,
Mᵉ Jacques Louvet.

Sur la matière mise en termes par monsᵘʳ le chancellier, récitant comme nouvelles estoient venues que monsᵘʳ de Foix estoit passé en Foix avec puissance de gens de guerre, au moien de quoy il estoit à adviser si le voiage de monsᵘʳ de Bresse se continueroit, lequel avoit esté ordonné par le roy à aller en Foix, comme cy-dessus est enregistré en plusieurs lieux.

Et après ce que monsᵘʳ le chancellier a eu proposé ce que dit est, a esté offert par monsᵘʳ d'Orléans et monsᵘʳ le cardinal de Foix que, s'il plaisoit au roy et aux sᵘʳˢ de son conseil faire faire briefve expédicion de justice à monsᵘʳ de Foix, touchant le différent estant entre madame la princesse et la royne de Navarre, sa fille, et lui, de ce qui est dedans le royaume, qu'ilz feroient que dedans trois sepmaines, tous les gens de guerre, estans de la part de monsᵘʳ de Foix, vuideront le pais du roy, et que monsᵘʳ de Foix les feroit vuider et mectre les places contencieuses qu'il tient, ès mains de ceulx qu'il plairoit ordonner au roy, réservant l'une d'icelles, telle qu'il plairoit au roy, pour la demeure et logeïz de la personne de madame de Foix.

Après laquelle offre faicte, mondit sʳ le cardinal, comme frère de monsᵘʳ de Foix, s'est retiré hors dudit conseil.

Après lequel département dudit cardinal, ladite matière a esté bien au long débatue audit conseil; et enfin ont esté les aucuns d'oppinion que, actendu que monsᵘʳ de Foix estoit passé en Foix, et que si monsᵘʳ de Bresse faisoit ledit voiaige, comme il avoit esté par cy-devant ordonné, que se seroit grant foulle au peuple du royaume, du passaige des ɪɪɪɪᶜ lances qu'il doit mener, à traverser tout le royaume; et considéré l'offre faicte par monsᵘʳ d'Orléans et monsᵘʳ le cardinal de Foix, que monsᵘʳ de Bresse ne devoit faire ledit voiaige avec lesdits gens de guerre; mais que on devoit envoyer ung homme de bien par lequel mesdits sᵘʳˢ d'Orléans et cardinal devoient escripre, pour faire vuider les gens de guerre de monsʳ de Foix, estans sur les pays du roy, et actendre sa responce, pour veoir si lesdits gens de guerre y obéiroient; et s'ilz obéissoient, qu'il n'estoit besoing de l'allée de monsʳ de Bresse; si aussi ilz n'y obéissoient, que alors monsʳ de Bresse y yroit avecques les gens de guerre qui lui ont esté une foiz ordonnez, estans en Guienne, et les arrière-ban de Guienne, Languedoc et Roussillon, pour les faire vuider, et pour contraindre les parties à tenir l'appoinctement fait par le roy en son conseil.

Autres ont esté d'oppinion que incontinant on doit envoyer hastivement devers madame la princesse et la royne de Navarre et monsʳ de Foix, lettres du roy, leur deffendant par icelles, d'une part et d'autre, les voies de fait; et néantmoings que mondit sʳ de Bresse devoit faire ledit voiaige avec lesdits gens de guerre[1], à celle fin que si lesdits gens de guerre ne obéissoient à ce que mesdits sʳˢ d'Orléans et cardinal de Foix auroient escript, qu'il les feist obéir par puissance, pour conserver l'auctorité du roy, et qu'il contraignist les parties à tenir l'appoinctement fait par le roy en sondit conseil. Et leur a semblé que la présence de monsʳ de Bresse, à cause de la proximité du lignaige, dont il actient au roy, pourroit beaucoup servir à trouver quelque bon appoinctement en ceste matière, qui seroit le bien du roy, du royaume et de la maison de Foix.

Et sur la fin desdites oppinions, monsʳ d'Orléans a dit que si monsʳ de Bresse y alloit, qu'il n'escriproit point pour faire retirer lesdits gens de guerre hors du royaume, lui pensant que monsʳ de Foix ne le feroit, ou cas de ladite allée.

Et sur ce point a esté par aucuns ouvert que en actandant que l'en eust plus amples nouvelles de monsʳ de Foix, pour savoir s'il auroit passé la rivière du Tart pour tirer en Béarn, et oy autres nouvelles de lui, qu'il seroit bon que monsʳ de Bresse tirast sa personne jusques à Bourges seullement, sans passer oultre; et que on fist ce pendant marcher iiᶜ lances jusques en Berry, c'est assavoir : les cent lances

---

[1] En marge de cette partie du procès-verbal, le greffier a écrit : « La pluspart des « oppinions a esté de l'alée de monsʳ de Bresse. »

que a menées mons[ur] le mareschal de Gié des compaignies de mess[urs] les princes, et les cent lances de mons[ur] le grant bastard de Bourgongne, et les faire loger audit païs de Berry pour estre plustoust prest, quant il seroit advisé du partement de mondit s[ur] de Bresse oultre Bourges : et au surplus que mons[ur] d'Orléans et mons[ur] le cardinal escripvissent à présent à mons[ur] de Foix faire retirer hors du royaume lesdits gens de guerre, en manière que dedans troys sepmaines, ilz feussent tous hors des pays de l'obéissance du roy, ainsi qu'ilz ont offert; et que pareillement ilz feissent que mons[ur] de Foix mist ès mains de mons[ur] de La Barde pour le roy les places contencieuses qu'il tient, et après ce, qu'il fût advisé d'en bailler l'une d'icelles à madame de Foix, pour sa demeure, par et soubz la main du roy; et que les parties contendens entretenissent au surplus l'appoinctement fait par le roy en son conseil.

Toutesfois ceste matière est demourée sans aucune conclusion, combien que la pluspart des oppinions feust de l'alée de mons[ur] de Bresse avec les gens de guerre qu'il devoit mener.

DUDIT XVIIme JOUR [1] D'AOUST, MIL IIII[c] IIII[xx] ET QUATRE, A PARIS.

Estans au conseil :

M. d'Orléans,
M. le cardinal de Foix,
M. de Bourbon,
M. de Beaujeu,
M. de Bresse,
M. de Dunois,
M. le chancellier,
M. d'Albi,
M. de Périgueux,
M. de Lombez,
M. de Torci,
M. de Curton,
M. de Genli,

M. Du Lau,
M. de Baudricourt,
M. Durffé,
M. de Vaten,
M. de Chastelacher,
Messire Pierre Doriolle,
Me Gacien Faure,
Me Charles de La Vernade,
Me Guillaume Dannet,
Me Ambrois de Cambray,
Me Pierre de Sacierges,
Me Jacques Louvet,
Me Robert Le Viste.

[1] Lizez *du xvij[e] jour* et non *dudit xvij[e] jour* comme le porte à tort le manuscrit. Peut-être faut-il lire plutôt *dudit xvj[e] jour*? Je laisse cela au jugement des lecteurs.

Sur la matière mise en termes par mons{ur} le chancellier de ce que requiert le cardinal Balue, légat, estre expédié honnestement, pour honneur du saint sieige, tant sur le fait de sa légacion, dont il n'entend user que selon le plaisir du roy, que aussi touchant son retour à Romme devers notre saint père.

A esté conclud que, pour l'onneur de notre saint père, actendu que par le roy il a esté reçeu à Lyon avec les insignes, délégué et depuis en sa présence venu avecques lesdites insignes, comme la croix, usant de donner bénédicion et autres choses, et qu'il est ainsi entré dedans Paris, que le roy pour contenter notre saint père, et afin qu'il soit plus enclin de recevoir plus honnestement ses ambassadeurs, qu'il envoye devers lui à Romme, que le roy fera par mons{ur} le chancellier, mons{ur} de Périgueux, mons{ur} de Lombez et le tiers président de Thoulouse, appellez avecques eulx aucuns de la court de parlement de Paris, visiter ses facultés, et icelles lui estre rapportées pour aviser, si ce sera son plaisir, qu'il use de celles qui ne lui peuvent porter préjudice ne à son royaume : et au surplus touchant son retour que, puisque on n'a fait difficulté de le laisser venir *cam insigniis legati,* que semblablement on ne doit différer de l'en laisser retourner en cellui pareil honneur qu'il a esté reçeu, considéré qu'il est venu par rescripcion du roy.

DU XVIIme JOUR D'AOUST, L'AN MIL. IIII{c} IIII{xx} ET QUATRE, A PARIS, AUX TOURNELLES.

Estans au conseil :

M. de Beaujeu,
M. de Dunois,
M. le chancellier,
M. d'Albi,
M. de Lombez,
M. de Périgueux,
M. de Torcy,
M. de Baudricourt,
M. de Genli,
M. Du Lau,

M. de Montmorancy,
M. Durphé,
M. de Boisy,
M. de Chastelacher,
Me Gacien Faure,
Me Guillaume Dannet,
Me Charles de La Vernade,
Me Pierre de Sacierges,
Me Jacques Louvet.

Sur les lectres de créance escriptes par le roy de Portugal au roy, ont esté esleuz pour oyr la créance de l'ambassadeur, tant sur le fait des aliances desdits deux roys que autres choses :

M. de Lombez,

Messire Pierre Doriolle, premier président des comptes;

M. Du Lau,

M⁰ Gacien Faure, tiers président de Thoulouse.

Item. Ont esté ordonné oudit conseil lettres à mons^{ur} le mareschal de Gié, responsives aux siennes escriptes au roy, en lui mandant que le roy a ordonné son voiaige estre différé, au moien de certaines offres faictes par mons^{ur} d'Orléans, touchant le fait de mons^{ur} de Foix, et que s'il veult venir devers le roy, que faire le pourra, ou s'en aler à sa maison, jusques à huit jours devant la Saint-Michel, qu'il se rendra à Paris, pour faire la feste de l'ordre; et au surplus qu'il face loger les cent lances qu'il avoit menées en Berry, par quelque conmissaire homme de bien qu'il depputera pour ce faire, et qu'il les fera vivre sans piller le pais.

Oudit conseil a esté présenté le roolle de l'escrutine et élection faicte du prévost des marchans à Paris et des deux eschevins; et a esté conclud que ceulx qui avoient plus de voix auroient lesdits offices.

Le président de La Haie, prévost des marchans;

Gaucher Hebert et[1]   , eschevins, comme ayans plus de voix en l'élection de la ville.

DUDIT XVIIme JOUR D'AOUST MIL IIII^c IIII^{xx} ET QUATRE, A PARIS, AU LOGEIS DE MONS^{ur} DE BOURBON.

Estans au conseil :

M. de Bourbon,   M. de Dunois,
M. de Beaujeu,   M. le chancellier,

[1] Le nom du collègue de Gaucher Hebert est laissé en blanc dans le manuscrit. Gauthier ou Gaucher Hebert avait été député de la prevôté de Paris aux états généraux de 1484. (Voir Masselin, p. 10, 11 et 719.)

M. d'Albi,　　　　　　　　　M. de Torcy,
M. de Périgueux,　　　　　　M. de Genly.
M. de Lombez,

A esté conclud, après ce qu'il a esté récité que mess^{urs} de la court de parlement avoient fait crier à son de trompe, sans conmandement du roy, que mons^{ur} le cardinal Balue, légat, ne feust reçeu, ne réputé légat, et deffendre de ne porter la croix devant lui, que afin que l'onneur de notre saint père soit gardé en ceste partie, que ledit cardinal baillera ses bulles des facultés qu'il a, à visiter à mons^{ur} le chancellier, mons^{ur} de Lombez, mons^{ur} de Périgueux et le tiers président de Thoulouse, appellez avec eulx aucuns de la court de parlement, afin de adviser conment, pour honneur du pape, ledit cardinal en pourra user d'aucunes pour le temps qui sera advisé, mesmement de celles qui ne porteront préjudice au roy ne aux droiz de sa couronne : et que, afin que son honneur soit répairé, qu'il portera, comme il a acoustumé, la croix, et usera de donner de bénédiction, et de toutes autres choses consernans les honneurs qu'on doit faire à ung légat;

Et en doivent parler mons^{ur} de Beaujeu et mons^{ur} de Dunois au roy;

Et au surplus que, le plustoust qu'il sera possible, on le despeschera honnestement, pour s'en retourner à Roume devers notre saint père; et lui seront baillez deux notables personnaiges pour l'acompaigner jusques hors du royaume, et durant icellui retour, il pourra user desdites facultez qui ne toucheront le roy ne son auctorité, tout ainsi qui lui aura esté permis à Paris.

DU XVIIIme JOUR D'AOUST, MIL IIII^c IIII^{xx} ET QUATRE, A PARIS.

Estans au conseil :

M de Beaujeu,
M. de Bresse,
M. de Dunois,

M. le chancellier,
M. d'Albi,
M. de Lombez,
M. de Périgueux,
M. de Torcy,
M. de Baudricourt,
M. de Genly,
M. Du Lau,
M. Durphé, grant escuier;
M. de Montmoranci,
M. de Chastelacher,
M. de Lisle,
M. de Boisy,
M. le président des comptes Doriolle,
M. le tiers président de Thoulouse,
Michel Gaillart, général des finances;
Maistre Ambroys de Cambray,
M° Charles de La Vernade, } M^{rs} des requestes.
M° Pierre de Sacierges,

Lettres à maistre Estienne Pascal, maistre des requestes, estant à Tours, pour le fait de l'arcevesché dudit Tours, pour lui mander qu'il n'en bouge, jusques à ce qu'il ait mis en possession dudit arcevesché l'abbé de mons^{or} Saint-Rémy de Reims, de Lenoncourt; et ce fait, qu'il s'en retourne par deçà.

Après que la matière du partement du cardinal Balue, et du fait de user de ses facultés a esté bien débatue, et que la pluspart des assistans oudit conseil ont esté d'oppinion que ladite matière doit estre communicquée à la court de parlement, a esté conclud que mons^{ur} le chancellier, mons^{ur} de Lombez et mons^{ur} de Torcy iront devers ladite court leur comunicquer tout ce qui en a esté dit et mis en termes, et ce fait en viendront faire leur rapport au roy et audit conseil.

DU XIXme JOUR D'AOUST, L'AN MIL IIII^c IIII^{xx} ET QUATRE, A PARIS,
AUX TOURNELLES, AU MATIN.

Estans au conseil :

Mons^{ur} de Beaujeu,
M. d'Albi,
M. de Périgueux,
M. de Torcy,
M. de Baudricourt,
M. de Genly,

M. de Lisle,
M. de Boisy,
M. de Chastelacher,
Messire Pierre Doriolle, président des comptes ;
Me Pierre de Sacierges.

A esté ordonné que mess^{urs} des finances feront paier maistre Olivier Le Roux, naguières envoyé par le roy devers le cardinal d'Espaigne, de la reste de son voiaige, selon la tauxacion à lui faicte par le roy en son conseil, à l'eure de son partement, rabatu VI^{xx} l. tourn. qu'il a reçeus à sondit partement.

Item. A esté ordonné que les gens des finances se trouverront demain avec mess^{urs} de Torcy, mons^{ur} le président Doriolle, les généraulx des monnoies et autres depputez, par besongner au fait des monnoyes, afin de prandre une conclusion sur l'ordre desdites monnoyes, et y besongneront tous ensemble continuellement jusques à ce qu'ilz auront mise fin en ceste matière.

Depuis sont survenuz ou conseil :

M. de Bresse,
M. de Dunois,
M. le chancellier,
M. de Lombez,
M. de Vaten,
Me Gacien Faure, tiers président de Thoulouse.

Item. A esté ordonné que, pour ce que au pénultime jour de ce mois d'aoust sera le derrenier jour de l'an du trespas du feu roy Lois, que Dieu absoille, et qu'il est besoing que le service sollempnel soit fait pour son âme en l'église de Notre-Dame de Cléry, où il sépulture, que le service de son bout de l'an sera fait solempnel, ainsi qu'il appartient, en ladite église, et y seront envoyez deux chevaliers, gens de bien, pour le faire cellébrer honnestement.

Et au surplus a esté conclud que, touchant les fondacions faictes par le feu roy Loys en ladite église, qui leur ont esté depuis ostées par la réunion du demaine, que afin que le service ordonné par ledit feu roy estre fait en ladite église, ne soit discontinué, que à présent leur sera faicte par les trésoriers de France assiete de II^{m} l. tourn. de rente en Normandie, avec les drois des patronnaiges qui pourront appartenir aux terres qui leur seront baillées en assiete; laquelle rente leur sera baillée par manière de provision, pour l'entretenement dudit service divin, selon l'ordonnance faicte par le feu roy Loys, sans charger ne diminuer par eulx le service ne les vicaires, serviteurs, ne autres ordonnez pour faire ledit service : et ce en actendant que le roy soit en plus grant aaige, pour en disposer lors ainsi qu'il lui plaira.

Item. Descharge à Brandelis de Champaigne, cappitaine de Saumur, pour mectre dedans le chastel de Saumur, les nobles, s^{urs} et barons de Bretaigne, et la dame de Laval estant à présent à Saumur, par l'ordonnance du roy, pour les laisser entrer, sortir, aler et venir dedans ledit chastel avec leurs gens et serviteurs jour et nuyt, toutesfois qu'ilz y vouldront entrer et sortir, en le tenant quicte et deschargé en ce faisant.

Sur la requeste de mons^{ur} Loys de Luxembourg, requérant don des biens meubles de feu mons^{ur} le connestable, qui sont confisquez, dont n'a esté fait don à aultrui, lesquelz aucuns détiennent sans en avoir don du feu roy ne du roy qui est à présent; a esté ordonnée conmission adressant à mons^{ur} de Genli pour se informer desdits biens et lui en faire délivrance, oudit cas, sans toucher à ceulx que mons^{ur} de Romont auroit prins.

Pour Martin de Semelon c l. tourn. par an, pour et en récompense de son élection de Falaise, que le feu roy donna à Jehan de La Marouse, son varlet de chambre.

Pour le filz de mons{ur} d'Arpajon, congié de accepter la senneschaucée de Rodez que mons{ur} d'Armaignac lui a donnée.

DUDIT XIXme JOUR D'AOUST OUDIT CONSEIL, APRÈS DISNER, A PARIS.

Estans au conseil :

M. de Beaujeu,
M. de Bresse,
M. de Dunois,
M. le chancellier,
M. d'Albi,
M. de Lombez,
M. de Périgueux,
M. de Torcy,
M. de Genli,
M. Du Lau,
M. Durphé, grant escuier;
M. de Maillé,
M. de Chastelacher,
M. de Lisle,
M. le président des comptes, Me Pierre Doriolle;
M. le tiers président de Thoulouse,
Me Jehan Hebert,
Michel Gaillart, } généraulx des finances;
Denis Le Breton,
Me Charles de La Vernade, } M{es} des requestes.
Me Pierre de Sacierges,

Lettres de pas à ceulx de la ville d'Avignon, pour eulx en retourner.

Pour maistre Philippe Violle, don et présentacion à cause de la liturgie de la cure de Notre-Dame de Dranal ou diocèse de Lisieux et doyenné de Benuron, que tenoit en son vivant messire Jehan Bisson, et de laquelle cure est procès pendant par doléance en l'eschiquier de Normandie entre messire Jacques de Harecourt, s{ur} de Benuron, et les religieux de Becheloing.

Une déclaracion pour faire joir maistre Gabriel Prélain de l'office de procureur du roy ou bailliaige de Vellay, selon le don qu'il en a eu dudit s', nonobstant le don et confirmacion que depuis en a obtenu de mons' le chancellier ung nonmé Jehan de Lorme, lequel on dit estre mal renonmé, actendu que ledit Prélain en a eu le premier don.

Plus a esté dit que l'estang de Gouvieux demoura à mons' de Lombez, abbé de mons' saint Denis en France, et qu'il le tiendra tout ainsi qu'il faisoit avant la prinse faicte d'icellui, à cause de la réunion du demaine, jusques à ce que le roy soit en aaige, et qu'il soit assigné et appoincté de la rente qui est deue par le roy à ladite église de Saint-Denis, à cause des anciennes fondacions que ses prédécesseurs roy de France ont laissées à ladite église, pourveu que ledit abbé fera tousjours continuer et faire le divin service.

DU XXme JOUR D'AOUST, MIL IIII^c IIII^{xx} ET QUATRE, A PARIS, AUX TOURNELLES [1].

Estans au conseil :

M. de Beaujeu,
M. de Dunois,
M. d'Albi,
M. de Périgueux,
M. de Lombez,
M. de Torcy,
M. de Genli,
M. de Baudricourt,
M. de Lisle,
M. de Vaten,
M. Dulphé,
Me Ambrois de Cambray,
Me Charles de La Vernade, } M^{rs} des requestes.
Me Pierre de Sacierges,

Acquict et descharge pour ceulx qui tiennent les places fortes,

---

[1] Séance du matin.

estans ès terres[1] de mess{urs} les enffans de Nemoux, qui leur ont esté délivrées par la délibéracion du conseil, ainsi qu'il est enregistré cy-dessus[2] le xvme jour de mars, mil iiii{c} iiii{xx} et trois, au Plessis, en les baillant et délivrant ausdits enffans de Nemoux ou à leurs serviteurs, pourveu que ceulx à qui il les bailleront, feront le serement de ne faire d'icelles chose préjudiciable au roy, au royaume et ses pays et subjectz.

Pour Jehan Mulot, grénetier de Mante, congé de résigner son office de grénetier au proffit de Simon Vien et d'en prandre proffit, actendu que ce n'est office de judicature.

Pour frère Anthoine de Saint-Aulbin, licencié en decret, frère de Perollet de Saint-Aulbin, premier eschançon de mons{ur} de Bourbon, une retenue de conseiller aux honneurs.

Pour maistre Regnault Dagnyn, garde des sceaulx de la chancellerie de Bourgongne, en l'absence de maistre Philippe Baudot, retenue de conseiller aux honneurs.

Pour maistres Odart de Macheco et Richard de Vandenosse, licenciés en loix, retenue de conseillers et maistres des requestes à Dijon aux honneurs, pour servir à rapporter les lectres de la chancellerie et parlement de Dijon, ainsi qu'ilz faisoient du vivant du feu roy Lois.

A esté ordonné oudit conseil que les lectres de maistre Nicolle Chevallier, procureur du roy en la chambre des généraulx de la justice des aides à Paris, qui sont signées de secrétaire qui n'est secrétaire des finances, seront reffaictes par ung secrétaire des finances, pour raison de ce qu'elles contiennent creue de ses gaiges, ainsi que en joissoient ses prédécesseurs tenant ledit office, afin de servir d'acquict aux receveurs qui le payeront.

---

[1] On lit en marge de cette partie du manuscrit: « De Mahyne, La Juhez, Sablé, La « Ferté Bernard. En ont esté expédiées les descharges de ce jour. »

[2] Ces expressions et celles qui suivent immédiatement nous font croire que le registre était bien plus étendu que nous ne l'avons, et qu'il comprenait même l'époque de la tenue des états généraux de 1484. Il est fâcheux que nous ayons perdu cette partie, qui aurait pour nous beaucoup d'importance.

Pour Pierre de Raymont, dit Fromont, chevalier, s^{ur} de Faulmont et cappitaine de Montent des Vaulx, en la senneschaucée de Quercy, lettres de déclaracion conment le roy veult que la confirmacion à lui faicte de ladite cappitainerie par mons^{ur} le chancellier lui soit vallable, comme si par lui avoit esté faicte, actendu que en ladite cappitainerie n'y a aucuns gaiges formez, mais seulement prenoit pour gaiges, du vivant du feu roy Lois, le revenu de ladite place, par don à lui fait par ledit feu roy; lequel revenu lui a à présent esté osté par la réunion du demaine. Et a esté déclairé que, considéré son ancien aaige, que en faveur des services par lui faiz à la couronne l'espace de cinquante ans, qu'il joira de ladite cappitainerie qu'il tient tousjours, combien que quelcun autre, mesmement ung nommé Jehannot Villebrunugeir, l'eust impectrée sur lui furtivement, depuis l'advénement du roy à la couronne.

Pour damoyselle Jehanne de Saint-Amour, vefve de feu messire Gondeffroy de Germolle de Masconnois, s^{ur} de Vinzelles, a esté ordonné que ladite damoyselle aura, sa vie durant, la somme de deux cens livres tournois de pension par an, pour et en récompense des pertes que sondit feu mary et elle ont soustenues de leurs places qui furent brullées et abatues par les Bourguignons, au moien de ce qui les avoient baillées pour le service du roy et mises ès mains de mons^{ur} le conte Daulphin, peu avant la journée de Bucy; et aussi en récompense de ce qu'elle ne joist de la somme de mil livres tournois de pension, que le feu roy Lois avoit baillée et donnée à elle et sondit feu mary, leur vie durant, ne de v^c l. de pension que ledit feu roy Lois lui donna après le trespas de sondit mary, pour lesdites pertes; aussi en récompense de ce que elle et sa fille Marguerite ne joissent de la chastellenie de Poully Le Moinal en Lionnois, que ledit feu roy leur avoit donnée, leur vie durant, pour leur demeure, au moien de la réunion du demaine: laquelle somme de II^c l. tourn. lui sera apportée le plus près de sa demourance que faire se pourra, afin qu'elle, qui est femme-vefve, n'ait si grant peine de poursuivre son assignacion.

DUDIT XXme JOUR D'AOUST, MIL IIII^c IIII^{xx} ET QUATRE, A PARIS[1].

Estans au conseil :

M. de Beaujeu,
M. de Dunois,
M. d'Albi,
M. de Lombez,
M. de Torcy,
M. de Genly,

M. de Vaten,
M. de Chastelacher,
M. de Maillé,
M. de Lisle,
Me Pierre de Sacierges, M^e des requestes.

Une retenue de conseiller et chambellan pour le s^{ur} Dure Merichon à v^c l. tourn. de pension.

Lettres de reconmandacion pour l'évesque d'Uzès, de saint Gelays, à ce que le procès de son évesché, estant au grant conseil, y demeure pour illec estre vuidé. Lesquelles lectres seront veues par mons^{ur} de Périgueux, pour veoir si elles seront signées en bonne forme.

Lettres de naturalité pour maistre Georges de Valperque, prothenotaire du saint sieige apostolicque, pour obtenir bénesffices en ce royaume, jusques à v^c l., et aussi les successions qu'il lui pourroient avenir, à cause de ses frères et parens demourans en ce royaume.

Item. Une retenue de maistre des requestes aux honneurs.

Plus a esté ordonné que ès lectres qui ont esté octroiées à mons^{ur} de Busset, pour ses gaiges de la cappitainerie de Nogent-le-Roy en Bassigny, que aucune réservacion ne sera faicte des guetz appartenans à ladite place, mais qu'il jouira desdits guetz, ainsi que faisoit feu messire Tristan l'ermite du temps du feu roy Charles VIIme.

Pour les principal et soubz-principal de la banière des jurez et gardes du mestier de cardeur, pigneurs et arsonneurs et autres ouvriers de laine de Paris, lettres pour estre tenuz francs, quictes et exemps du droit d'imposicion touchant le fait de leurdit mestier, et pour en joir *prout rite et juste usi sunt.*

---

[1] Séance de l'après-dînée.

Touchant Jehan de Ronnay, requérant lettres adressant au bailli de Caen ou à son lieutenant ou sieige de Falaise, pour le faire délivrer et mectre hors de la place de Carrouges, où il est détenu prisonnier, pour raison de certaine somme de deniers que mons^{ur} de Saint-Pierre lui demande, à cause des guetz dudit Falaise, qu'il a reçeuz par aucun temps (et pareillement mons^{ur} Du Lau lui en a fait demande): a esté appoincté que en consignant en main de justice par ledit de Ronnay les deniers qu'il a reçeuz desdits guetz, qu'il sera délivré; et cependant lesdits de Saint-Pierre et Du Lau feront déclarer par ledit lieutenant à cellui d'eulx à qui lesdits guetz devront appartenir.

DU XXIme JOUR D'AOUST, L'AN MIL IIII^c IIII^{xx} ET QUATRE, A PARIS, AUX TOURNELLES, AU MATIN.

Estans au conseil :

M. de Beaujeu,
M. de Dunoys,
M. d'Albi,
M. de Baudricourt,
M. de Genli,
M. Durphé,

M. de Lisle,
M. de Chastelacher,
Me Gacien Faure, tiers président de Thoulouse;
Me Ambrois de Cambray,
Me Pierre de Sacierges.

Sur la requeste faicte par les XII chappellains du Puy Notre-Dame en Anjou, contenant conment le feu roy Lois, que Dieu absoille, fist en ladite église certaine fondacion de plusieurs acquetz faiz de ses propres deniers, montant XII^c l. tourn. de rente, d'une messe cothidienne à note, à dyacre et soubz-diacre, pour icelle messe estre dicte et cellébrée par le curé de ladite église, et de laquelle fondacion le curé qui est à présent doit avoir la moitié sa vie durant, pour la peine qu'il a eue de solliciter ladite fondacion; et laquelle fondacion a esté depuis confermée par le roy : requérans lesdits chappellains qu'il plaise au roy ériger et décréter leurs chappellenies en tiltre de béneffices, afin que cy-après le service en soit mieulx continué, et que ladite somme soit distribuée également entre lesdits chappellains et les curés qui seront après, et le curé qui est à présent, prenans pour deux chappellains, en présentant par le roy, pour ceste première fois seulement, lesdits chappellains à mons{ur} de Poitiers ; et cy-après quant lesdites chappellenies vacqueront, qu'elles seront en l'élection et présentacion desdits curé comme ayant deux voix, et desdits chappellains, et la collation à mons{ur} de Poitiers et ses successeurs évesques.

A esté conclut que, afin que tousjours le service soit mieulx continué sans interrupcion, que le contenu en ladite requeste leur doit estre accordé par le roy, si c'est son plaisir.

Depuis sont survenuz oudit conseil :

    M. le chancellier,
    Me Charles de La Vernade,
    Me Guillaume Dannet.

Sur la requeste de Pierre Symonneau, marchant demourant en Poitou, contenant conment par l'adviz de mons{ur} le chancellier et gens du grant conseil du roy, marque lui ait esté octroiée contre dom Francisque de Torreilles et autres marchans du royaume de Castille, pour la somme de huit mil livres tournois avec ses interestz, pour raison de ce que ledit de Toreilles print sur la mer ledit Simonneau, en certain voiaige qu'il feist en Barbarie par le conmandement du feu roy Loys, et auquel ledit de Toreilles feist perser la main d'un fer chault, tellement qu'il en est impotent ; et ordonné icelle marque estre mise ès mains de mons{ur} de Dunois jusques au retour d'Espaigne de maistre Olivier Le Roux ; et que considéré qu'il est retourné, qu'il plaise au roy lui faire délivrer ladite marque.

A esté conclud que lettres pactentes seront octroiées audit Simonneau, narratives du contenu en sadite marque et des procédures par lui faictes et du reffuz fait de le paier par les Espaignolz et Cathelans ; lesquelles se adresseront à tous justiciers et officiers du roy pour prandre et arrester soubz la main du roy, des biens qui se trouverront ou royaume ou ailleurs soubz l'obéissance du roy, appartenans aux manans et habitans de la ville de Barsalonne et principaulté de Catheloigne, jusques à la valeur et somme à quoy ont esté extimées les marchandises prinses dudit marchant de Poitou, et despens raisonnablement faiz à la poursuite de ceste matière, et iceulx biens détenir soubz la main du roy et par loial inventaire, par personnes bien receans et caucionnez, durant le temps de six mois, pendant lequel temps, les marchans et autres à qui lesdits biens appartiendront, pourront poursuivre envers le vis-roy et autres officiers de Barsalonne réparacion de la injustice qui a esté faicte oudit marchant de Poitou par le viguier et autres officiers dudit Barsalonne, en faisant délivrer les biens appartenans audit Pierre Simonneau, arrestez et mis en main de justice : et si pendant icellui temps de six mois, la justice dudit Barsalonne et principaulté de Cathaloigne n'ont fait rendre et restituer audit marchant de Poitou son principal et despens, que lesdits biens seront adevérez et venduz, pour convertir le pris d'iceulx ou paiement de ce que à icellui marchant est deu.

Oudit conseil ont esté depputez mess^{urs} de Baudricourt, de Genli et de Lisle et maistre Gacien Faure, tiers président de Thoulouse, pour oyr le différent estant entre mons^{ur} le grant escuier et Raymond de Derest, premier tailleur du roy, sur les droiz et prérogatives que chacun d'eulx dit à lui appartenir, à cause de leurs offices, et mesmement sur le droit de faire faire les robbes et haucquetons, tant des gentilzhommes, archiers de la garde du roy et gens de l'escuirie dudit s^{ur} que autres; et pour sur ce veoir par eulx les ordonnances roialles, et le tout rapporter au conseil du roy, pour y être pourveu comme il appartiendra.

Item. Oudit conseil a esté ordonné que Jehan Darrompel, Escossoys, s^{ur} Du Lac et cappitaine d'une nef de guerre nonmée La Marie du royaume d'Escossē, sera appoincté par le roy sur son demaine de Normandie, de vi^c l. tourn. en une année ou deux, pour et en récompense des pertes qu'il a souffertes du temps du feu roy Lois; icelles pertes à lui données par les Anglois, et desquelles ledit feu roy ne voulut justice estre faicte desdits Anglois, combien que ledit Darrompel en eust obtenu senctence. Et sur ce seront faictes lettres à mons[ur] de Méry, trésorier de France ou quartier de Normandie, pour le assigner desdites six cens livres tournois.

Depuis est survenu oudit conseil mons[ur] de Vaten.

Item. A esté ordonné oudit conseil que mons[ur] le chancellier et aucuns du conseil du roy verront les traictez et appoinctemens faiz par le feu roy Lois touchant Montagu avec la dame de Belleville, messire Gilles de Belleville, ses frères et autres, leurs parens et sans forme de procès, appelez ceulx qui y auront intérest. Et le tout veu, en sera fait extraict et rapporté au conseil du roy pour veoir ce qui reste de la part du roy à parfaire, selon lesdits appoinctemens, afin que le roy leur fournisse et baille tout ce qu'il est tenu de faire, selon lesdits appoinctemens.

A esté ordonné à mons[ur] le chancellier ne bailler aucunes lettres d'ajournement en cas d'appel à Foulmont, touchant la senneschaucée de Quercy, à présent tenue par le maistre d'ostel Guinot, par don du feu roy Lois et du roy qui est à présent.

Pour Pierre Arbaleste, maire de Beaune et naguières maistres des comptes extraordinaire à Paris, a esté ordonné qu'il aura deux cens livres tournois par an, en actendant que le roy l'ait pourveu d'un office pour son entretenement, en récompense dudit office de maistre des comptes qu'il lui a esté ostée comme extraordinaire, en cassant les extraordinaires maistres des comptes. Et a esté ordonné qu'il sera escript et nonmé ou roolle du roy que a mons[ur] le bailly de Meaulx, où sont nonmez ceulx qui sont à appointer d'offices, affin qu'il soit pourveu de quelque office par le roy, en faveur des services qu'il a faiz au feu roy, que Dieu absoille.

Lettres à mons[ur] de Mony, cappitaine d'une des bandes des cent cinquante lances des mortes-payes, nouvellement mises sus en Normandie, pour donner à Jehan de Callenille une place d'omme d'armes, soubz sa charge, en le exemptant d'aller à la monstre, actendu qu'il est gouteux et qu'il pourra bien servir à diviser les fortifficacions des places où il sera advisé de fortiffier, comme bien expert à ses matières.

Pour mons" de Crussol, lettres pour mander aux gens des comptes le tenir quicte du revenu du fief de Parsonnières, assis en la ville de Gallardon, pour le temps que feu mons" de Crussol, son père, l'a tenu, du vivant du feu roy, depuis l'an IIIIe LXVII jusques à l'an LXXIII, par lectres de don dudit feu roy, nonobstant qu'elles n'aient esté vériffiées, par inadvertance ou autrement; en leur mandant icelles vériffier, ainsi qu'ilz eussent peu faire du vivant du feu roy.

Oudit conseil ont esté ordonnées à maistre Estienne Petit, par mess^{urs} de Beaujeu, de Dunoys, d'Albi et de Baudricourt et autres, lectres à Romme de l'évesché de Metz, pour l'évesque de Verdum, vacant par le trespas du premier possesseur.

Item. Ont esté ordonnées lettres au roy de Napples et au prince de Tharente par l'escuier Philippon de Bacher, lequel le roy envoye devers eulx leur mener les chevaulx et porter les présens qui leur envoye.

DUDIT XXIme JOUR D'AOUST, L'AN MIL IIIIe IIII^{xx} ET QUATRE, A PARIS.

Estans au conseil, après disner :

M. de Beaujeu,
M. de Bresse,
M. d'Albi,
M. de Genli,
M. le grant escuier,
M. de Lisle,
M. le tiers président de Thoulouse,
Me Jehan Hebert,
Michel Gaillart, } généraulx des finances;

Me Charles de La Vernade,
Me Pierre de Sacierges, } M^{es} des requestes.

Lettres à l'abbé mons^{ur} Saint-Esloy de Noion, pour recevoir en son abbaye ung pouvre viel faulconnier qui fut au feu roy, nonmé Daniel Henric.

Pour Jehan Lenfermé, grenetier de Saint-Quentin, congé de marchander de toutes manières de bestail seulement et non point de sel.

Pour Agnès, vefve de feu Robert Carnes, Escoussois, qui a servi Robert Cotheurtre, artiller du roy, lettres pour lui faire délivrer les biens de son feu mary empeschez par les officiers du roy à Lion, pour ce que ledit Carnes n'estoit natif de ce royaume et qu'il n'avoit congié de tester.

Lettres de reconmandacion à notre saint père le pape, pour confermer et amplier les previlleges donnez par les sains pères à l'ostel Dieu de Paris, pour tousjours leur aider à nourrir et substanter les pouvres qui chacun jour y affluent.

Plus a esté oudit conseil leu ung mémoire envoyé par mons[ur] de Saint-Valier, touchant aucuns affaires du pays de Prouvence, et sur chacun article a esté répondu ainsi qu'il sensuit :

Touchant les places et réparacions d'icelles, la responce en a esté faicte à messire Jehan de Lubières.	Plaise au roy et à mess[rs] faire depescher l'omme de mons[ur] de Saint-Valier, que on a fait actendre deux mois et demy, pour lui faire responce des advertissemens qu'il a envoyez devers vous piéçà touchant les affaires de Prouvence, tant pour la garde et seureté dudit pais que pour la réparacion des places et chasteaulx dessus la marine que autres, lesquelz ont esté abatuz par cy-devant.
Touchant les gallées, on actendra le général Briçonnet, pour en communicquer avecques lui.	Et aussi pour mectre en point les gallées qui sont au pore de Marseille, que le feu roy de Sécille fist conmancer, qui se perdent, qui seroit pour la garde et deffence dudit pays.
Le senneschal le fera.	Semblablement des pensions que le roy donne aux gens du pais, les convertir en gens de guerre montez et armez, prins et esleuz d'entr'eulx, et les contraindre de ce faire, à ce qu'ilz feussent prestz, si besoing venoit oudit pays ; et autres choses contenues plus applain èsdits advertissemens, qui vous ont esté baillez, lesquelz vous plaira faire veoir pour y ordonner votre bon plaisir.

DU CONSEIL DE CHARLES VIII. 1484.

Le senneschal en fera justice.	Aussi de ce qu'il a affaire touchant l'offence et pillerie qui c'est faicte contre les Juifz dudit pais.
Le senneschal fera plus amples informacions tant de l'artillerie que de la place de Tarascon, et les envoira par deçà pour y donner les provisions qui seront advisées.	Pareillement de l'artillerie qui a esté transportée hors dudit pais, comme appert par le procès baillé entre les mains de mons^{ur} le président de Thoulouse, que aussi touchant la désobéissance que on lui feist de la place de Tarascon, comme appert par le procès sur ce fait. Et du tout lui faire responce, à ce qu'il n'en vienne inconvénient audit pays.

DU LUNDI XXIIIme JOUR D'AOUST, L'AN MIL IIII^c IIII^{xx} ET QUATRE, A PARIS, AUX TOURNELLES, AU MATIN.

Estans au conseil :

M. le cardinal de Lion,
M. de Beaujeu,
M. de Bresse,
M. de Dunois,
M. d'Albi,
M. de Périgueux,
M. de Lombez,

M. de Torci,
M. de Genli,
M. de Vaten,
M. Dulphé,
M. de Lisle,
M. de Chastelacher,
Me Gacien Faure.

Sur la requeste faicte par mons^{ur} le cardinal Balue, requérant, actendu le trespas du pape, congé de s'en aller visiter pour aucun temps ses béneffices, pour recevoir argent pour faire le retour de son voiaige; ou s'il ne plaist au roy qu'il aille sur ses béneffices, qu'il vueille, en lui donnant congé de s'en aller, lui donner quelque somme d'argent pour son retour, actendu qu'il a despendu beaucoup à venir par deçà, à la requeste du roy, sans avoir usé ne eu aucun proffit de sa légacion.

A esté conclud qu'il prandra aujourd'ui congé du roy pour s'en retourner à Romme, et que, après ledit congé, il s'en partira de Paris pour se mectre à chemyn, dedans deux ou trois jours; ouquel chemin il pourra porter, en s'en retournant, la croix. Et oultre a esté ordonné que le roy lui fera délivrer par les gens des finances, pour lui aider à son veaige, la somme de mil escus d'or comptant, actendu qu'il n'a point usé de sa légacion et qu'il est venu par deçà à grans fraiz et à la requeste du roy.

Depuis sont survenuz oudit conseil maistre Charles de La Vernade et maistre Pierre de Sacierges.

Item. Le mandement apporté par mons[ur] le chancellier, qui a esté délibéré en la court de parlement à Paris, et qui est signé en queue de mons[ur] le président de Nanterre, contenant conmission adressant au bailli d'Amiens ou à son lieutenant, pour faire punicion de ceulx qui contre les sergens et officiers du roy, en excerçant leurs offices, font rebellions et désobéissances, tant ès limites de sondit bailliage que ès pays circunvoisins où lesdits excès ont lieu.

Depuis est venu oudit conseil :

>Mons[ur] le chancellier,
>M. de Baudricourt,
>M. de Genli et maistre Ambrois de Cambray.

Item. Oudit conseil a esté conclud l'alée et partement de mons[ur] de Bresse, selon ce que par cy-devant avoit esté advisé, en ensuivant le pouvoir du roy à lui baillé cy-dessus enregistré; et en oultre que mons[ur] d'Orléans et mess[urs] les princes doivent escripre à madame la princesse et à mons[ur] de Nerbonne, pour faire retirer leurs gens de guerre hors du royaume, sans plus fouler les pays du roy, ainsi qu'il avoit esté par cy-devant advisé; et que, en actendant leur responce, s'ilz y obeyroient ou nom, que mons[ur] de Bresse s'en doit tirer jusques à Bourges, et partir dedans deux ou trois jours, pour y aller, et cependant fera loger en Berry par bons conmissaires en villes closes les iie lances qui ont esté mandez venir oudit pais de Berry, des quatre compaignies de mess[urs] les princes, de chacune cinquante lances, c'est assavoir : de mess[urs] d'Orléans, Bourbon, Beaujeu et Dunois. Et oultre ce, fera loger à l'entour de Molusson les autres compaignies qui doivent venir de Bourgongne, tant les iiii[xx] x lances des Escoussois, les soixante et quinze lances de mons[ur] le grant bastard de Bourgongne que les trente lances de monsʳ le mareschal de Bourgongne, qui ont esté mandées venir à l'entour dudit Molusson.

Et cependant la responce viendra de ce que aura escript monsʳ d'Orléans, et si monsʳ de Bressé oit responce que lesditz gens de guerre ne vuident le royaume, en ce cas, tirera oultre achever sa charge, selon le contenu en son povoir; si aussi il n'en est besoing, ordonnera de son retour, ainsi qu'il verra estre à faire.

Item. Lettres réitératives au pape et cardinaulx, touchant l'arcevesché de Tours, en faveur du nepveu de monsʳ de Baudricourt, et conment le roy lui envoye le renvoy et rémission que a fait le chappitre de Tours à notre saint père dudit arcevesché, en lieu d'eslire; et qu'il plaise à notredit saint père de nouvel la conférer audit nepveu, ainsi qu'il a fait par avant ladite rémission. Et contiennent lesdites lettres prière à notre saint père de prolonger le pardon de Saint-Gacien de Tours d'icy à dix ans, à conmancer du jour que les autres dix ans expireront.

Le xxiiiᵉ jour dudit mois d'aoust, à Paris, M. le cardinal Balue a prins congé du roy, pour s'en retourner à Romme : et a eu charge et commandement du roy de faire son expédicion sur le contenu en ses requestes, mᵉ Antoine Cherbonnier, notaire et secrétaire du roy[1].

DU XXVᵐᵉ JOUR D'AOUST, L'AN MIL IIIIᶜ IIIIˣˣ ET QUATRE, A PARIS, AUX TOURNELLES.

Estans au conseil :

M. de Beaujeu,
M. de Dunois,
M. le chancellier,

[1] Cet alinéa, fort malaisé à déchiffrer, n'est pas de la même écriture que ce qui précède. Il paraît être de la main qui a fait plusieurs additions ou annotations en marge du manuscrit.

M. d'Albi,
M. de Périgueux,
M. de Lombez,
M. de Torcy,
M. de Baudricourt,
M. de Genli,
M. de Montmoranci,
M. de Lisle,
M. de Chastelacher,
M. le senneschal de Thoulouse;
M° Gacien Faure,
Messire Pierre Doriolle, président des comptes;
M° Charles de La Vernade, ⎫
M° Pierre de Sacierges,   ⎬ M⁰⁰ des requestes;
Michel Gaillart,   ⎫
Denis Le Breton,   ⎬ généraulx des finances.
M° André Brinon,   ⎭

Sur la matière mise en termes, au prochaz de l'ambassadeur du roy de Portugal, touchant l'ordre qui semble estre neccessaire mectre sur ce que plusieurs des subjectz du roy, en diverses contrées du royaume, se font pirates et se mectent en armes pour faire la guerre sur la mer à tous ceulx qui recontrent, soient amys ou ennemys du roy, dont plusieurs inconvéniens s'en ensuivent au roy et au royaume, tant parce qu'ilz malcontentent les alyez du roy à qui ilz courent sus, que aussi parce qu'il convient que bien souvent après lesdites pilleries faictes, que le roy paie la dampnifficacion faicte à ceulx qui sont oppressez.

A esté conclud que, pour donner ordre à ce que telles choses n'aient plus de cours, que lettres pactentes et missives seront faictes de par le roy, adressans à mess^urs les admiral, vis-admiral, gouverneurs des pais, baillifz et senneschaulx estans sur l'endroit des marines, et aussi aux cappitaines des places maritines, que doresnavant quant il adviendra que aucuns navires seront mis en point en aucuns des pors ou havres du roy, pour aller à la mer, que lesdits admiral, baillifz ou cappitaines desdites places maritines, chacun en son endroit, ne souffreront partir lesdits navires, sans ce que préallablement cellui ou ceulx qui en auront la charge de les patronizer et conduire, aient baillé caucion bonne et souffisante de ne courir sus et ne faire aucun donmaige à personne, de quelque nacion que ce soit, qui soient des amys et aliez du roy, et de leur restituer tous les donmaiges qu'ilz leur pourroient faire; et seront depputez gens de bien, pour aller faire par les pors et havres du royaume ladite publicacion.

Et pareillement sera envoyé ung hérault en Portugal avecques lettres du roy, advertissant le roy de Portugal de l'ordre que le roy a mis en son royaume sur le fait desdits pirates, qui lui portera certifficacion de ladite publicacion, afin que ledit roy de Portugal de sa part le face ainsi publier en son royaume, présent ledit hérault, pour en porter tesmoignaige à son retour, et qu'il face bailler caucion par les cappitaines des navires de son pais, comme il est ordonné de la part du roy.

Et pour ce que ledit ambassadeur a baillé plusieurs articles, se plaignant des tors, griefz et pilleries qu'il dit que le s^{ur} de Saint-Germain et autres des subjectz du roy ont faiz et donnez aux subjectz du roy de Portugal, requérant sur ce adjournement personnel contre eulx.

A esté ordonné que informacions seront faites desdits excès et pilleries, pour y pourveoir, après lesdites informacions vehues ou conseil du roy, soit par adjournemens sumples ou personnelz, ainsi que mons^{ur} le chancellier et le conseil de la justice adviseront. Et à mons^{ur} le chancellier ont esté baillez lesdits articles pour leur faire expédicion en justice, comme il appartiendra[1].

Et oudit conseil a esté conclute la communicacion et entrecours de marchandise entre les subjectz du royaume de France et du royaume de Portugal, afin de vivre en paix avec eulx; car par ce moien le roy de Portugal sera desmeu de donner secours aux An-

---

[1] En marge on lit ce qui suit : « M. le chancellier a fait expédier provision contre ledit « de Saint-Germain présent M. Olivier Le Roux, laquelle est signée de Me Estienne Petit, « ainsi que le chancellier lui a ordonné. »

glois contre le roy, en entretenant ladite communicacion, et par protestacion que le roy en ce faisant entend ne se départir des aliances d'Espaigne ne y derroguer en aucune manière.

Et ont esté oudit conseil aucuns d'oppinion que, avant que la publicacion de ladite comunicacion fût faicte, que on devoit advertir le roy d'Espaigne, afin qu'il ne pensast que, soubz umbre de ladite comunicacion qui n'est que une sumple intelligence, il ne pensast que le roy eust faicte quelque aliance avec le roy de Portugal ou préjudice des anciennes aliances de France et d'Espaigne, dont il pourroit estre malcontent et avoir cause de différer de faire l'aliance d'entre le roy et lui.

Et ont charge mons[ur] de Périgueux et messire Pierre Doriolle, premier président des comptes, de veoir les expedicions des lettres qui seront faictes en ceste matière et avec eulx, Me Gacien Faure, tiers président de Thoulouse.

Oudit conseil se sont départiz :

M. de Beaujeu,
M. de Dunois.

Par mons[ur] le chancellier a esté récité conment mons[ur] Des Cordes a escript et envoyé au roi la coppie des lectres que le duc Philippe, conte de Flandres, lui a escriptes, se compleignant de certaines lettres patentes d'adjournement en cas d'appel, baillées à la chancellerie du roy contre lui, en faveur du duc d'Autrische, son père, requérant provision y estre donnée.

A esté sur ce conclud que on envoiera ung secrétaire du roy en Flandres, pour lui remonstrer la matière, ainsi qu'elle gist au vray, selon les mémoires et instructions que en fera mons[ur] le chancellier, appellez les advocat et procureur du roy en parlement, sur aucunes désobéissances qu'ilz disent que les gens du conte de Flandres ont faictes et font chacun jour au roy et à sa court de parlement.

Et sera escript cependant à mons[ur] Des Querdes lettres de par le roy, contenant la récepcion de ses lettres, et que le roy n'a point esté adverty desdites matières, mais qu'il s'en fera informer, et comme il n'entend faire aucune chose ou préjudice des droiz du conte de Flandres, en usant de toutes bonnes parolles, afin que les gens de son conseil et les Flamens ne se mescontentent pour les entretenir en amytié, lesquelles lettres mons^{ur} le chancellier dressera.

DU XXVIIme JOUR D'AOUST, L'AN MIL. IIII^c IIII^{xx} ET QUATRE, AU BOIS DE VINCENNES.

Estans au conseil :

M. d'Orléans,
M. de Beaujeu,
M. de Bresse,
M. d'Albi,
M. de Périgueux,
M. de Lombez,

M. de Torcy,
M. de Baudricourt,
M. de Montmorancy,
M. de Lisle,
M. de Chastelacher,
M. Charles de La Vernade.

Pour mons^{ur} de Marseille et Jehan de Vaulx, son frère, congé de tirer ung radeau de bois, de la valeur de II^c escus, jusques en Avignon et Prouvence, pour bastir leurs maisons qu'ilz y font faire; et don des péaiges du roy seulement, pourveu qu'ilz seront tenuz de paier aux seigneurs particuliers les péaiges à eulx deus pour ceste cause, si donner ne les leur veullent.

Pour messire Jehan de Loubières, maistre des comptes à Paris, lettres pour estre payé, absent comme présent, des gaiges et droiz appartenans audit office, actendu l'occupacion qu'il a ou service du roy, et aussi pour l'imposicion[1] de sa personne, à cause de malladie de goutes, pour lesquelles causes il ne pourroit continuellement vacquer à exercer en personne ledit office.

Pour François mons^{ur} de Luxembourg, lettres patentes de sommation contre les Cathelans, pour raison des donmaiges qu'ilz lui ont faiz, et la sommacion faicte, la rapporter au conseil pour y estre pourveu comme il appartiendra.

---

[1] Lisez *l'indisposition*.

Depuis est départy dudit conseil mons[ur] d'Orléans, et sont venuz oudit conseil :

- M. de Dunois,
- M. de Vaten,
- Messire Pierre Doriolle, premier président des comptes.

A esté ordonné oudit conseil que mons[ur] de Périgueux, mons[ur] de Torcy et autres, depputéz de par le roy pour besongner, au fait des monnoies dedans le palaiz en la chambre du conseil où ilz ont esté par aucunes journées, viendront besongner et parachever au bois de Vincennes ce que reste à conclurre pour le fait desdites monnoies; auquel lieu se rendront les estrangiers qu'ilz y vouldront appeller.

Pour Lancelot de Bacouel, serviteur de mons[ur] Des Querdes, congié de résigner son office de receveur du demaine et aydes à Amyens au proffit de Pierre Bacouel, son frère.

Pour Loys Penel, serviteur dudit s[ur] Des Querdes, congié de résigner son office de receveur du donmaine et aydes en Pontieu au proffit dudit Lancelot de Bacouel.

Sur la requeste faicte par mons[ur] de Périgueux, aumosnier du roy, requérant gaiges lui estre tauxez, pour l'excercice dudit office d'aumosnier, actendu la continuelle peine et occupacion qu'il a en l'exercice d'icellui.

A esté conclud que on se informera en la chambre des comptes ou ailleurs quelz gaiges ordinaires appartiennent audit office; et selon ce qu'il en sera trouvé que monteront lesdits gaiges ordinaires, il en sera assigné et appoincté par les gens des finances.

Pour mons[ur] le bailli, messire Regnault Du Chastellet, requérant appoinctement lui estre faict par le roy pour son entretenement en son service, considéré le long temps qu'il y a qu'il en est en poursuite, et pendant lequel temps il est tumbé en malladie de fièvre.

A esté conclud que, pour lui aider à se guérir, que mess[urs] des finances lui feront délivrer huit vings frans contans. Et au regard de son appoinctement pour ceste année, autre chose ne se y peut faire, pour ce que l'année est presque finie; mais en faisant les estaz de l'année prochaine, le roy et mess^urs de son sang auront regard à son assignacion, en faveur des services qu'il a faiz et qu'il peut faire chacun jour au roy.

Sur la requeste faicte par mons^ur de Lers, requérant délivrance lui estre faicte du péaige de Lers, et permission d'en faire l'ommaige à l'église de Notre-Dame de Dons en Avignon.

A esté conclud que les appoinctemens autrefois donnez ou conseil du roy touchant ceste matière à Tours et à Amboise, ou mois de mars derrenièrement passé, seront veuz et rapportez oudit conseil, pour, iceulx veuz, adviser si la congnoissance de ceste matière sera envoyée et remise au gouverneur de Languedoc ou à son lieutenant pour lui pourveoir, appellez ceulx que feront appeller comme il appartiendra par raison sommairement et de plain, tant sur l'ommaige que péaige. Et est commis à faire le rapport desdits appoinctemens maistre Charles de La Vernade.

Pour les cordelliers de l'observance de la ville de Doullens en Picardie, confirmacion du don à eulx fait par le feu roy Lois, pour dix ans, de la somme de xxiiii l. tourn. par an, par aumosne, sur la recepte du donmaigne d'Amiens, pour icelle convertir en cervoises et autres neccessitez de leur vie; et oultre ce, prorrogacion dudit don pour dix ans, à conmancer du jour que lesdites dix années expireront.

Item. Pour eulx lettres de congié et de don, d'icy à six ans, pour prandre en la forest de Beauquesne, chacun an, trente charrettes de bois pour leur chauffaige. Et sera mis en leurs lectres qu'ilz seront tenuz de prier Dieu pour l'âme du feu roy Lois, que Dieu absoille, et pour la prospérité du roy qui est à présent.

Pour Simon Coffin, marchant suivant le roy, ordinairement de boucherie et poullallerie, conmission adressant au juge d'Anjou, aux gens des comptes du feu roy Réné de Sécille, qui pour lors estoit aux esleuz et receveurs dudit pays d'Anjou, pour eulx informer sur la somme de ii^m l. que ledit Coffin dit lui estre deue par ledit feu roy de Cécille, pour raison de boucherie et pollallerie fornye par ledit Coffin audit roy de Cécille, lui estant son marchant suivant, et l'informacion faicte estre rapportée au conseil du roy, pour lui pourveoir comme il appartiendra.

Pour Philibert de Grolée, s^{ur} Des Lins, don de la reste du quint denier qui n'a esté par lui employé à la réparacion de la place de Voiron ou Daulphiné, du temps qu'il l'a tenue en gaige pour huit mille escuz d'or.

Item. Pour lui don de la somme de II^c l. tourn. pour ceste fois, sur ce que a monté le revenu de ladite terre de Voiron, pour l'année finissant à la saint Jehan, dernièrement passée, oultre et pardessus la somme de IIII^c l. qu'il prent par an sur ledit revenu, en déduction desditz VIII^m écus, jusques à fin de paye.

Pour madame de Saint Priet, don de la reste du quint denier qui n'a par elle esté employé en la réparacion de Saint-Simphorien d'Ozon et Vaulx, du temps qu'elle les tenoit en gaige pour la somme de huit mille escuz.

Item. Lettres pour la laisser joir du revenu desdites terres, jusques au premier jour de janvier dernièrement passé, comme l'en a fait au plusieurs qui tenoient le demaine par don du feu roy Lois.

Pour mons^{ur} de Vaulx du Daulphiné, don de la reste du quint denier qui n'a par lui esté employé en la réparacion de Chasteau-Double et de Rochefort, pour le temps qui les tenoit du vivant du feu roy Lois.

Item. Lectres pour le laisser joir du revenu desdites terres, jusques au premier jour de janvier derrenièrement passé, comme l'en a fait à plusieurs qui tenoient du demaine du roy par don du feu roy Lois.

Sensuit l'ordre qui a esté ordonné oudit conseil, pour faire le service du jour du bout de l'année à Notre-Dame de Cléry et en l'église de Saint-Denis en France pour l'âme du feu roy Loys, que Dieu absoille.

Pour ce que le jour du bout de l'an du trespas du feu roy Lois, que Dieu absoille, escherra mardi prochain, pénultime jour de ce mois d'aoust, et qu'il est besoing pourveoir à l'église de Notre-Dame de Cléry, où il est sépulturé, pour l'obsèque et service dudit jour, a esté ordonné ce qui sensuit :

C'est assavoir que lectres seront faictes de par le roy, adressantes à l'évesque d'Orléans, pour faire le service des vigilles de mors pour la veille, et aussi pour chanter la messe dudit jour.

Item. Que mons^{ur} de Courcelles assistera audit service de par le roy.

Item. Que pour ce que ledit jour est brief, si ledit service ne se peut faire audit jour, il se fera au premier jour ensuivant le plustoust que possible sera, et sera fait le plus solempnellement que ceulx de l'église pourront à l'onneur du roy.

Item. Ledit jour seront dictes messes par tous chappellains qui y vouldront venir chanter, lesquelz seront paiez à raison de huit blans pour messe.

Et sera la chappelle du roy où il est enterré, garnye et parée comme il appartient : et pareillement sera l'église garnie honnorablement de luminaire, ainsi qu'il est de coustume, aux armes du roy.

Item. Ledit jour sera faicte aumosne géneralle à tous venans, et donné à chacune personne troys blans.

Et pour parfornir et acomplir les choses dessusdites, a esté ordonné que mess^{urs} des finances conmectront quelque homme de bien pour faire le paiement des choses dessusdites, et auquel ilz feront délivrer tout l'argent qui sera neccessaire.

Pareillement a esté ordonné que en l'église de Saint[1] en France, sera fait audit jour ung autre service solempnel, dont a la charge mons⁰ʳ de Lombez, abbé de ladite église, en laquelle tous les prebstres religieux de ladite église seulement chanteront messes. Et à chacun d'eulx sera délivré v s. tourn. pour messe.

Et pareillement y sera fait et mis des luminaires aux armes du roy honorablement à l'entour du cueur seulement, pour ce que ledit service sera fait comme ou nom de mons⁰ʳ Saint-Denis, actendu qu'il n'y a point d'aumosne généralle.

Et oultre ce, y sera fait ung disner à tous les religieux : le tout aux despens du roy; et sera commis par messʳˢ des finances, pour fournir à tout ce qu'il sera neccessaire à Saint-Denis, ung clerc pour en faire le paiement.

DU XXVIIIᵉ JOUR D'AOUST, MIL IIIIᶜ IIIIˣˣ ET IIII, AU BOIS DE VINCENNES.

Estans au conseil :

M. le cardinal de Bourbon,
M. de Beaujeu,
M. de Bresse,
M. de Dunois,
M. le chancellier,
M. d'Albi,
M. de Périgueux,
M. de Vaten,
M. de Lisle,
M. de Chastelacher,
Michel Gaillart,
Denis Le Breton,   } généraulx des finances,
Mᵉ Guillaume Dannet,
Mᵉ Charles de La Vernade,   } Mᵉˢ des requestes.
Mᵉ Pierre de Sacierges,
Mᵉ Guillaume de Cerisay, greffier civil de parlement.

Ledit jour, après que par monsᵘʳ le chancellier et maistre Guil-

---

[1] Lisez *de Saint-Denis*.

laume de Cesiray, greffier civil de parlement, a esté faicte requeste oudit conseil, de par ladite court, que l'office de conseiller en parlement vacant par le trespas de feu maistre Jehan Bourgoing, M° Jehan Jonglet en feust pourveu, afin de appaiser le débat et question estant entre ledit Jonglet et maistre Jehan Malingre, pour raison de l'office de conseiller en ladite court, litigieux entre lesdites parties; et après aussi qu'on a eu mis en termes le différent estant entre maistre Pierre Poignant l'ainsné et Estienne Pascal, pour raison de l'office de maistre des requestes de l'ostel du roy; et qu'il serait bon, pour ce que ledit office de maistre des requestes est plus grant et de plus grant conséquence que l'autre, de adviser si ledit différent desdits Poignant et Pascal se pourroit appaiser, en baillant ledit office à l'un d'entr'eulx.

A esté conclud que, pour appaiser lesdits différens, que on doit encores tenir la chose en suspens, et cependant offrir ledit office dudit Bourgoing audit Poignant, et pareillement audit Pascal, pour veoir si l'un d'entr'eulx l'acceptera; et que on appoinctera ledit Jonglet de ii° l. tourn. de pension et réservation pour lui du premier office de conseiller en parlement, qui vacquera; et ou cas que lesdits Poignant et Pascal ne vouldroient accepter ce que dit est, ledit office sera baillé audit maistre Jehan Jonglet, afin de asoupper et mectre à néant le procès estant entre lui et ledit Malingre.

Pour mons^{ur} le cardinal de Foix, requérant lettres de congié de mectre à exécucion les bulles et provisions obtenues par ledit cardinal, touchant l'évesché de Baionne et aussi main-levée des empeschemens et saisissemens faiz sur icellui évesché depuis le décès du dernier évesque; item, lettres missives favorables au cas, adressantes au senneschal des Lannes, chappitre de l'église de Bayonne et maire et jurez de ladite ville.

A esté conclud que, pour ce que le roy avoit escript et prié à ceulx dudit chappitre de Bayonne, pour eslire le nepveu de mons^{ur} Du Lau, que mons^{ur} le chancellier verra les bulles de mondit s^{ur} le cardinal, et si elles sont données avant ou après l'ordonnance naguières faicte touchant les rescripcions en court de Romme et matières bénefficialles, dont est faicte plus ample mencion ès registres des jours précédens; et ce fait en viendra faire le rapport audit conseil pour y trouver quelque expédient et y pourveoir, ainsi qu'il appartiendra par raison.

Plus a esté ordonné que maistre Charles de La Vernade, maistre des requestes, sçaura avecques les gens du roy les causes qui les meuvent d'empescher que mons{ur} de Romont ne jouisse des terres qui lui ont esté délivrées en la conté de Saint-Pol, et en viendra faire le rapport.

Item. Pour débatre la matière d'Espaigne, y besongner et veoir la manière conment on procédera à faire l'expédicion de ceulx qui yront en ambassade devers le roy et roynne de Castelle, ont esté ordonnez,

 M. le chancellier,
 M. de Périgueux,
 M. de Lombez,
 M. de Torcy,
 M. le président des comptes Doriolle,
 Me Olivier Le Roux.

Touchant le fait de mons{ur} de Turaine, mons{ur} le chancellier verra les arrestz au conseil de la justice, et, ce fait, en fera le rapport au conseil.

Congé à maistre Loys Daniel de résigner son office de notaire et secrétaire.

SEPTEMBRE M CCCC IIII{xx} et IIII.

DU VIme JOUR DE SEPTEMBRE, L'AN MIL IIII{c} IIII{xx} ET QUATRE, AU BOIS DE VINCENNES.

Estans au conseil :

 M. le cardinal de Bourbon,
 M. le cardinal de Foix,

M. de Beaujeu,
M. de Bresse,
M. de Dunois,
M. d'Albi,
M. de Périgueux,
M. de Lombez,
M. de Aulne,
M. de Torcy,
M. de Baudricourt,
M. de Montmorancy,
M. de Chastelacher,
M. de Maillé,
M. de Vaten,
Michel Gaillard, général des finances;
M. Du Plessis Bourre, } trésoriers;
M. Du Rolet,
Me Pierre de Sacierges, maistre des requestes.

A esté ordonné que mess^{urs} des finances choisiront deux notables hommes, gens de justice, pour faire le procès de maistre Pierre Gaultier, receveur de Berry, à présent prisonnier en la bastille Saint-Anthoine à Paris, pour certaine somme de deniers qu'il doit au roy et aux assignez sur sa recepte. Et pour ce que on a déclairé oudit conseil que ledit receveur a lesdits deniers devers lui et qu'il ne le veult confesser ne personne paier, a esté dit que on procédera à l'encontre de lui, jusques à le mectre en la question, se besoing est, afin de lui faire confesser vérité.

Plus une conmission adressant à mons^{ur} de Périgueux, à mons^{ur} le grant escuier, à mons^{ur} le général Gaillart et à mons^{ur} Du Rollet, pour faire adjourner et comparoir devant eulx le s^{ur} de Saint-Germain, Porcon et Jehan Du Ru, receveur de Montivilliers, touchant les prinses par eulx faictes sur les marchans, navires et denrées de Portugal, dont l'ambassadeur du roy de Portugal a requis réparation et justice lui estre faicte pour, après lesdites parties par eulx oyes et ledit ambassadeur, en appoincter et sentencier jusques à senctence diffinitive exclusivement; et icelle senctence donnée et par eulx prononcée estre rapportée au conseil.

Pour maistre Jehan Compaings[1], réservacion du premier office de général de la justice des aides à Paris, qui vacquera, en faveur de ce que ledit Compaings a longuement servy, et mesmement du temps du roy Charles et depuis du feu roy Lois.

Une retenue de conseiller aux honneurs pour ung docteur en théologie, nonmé maistre Guillaume Redon, docteur en théologie, dont mons{ur} de Bresse a fait la requeste.

Une conmission à Durant Fradet, pour aller loger les gens d'armes de la compaignie de mons{ur} de Lorraine à Maisières, Rethel, Esparnay, Chaalons, Vertuz, Saincte-Menehoult, Saint-Disier et Wassy.

Item. Lettres missives à toutes lesdites villes pour recevoir lesdits gens de guerre en leurs villes.

Une autre conmission à Jehan de Chasteaudreux, pour aller loger la compaignie des gens de guerre des Escoussois à La Cherité, Nevers, Desire, Cosne sur Loire, Vedelay, Dompsy, Bourbon-Lanceis et Lury.

Item. Lettres missives à ceulx desdites villes, pour les recevoir en leurs villes.

Item. Lettres missives à la seigneurie de Gennes, selon le mémoire que a baillé mons{ur} le général Gaillart[2].

Plus, pour besongner sur le différent estant entre mons{ur} le grant escuier et Le Biernois, tailleur du roy, sont ordonnez mons{ur} le président des comptes Doriolle, le tiers président de Thoulouse et Martin Le Roy, receveur général des finances.

Plus a esté ordonné que Lionnois, le hérault, yra en Portugal avec ledit ambassadeur porter les lectres de la part du roy, touchant l'amytié et entrecours de la marchandise des deux royaumes de France et de Portugal : lequel hérault rapportera pareilles lettres

---

[1] Nous le voyons figurer au nombre des députés du bailliage d'Orléans aux états de Tours en 1484. Masselin, p. 34, 35 et 728.

[2] A la fin de cet alinéa on lit dans le manuscrit ces mots effacés : « Contenant ce qui « sensuit. » Puis il y a du blanc qui n'a pas été rempli.

dudit roy de Portugal que celles que le roi lui envoye. Et a esté conclud que en la clausule faisant mencion de la dérogacion des aliances anciennes, ne sera expressément nonmé Espaigne, mais seulement mise ladite dérogacion en termes généraulx. Et desquelles lettres la teneur sensuit :

CAROLUS, Dei gratia Francorum rex, universis et singulis has nostras patentes litteras inspecturis, salutem in Domino, qui est omnium vera salus et prosperorum successuum felicia incrementa. Regum et principum gesta nulla in re verius laudari probarique solent; nihil sane majus aut præclarius videri solet quam si, suorum majorum vestigiis inhærentes, ea quæ hæreditario quodam jure successerunt colant, imitentur et probent, præsertim si suorum subditorum quietem, profectum et commodum omni ex parte respiciant, tueantur et foveant. Hinc est quod prospicientes nos, ac animo volutantes singularem dilectionem et amorem quæ jamdudum extiterunt inter potentissimos inclytissimæ recordationis reges, prædecessores nostros, dum in humanis agerent, serenissimum principem Alfonsum, Portugalensium inclytissimum regem, nec non carissimum dominum et genitorem nostrum dominum Ludovicum, quorum nomine gestarum rerum gloria et accumulata laude mirifice recreamur; quæ res invicem non modo nostris regnicolis attulit non mediocre commodum, tranquille atque amice vivendi præclarum et singulare exemplum, quorum gloriosissimorum regum institutis refragari aut quidquam detrahere indignum esse ducimus, sed officia quæ abunde patres inter se exhibuerunt præstiteruntque, nos qui filii sumus, optimo jure imitari, prosequi debeamus, quibus fit ut nostro nomine regnorum subditorumque nostrorum, gentium et incolarum, consolidemur realiter et cum effectu in eodem amore et benivolentiæ securitate cum potentissimo serenissimoque principe, consanguineo nostro, carissimo Johanne, Portugaliæ rege moderno, et cum omnibus subditis et vassallis suis, in quibus patres nostri, dum viverent, extiterunt, dantes et concedentes eisdem subditis et suis rebus, navigiis et navibus, nautis, naveleriis et mercibus plenam et integram securitatem veniendi, standi et redeundi per terram aut per mare, sicut illis melius et expediens videatur, commeandi et remeandi, navigandi et standi in nostris regnis, civitatibus, locis, villis et oppidis, portibus ac littoribus vendendi, mercandi et distrahendi libere et secure omnes et singulas merces quas ducere, emere, comperare ac distrahere consueverunt, tempore inclytissimorum regum nostrorum patrum, servatis semper antiquis nostris confœderationibus et aliis constitutionibus, ordinamentis, juribus et obligationibus regnorum nostrorum, quibus in aliquo non intendimus derogare aut præjudicium facere, sed eas semper firmas et stabiles tenere et observare decrevimus. Et si quando, quod absit, alteri nostrorum regum videatur expediens ab hac concordia et commercio subsistere, pars desistere volens, debeat et teneatur alteri parti ante quatuor menses notam facere talem desistentiam seu discordiam, ut suis rebus consulant, ne sui subditi resque suæ sub fide publica et justo clypeo periclitentur. In cujus rei testimonium præsentibus litteris, manu nostra signatis, fecimus apponi sigillum. Datum apud nemus Vincennarum, prope Parisius, die sexto mensis septembris, anno Domini millesimo cccc^{mo} octuagesimo quarto et regni nostri secundo. Sic signatum per regem in suo consilio dominis cardinalibus Bourbonii et Fuxi, comitibus Claromontis, Bressiacensis et Dunesii, episcopis Albigensis, Petragoricensis et Lombensis, Petro Doriolle, milite, primo præsidenti cameræ compotorum, dominis de Torcy, de Baudricourt, de Montmorancy, de Maille, de Vaten et aliis præsentibus. PETIT.

Item. Sensuit la coppie des lectres patentes ordonnées pour l'ordre des navires qui courent sur la mer, lesquelles seront publiées par les pores et havres du royaume.

CHARLES, par la grâce de Dieu, roy de France. A tous ceulx qui ces présentes lettres verront, salut. Comme il nous ait esté remonstré que plusieurs de noz subgectz, estans sur la couste de la mer et autres diverses contrées de notre royaume, se soient mis et mectent chacun jour en armes; et comme l'en dit, aucunefoiz est avenu qu'ilz ont fait et font guerre à plusieurs marchans et autres qu'ilz rencontrent, soient noz amys ou ennemys, à cause de quoy plusieurs inconvéniens sont advenuz et adviennent, et encores de plus en plus pourroient avenir, pour ce que c'est retarder et empescher l'entrecours de la marchandise de notredit royaume et la venue des marchans, tant des pays de noz confédérez et aliez que de plusieurs autres nacions qui désirent avoir paix, amitié et continuacion de marchandise en noz royaume, pays et seigneuries et avecques noz subgectz : laquelle continuacion et fréquentacion de marchandise se pourroit disruir, au grant donmaige de nous et de la chose publicque. Par quoy et pour y donner bonne ordre et obvier ausdits inconvéniens, avons fait mectre ceste matière en délibéracion avecques plusieurs s^{urs} de notre sang et autres notables gens de notre conseil; ausquelz a semblé qu'il est très-expédient et convenable de y donner provision. Savoir faisons que nous, désirans entretenir les amytiés et aliances que nous avons avec tous noz amys, confédérez et aliez, et avec ce avoir paix et amour à toutes nacions chrétiennes, sans ce que aucune oppression ou donmaige soit faicte par noz subgectz par mer ne par terre, fors seulement à ceulx qui en leur chief d'ancienneté se portent noz ennemys; par l'advis et délibéracion desdits princes et s^{urs} de notre sang et lignaige, et autres gens de notredit conseil, pour ce assemblez en bien grant nombre [1], avons dit, déclaré, statué, voulu et ordonné, et par ces présentes, de notre plaine puissance et auctorité royal, disons, déclairons, statuons, voulons et ordonnons par ordonnance et édict perpétuel que doresnavant, quant aucuns navires seront frétez, advitaillez, armez et mis en point en

---

[1] Ils n'étaient qu'au nombre de dix-neuf personnes, comme on le voit après l'intitulé de la séance. On exagère le nombre, peut-être à dessein, pour rendre les lettres patentes plus impératives et leur donner plus d'autorité.

aucuns des pores et havres de nosdits royaume, pays et seigneuries pour aller sur mer en armes ou autrement, ilz ne soient permis partir ne monter sur mer que préallablement cellui ou ceulx qui auront la charge de les patronizer et conduire ne aient baillé bonne et souffisant caucion ès mains de noz plus prochains justiciers des lieux où lesdits pors et havres sont assiz et situez, de ne courir sus ne porter donmaige ou faire aucun oultraige à quelzconques personnes, estans sur mer ne autre part, tant des pays de noz amys, confédérez et aliez que de autres quelzconques, de quelque pays ou nacion qu'ilz soient, fors seulement à ceulx qui, d'ancienneté et en leur chef, se sont déclairez noz anciens ennemys ; et de restituer tous les donmaiges qu'ilz pourroient faire à tous ceulx qui ne sont déclairez noz anciens ennemys, comme dit est. Et en oultre pour ce que le fait et entrecours de la marchandise de noz pays et subgectz est très-proffitable et néccessaire avec les subgectz de très-hault et très-puissant prince, notre très-cher et très-amé cousin, le roy de Portugal, ainsi qu'il nous a esté aussi remonstré ; et afin que plus seurement et aiséement les marchans et subgectz de noz royaumes, pays et seigneuries, et ceulx de notredit cousin le roy de Portugal puissent d'un cousté et d'autre faire et fréquenter ledit fait de marchandise, tant par mer que par terre, nous, par l'advis et délibéracion que dessus, avons voulu et permis, voulons et permectons que noz subgectz et ceulx des royaumes, pays et seigneuries de notredit cousin le roy de Portugal puissent communicquer et fréquenter les ungs avec les autres, faire et excercer par mer et par terre tout fait et excercice de marchandise. Et entendons que les subgectz de notredit cousin le roy de Portugal soient compris ès caucions et obligacions que bailleront nosdits subgectz qui fréteront ou advitailleront les navires ès ports de nosditz royaume, païs et seigneuries, en la manière cy-dessus déclairée ; et que pareillement notredit cousin le roy de Portugal face bailler pareille caucion et obligacion par ses subgectz, et en manière que nosdits subgectz et les siens ne puissent les ungs sur les autres faire aucune prinse ne por ce aucun donmaige : ouquel cas s'il advenoit, les oppressez et endonmaigez auront réparacion et restitucion de leurs donmaiges sur ceulx qui les auroient prins, oultragez et endonmagez, et sur les caucions qu'ilz auroient pour ce baillées, avant que monter sur mer. Toutesfois par quelque chose qui soit contenue en ces présentes, nous ne voulons et n'entendons en aucune manière derroguer ne préjudicier aux anciennes aliances et obligacions qui d'ancienneté ont esté et sont faictes et passées avec noz amys et aliez, pais, seigneuries, et subgectz d'eulx et de nous. Mais voulons et entendons icelle entretenir et garder, sans enfraindre. Si donnons en mandement à tous noz lieuxtenans, connestable, admiraulx, vis-admiraulx, gouverneurs, bailliz, prevostz, senneschaulx et autres, noz justiciers et officiers, et aux cappitaines des places estans sur la mer, maires, eschevins, gouverneurs des villes et communaultez ou à leurs lieuxtenans, et à chacun d'eulx, si comme à lui appartiendra, que de noz présens ordonnance, statut, vouloir et permission et tout le contenu cy-dessus, ilz facent publier par cric public et à son de trompe, par tous les lieux où besoing sera, icelles entretiennent et facent entretenir et acomplir de point en point, selon leur forme et teneur, et y contraignent ou facent contraindre, royaument et de fait, tous ceulx qu'il appartiendra ou qui pour ce seront à contraindre, par prinse de corps et de biens, comme pour noz propres debtes et affaires, nonobstant oppositions ou appellacions quelzconques, pour lesquelles ne voulons estre aucunement différé. Et pour ce que de ces présentes l'on pourra avoir à besongner en plusieurs et divers lieux, nous voulons que aux vidimus d'icelles, fait soubz scel royal, foy soit adjoustée comme à ce présent original. En tesmoing de ce nous avons fait mectre notre scel à cesdites présentes. Donné au bois de Vincennes, près Paris, le sixiesme jour de septembre, l'an de grâce mil cccc quatre vings et quatre, et de notre règne le second. Ainsi signé, par le roy en son conseil, mess[urs] les cardinaulx de Bourbon et de Foix, les contes de Cleremont, de Bresse et de Dunois; les évesques d'Albi, de Périgueux et de Lombez;

messire Pierre Doriolle, chevalier, premier président des comptes ; les sires de Torcy, de Baudricourt, de Montmorency, de Maillé, de Vaten, de Chastelacher, présens. E. Petit.

Coppie des lettres missives escriptes aux personnes qui sensuivent :

Cher et féal cousin, nous avons, par l'advis et délibéracion des princes et s^{urs} de notre sang et lignaige et gens de notre conseil, ordonné que doresnavant quant ceulx qui auront charge et conduite de navires monteront sur mer, bailleront, préallablement que y monter, bonne et souffisant caucion de ne faire oultraige et donmaige à aucuns de noz amys et aliez. Et aussi avons permis que noz subgectz et ceulx du royaume de Portugal puissent communicquer les ungs avec les autres, pour le fait et excercisse de la marchandise, par manière d'amytié et permission, comme ainsi que vous pourrez veoir plus au long par noz lettres patentes que vous envoions, lesquelles nous voulons et vous mandons faire publier, le contenu d'icelles faire entretenir. Et incontinant la publicacion faicte, envoiez-nous certifficacion signée de votre greffier de ce que aurez fait en ceste matière. Et qu'il n'y ait point de faulte. Donné au bois de Vincennes, le sixiesme jour de septembre.

(A notre cher et féal cousin le sire Des Querdes, notre lieutenant général en noz pays de Picardie et d'Artois.)

Pareilles au senneschal de Prouvence, pour ladite senneschaucée de Prouvence.

Pareilles au bailli de Caux ou à son lieutenant, pour ledit bailliage de Caux.

Pareilles à mons^{ur} de Comminge, pour le pais de Guienne.

Pareilles au conte de Castres, vis-roy en Roussillon et Sardaigne[1] ou à son lieutenant, pour ledit pays de Roussillon.

---

[1] Lisez *Cerdagne*.

Pareilles au senneschal de Carcassonne ou à son lieutenant, pour ladite senneschaucée de Carcassonne.

Pareilles à monsʳ Du Lau, senneschal de Beaucaire, ou à son lieutenant, pour ladite senneschaucée de Beaucaire.

Pareilles au conte de Roussillon, admiral de France.

Pareilles au gouverneur de La Rochelle ou à son lieutenant.

Coppie des lettres escriptes pour l'ambassadeur du roy de Portugal[1]:

Très-hault et très-puissant prince, notre très-cher et très-amé frère et cousin Jehan, par la grâce de Dieu, roy de Portugal, Charles, par icelle mesme grâce, roy de France. Nous avons reçu voz lectres par Fernando Alures, chevalier, votre ambassadeur, et par lui oye la créance des choses que lui avez chargé nous dire, dont tant de la visitacion que nous avez fait faire par lui, que aussi des bonnes parolles et gracieuses remontrances qu'il nous a dictes de votre part, nous vous mercions très-affectueusement. Nous lui avons fait expédicion sur les matières dont il nous a parlé, ainsi que serez tant par lui adverty, que aussi par les lectres patentes que vous envoions par notre cher et bien amé Lionnois, hérault. Et quant autre chose vouldrez par deçà en quoy vous puissions complaire, nous le ferons de très-bon cueur; priant notre Seigneur, très-hault et très-puissant prince, notre très-cher et très-amé frère et cousin, qu'il vous ait en sa saincte garde. Donné au bois de Vincennes, près Paris, le viᵐᵉ jour de septembre.

(A très-hault et très-puissant prince, notre très-cher et très-amé frère et cousin le roy de Portugal.)

Copie des lettres escriptes pour le hérault Lyonnois, que le roy envoye au Portugal[2].

Très-hault et très-puissant prince, notre très-cher et très-amé

---
[1] Titre mis à la marge du manuscrit.
[2] Titre mis à la marge du manuscrit.

frère et cousin, Jehan, par la grâce de Dieu, roy de Portugal, CHARLES, par icelle mesme grâce, roy de France. Nous avons oÿ ce qui, par Fernando Alures, chevalier, votre ambassadeur, nous a esté remonstré de votre part, touchant les prinses que font sur la mer nos subgectz et les vostres les ungs sur les autres, et aussi touchant la comunicacion et entrecours de la marchandise des deux royaumes : et, à ceste cause, y avons mis ordre et donné la provision, que avons fait publier en noz portz et havres, ainsi que serez plus au long adverty par votredit ambassadeur. Et oultre ce, avons voulu et permis la conmunicacion et entrecours de la marchandise entre noz subgectz et les vostres, et sommes délibérez de le faire entretenir vigoureusement. Et pour ce nous vous prions que, de votre part, le faictes ainsi faire et publier par votre royaume, présent notre cher et bien amé Lionnois, hérault, que envoions expressément par delà pour ceste cause, et faire et bailler doresnavant caucion par les cappitaines et maistres de navires de votre pais, ainsi que semblablement avons fait faire de notre part, quant ilz départiront de voz ports et havres : par lequel hérault nous vous prions nous envoyer pareilles lettres de ladite conmunicacion, comme sont celles que par lui présentement vous envoions. Et quant vous vouldrez aucune chose de nous, en le nous faisant savoir, nous le ferons de très-bon cueur; priant notre Seigneur, très-haut et très-puissant prince, notre très-cher et très-amé frère et cousin, qu'il vous ait en sa saincte garde. Donné au bois de Vincennes près Paris, le VIme jour de septembre.

(A très-hault et très-puissant prince, notre très-cher et très-amé frère et cousin le roy de Portugal.)

DU XIIIe JOUR DE SEPTEMBRE MIL CCCC IIII^{xx} ET IIII, AU BOIS DE VINCENNES.

Estans au conseil :

Monsr d'Orléans,
Monsr de Bourbon,

M. le cardinal de Bourbon,
M. le cardinal de Foix,

DU CONSEIL DE CHARLES VIII. 1484.

M. d'Alençon,
M. de Beaujeu,
M. de Dunois,
M. d'Albi,
M. de Périgueux,

M. de Torcy,
M. de Baudricourt,
M. de Vaten,
M. d'Argenton [1],
M⁰ Pierre de Sacierges.

Cedit jour a esté ordonné que mons^{ur} de Cullant sera du conseil estroit du roy ou lieu de l'évesque de Coustances, et ès présences des dessusdits a fait le serement que mess^{urs} dudit conseil estroit ont acoustumé de faire en tel cas, et ainsi que les articles dudit conseil le contiennent.

DU XXVIIe JOUR DUDIT MOIS DE SEPTEMBRE, MIL IIII^c IIII^{xx} ET IIII,
A MONTARGIS.

Estans au conseil :

Mons^{ur} d'Orléans,
M. de Bourbon,
M. d'Alençon,
M. de Beaujeu,
M. de Bresse,
M. de Dunois,
M. le chancellier,
M. d'Albi,
M. de Périgueux,

M. de Lombes,
M. de Richebourg,
M. de Baudricourt,
M. d'Argenton,
M. de Montmorancy,
M. Durffé,
M. de Vaten,
M. de Cullant.

Sur la matière mise en termes, touchant l'appaisement du différent estant entre le duc de Bretaigne et les barons et s^{urs} de ses pais, et pour aviser qu'il est de faire en ceste matière et par quel moyen ledit différent se pourroit appaiser.

A esté avisé que, pour ce faire, et après avoir ouy le rapport

---

[1] Le célèbre historien Philippe de Comines, seigneur d'Argenton. Nous le voyons assister à plusieurs des séances suivantes, conformément à ce qu'il dit dans ses mémoires : « J'estois de ce conseil qui avoit esté lors créé, tant par les proches parens du roy que par « les trois estats du royaume. » (*Mémoires de Phil. de Comines*, éd. Petitot, Coll. des mém. relatifs à l'hist. de France, t. XIII, Paris, 1826, p. 4.)

de mons[ur] de Richebourg et maistre Adam Fumée, qu'il est besoing d'y envoier quelque grant personnage et prudent, pour lui faire toutes les remonstrances possibles, pour venir à ceste fin. Et a esté conclud que mons[ur] de Dunois aura ceste charge et qu'il yra; et que, avant que entrer en parolles avecques le duc dudit appoinctement, qu'il faudra qu'il va devers lui pour autres causes, tant pour lui parler des nouvelles qui sont venues de deçà de la descente de vi mil archiers anglois, qu'on dit qui doivent descendre en Bretaigne, et de l'armée que le roy d'Espaigne mect sus, pour venir entrer en Roussillon, comme de plusieurs autres matières que ledit s[ur] de Dunois saura bien aviser. Et puis, comme de lui, trouvera manière d'entrer en parolles avec ledit duc, et de lui toucher de l'appoinctement desdits barons et s[urs], ainsi que plus au long lui sera baillé par instruction.

Item. A esté avisé que, pour mieulx contenter le duc et jusques à ce que on ait sçeu par ledit de Dunois plus au long de son entencion, que mons[ur] le prince d'Orenge ne doit point encores venir devers le roy.

Item. A esté ordonné que on fera venir le maréchal de Bretaigne à Tours ou à Saumur avecques les autres barons et s[urs], et, ce fait, que on envoiera quelque notable personnage devers eulx pour leur faire toutes remonstrances, affin de les faire ranger et mectre en tous les devoirs possibles, pour recouvrer la bonne grâce dudit duc; et pareillement devers ledit prince d'Orenge.

Item. A esté conclud que mons[ur] le cardinal de Foix, pour faire son voyage en Guienne, touchant le différent de madame la princesse de Vienne et mons[ur] de Nerbonne, aura xii[c] l. tourn. de don, que le roy lui fournira, et mil livres tournois sur sa pension, que on lui délivrera à Bourges, pourveu qu'il s'en yra tout droit et en diligence faire sondit voiage, sans aller ne passer par Bretaigne.

Item. Que mons[ur] d'Albi yra ledit voyage de Guienne avecques mons[ur] le cardinal de Foix.

Item. A esté conclud que, actendu que mons[ur] de Dunois est ordonné pour aller en Bretaigne, que mons⁰ʳ de Bresse yra en Guienne après ledit cardinal, pour faire cesser les voies de fait et la pillerye qui se fait, à cause dudit différent.

Item. Une retenue de conseiller du roy, pour assister en l'eschicquier de Normandie, et lettres missives à ceste fin pour Mᵉ Girard Bureau.

DU XXIXᵉ JOUR DE SEPTEMBRE, MIL CCCC IIII^{xx} ET IIII, A MONTARGIS.

Estans au conseil :

Monsⁿʳ de Bourbon,
M. d'Alençon,
M. de Beaujeu,
M. de Bresse,
M. de Vendosme,
M. de Romont,
M. d'Albi,
M. de Périgueux,
M. de Lombes,
M. de Baudricourt,
M. d'Argenton,
M. de Chastelacher,
M. Durffé,
M. de Cullant,
Le tiers président de Thoulouse,
Messire Glaude de Montfaulcon.

Cedit jour a esté conclud que Guiot Pot ne seroit plus à l'entour de la personne du roy, ne pareillement les sʳˢ de Maillé et de Boisy, et que ledit Pot s'en yroit en sa maison.

Item. Que ledit Pot sera entretenu en sa pension et bienffais qu'il a du roy.

Item. Réservacion pour lui du premier bailliage ou séneschaucée qui vacquera, et promesse de tenir la main pour son frère à l'évesché de Tournay[1].

DU DERNIER JOUR DE SEPTEMBRE MIL IIIIᶜ IIII^{xx} et IIII, A MONTARGIS.

Estans au conseil :

Le Roy,
M. d'Orléans,
M. de Bourbon,
M. d'Alençon,

[1] Gui ou Guiot Pot, mentionné au procès-verbal de cette séance, n'est-il pas le même que le célèbre Philippe Pot, député de Bourgogne aux états de Tours ? (Voir le Journal de Masselin et mes notes, *ibid.* p. 720.)

M. le cardinal de Foix,
M. de Beaujeu,
M. de Bresse,
M. de Vendosme,
M. de Dunois,
M. le chancellier,
M. d'Albi,
M. de Périgueux,
M. de Richebourg,
M. le maréchal de Gyé,
M. de Baudricourt,
M. d'Argenton,
M. de Vaten,
M. de Montmorancy,
M. Durffé,
M. de Cullant,
Le tiers président de Thoulouse,
Le bailli de Meaulx.

A esté conclud, en la présence du roy, que mons^{ur} le cardinal de Foix et mons^{ur} d'Albi yront devant en Guienne, pour traicter l'appointcment du différent estant entre madame la princesse et mons^{ur} de Nerbonne. Et pour ce que mondit s^{ur} le cardinal de Foix doit passer par Bretaigne, avant que aller en Guienne, ont, lesdits cardinal et Albi, appoincté ensemble qu'ilz se doivent rendre à Thoulouse dedens le xxiiie jour du moys d'octobre prouchainement venant.

Item. Que mons^{ur} de Bresse yra après eulx avecques un bon nombre de gens de guerre de l'ordonnance, pour faire cesser les pilleries et voies de fait estans par delà, et pour faire entretenir à madite dame la princesse et à mondit s^{ur} de Nerbonne l'appointcement que lesdits cardinal et Albi feront, et pour y faire obéyr la partie qui n'y vouldra acquiesser.

Item. Semblablement a esté conclud et ordonné, devant le roy, que mons^{ur} de Dunois yra devers le duc de Bretaigne, pour traicter l'appointcement des barons et s^{urs} dudit paiz, soubs les couleurs déclairées cy-dessus le xxviie jour de ce présent mois, et selon les instructions qui lui en seront faictes.

Plus a esté commandé la main-levée des béneffices de mons^{ur} le cardinal de Foix, c'est assavoir : le temporel de l'évesché d'Aire et des abbayes de Saincte-Croix de Bourdeaulx et de Sorde, empeschez de piéçà pour le différent qui estoit entre lui et feu Jehan de Lestun, en son vivant, arcevesque d'Auch, pour raison de la restitucion des fruiz dudit arcevesché.

Item. Une rémission pour mons^ur le conte d'Armignac Charles, à cause d'un obmicide par lui commis en la personne de ung de ses gens.

Lettres patentes adressans à la court de parlement à Thoulouse, que, si par informacion il leur appert des excès et bateries qu'on dit que fait faire chacun jour ledit conte d'Armignac, qu'il soit débilité de son entendement, qu'il dicippe et gaste les biens de sa maison, et qu'il ne soit cappable à régir et gouverner ses terres et seigneuries et biens, que en ce cas on lui pourvoye de curateur de la personne de mons^ur d'Albret, lequel sera tenu de lui entretenir son estat honnorablement, ainsi qu'il appartient à ung tel personnage, et de bailler à régir et gouverner son cas à gens de biens souffisans et solvables, qui en sachent rendre compte et reliqua, là où ainsi qu'il appartiendra[1].

Une souffrance de faire hommaige au roy, pour les s^urs de Cotignac et de Lymans, pour six mois entiers à commancer du jourd'uy, sans préjudice toutesvoies de l'appoinctement fait entre le roy et mons^ur de Lorraine, et des droiz du roy comme conte de Prouvence, touchant les hommaiges dudit conté.

Une descharge au s^ur de Serenon des places de Saint-Honnorat et de Canes pour les bailler à l'évesque de Grâce, à qui elles appartiennent à cause de son évesché.

Et a esté ordonné envoier ladite descharge à mons^ur de Saint-Valier pour la bailler audit s^ur de Serenon, affin de lui faire rendre lesdites places audit évesque, par ainsi que ledit s^ur de Saint-Valier se informera premièrement si ledit évesque est bon et sceur pour le roy, et s'il n'y a point de dangier de lui rendre lesdites places. Et s'il trouve qu'il n'y ait dangier, les lui fera rendre, et baillera ladite descharge audit de Serenon, en prenant bonnes seuretez dudit évesque, de ne faire desdites places chose qui soit préjudiciable au roy, à son royaume, ne à son pais et conte de Prouvence.

[1] Le sire d'Albret fut nommé curateur de Charles d'Armagnac. Recourez à la note que j'ai mise au bas de la page 32 r du Journal de Masselin.

Lettres missives audit de Saint-Valyer comment le roy a ordonné les choses dessusdites, c'est assavoir : ladite souffrance et pareillement ladite descharge, et qu'il en laisse joyr lesdites parties soubz les condicions dessus déclairées.

Item. Que au regard de l'argent qu'il demande pour la réparacion de Brigançon, que le général venu par deçà qui sera de brief, qu'il y fera donner provision.

Autres lettres missives audit s^{ur} de Serenon comment le roy escript bien au long son entencion à mons^{ur} de Saint-Valyer, touchant lesdites places de Saint-Honnorat et de Canes, et pour ce, qu'il en face ce qui par ledit de Saint-Valyer lui sera ordonné.

Deux lettres closes, l'une à la court de parlement du Daulphiné, et l'autre au trésorier dudit pays, qu'on paye le conte de Chiffe de ses gaiges de l'office de bailli de Valentinois, du jour de son institucion oudit office par mons^{ur} de Dunois, gouverneur dudit pays, nonobstant l'opposition du s^{ur} de Monchenu qui paravant le conte de Chiffe tenoit ledit office.

OCTOBRE MIL CCCC IIII^{xx} ET IIII.

DU PREMIER JOUR D'OCTOBRE MIL CCCC IIII^{xx} ET IIII, A MONTARGIS.

Estans au conseil :

Mons^{ur} de Bourbon,	M. de Richebourg,
Mons^{ur} le cardinal de Foix,	M. de Baudricourt,
M. de Beaujeu,	M. d'Argenton,
M. de Dunois,	Mons^{ur} de Montmorancy,
M. le chancellier,	Mons^{ur} de Boisy,
M. d'Albi,	Mons^{ur} de Cullant,
M. de Périgueux,	M. de Lisle,
M. de Lombes,	Le tiers président de Thoulouse.

A esté derechief conclud le partement de mons^{ur} le cardinal de Foix et de mons^{ur} d'Albi, pour aller en Guienne pour l'appaisement du différent de madame la princesse et de mons^{ur} de

Nerbonne. Et se doivent rendre lesdits cardinal et Albi à Thoulouse dedens le xxiiie jour de ce présent moys, pour traicter l'appoinctement d'entre lesdites parties, selon leur povoir et articles, desquelz povoir, articles et seureté du roy la teneur sensuit.

Coppie des articles.

Le roy dès à présent prent en sa main le différent estant entre sa tante madame la princesse de Vienne, et sa fille, sa cousine, d'une part, et son cousin messire Jehan de Foix, d'autre.

Item. De ce qui est dedens le royaume, le roy veult et ordonne que la congnoissance dudit différent se wide par devant lui pour amyablement les appoincter, se faire se peult. Et ou cas qu'il ne se puisse faire, fera ou faire faire ausdites parties raison et justice dedens ung an prouchainement venant par la court de parlement à Paris.

Item. Et en tant que touche les cinq places de la conté de Foix, dont est procédé l'arrest donné au grand conseil du roy, en ensuivant icellui arrest, lesdites places préalablement seront mises en la main du roy, et délivrées ès mains de telz personnages qui seront advisez par messrs le cardinal de Foix et évesque d'Albi, pour les garder de par ledit sur, jusques à sentence diffinictive.

Et au regard de Béarn, seront assemblez les estas. Et, en la présence des gens notables que le roy de sa part y commectra, seront les enfans de la maison à ouyr ledit différent; lequel et le droit de chacune desdites parties sera jugé par lesdits estas. Et seront lesdits estas en seureté et liberté, telle qu'il appartient à juges, et en manière qu'ilz n'aient cause de doubter nulle des parties; et tenuz en une ville bien seure oudit pays de Béarn. Et pendant que lesdits estas se tiendront pour décider de la matière, n'aura point de gens d'armes ne garnison èsdits pais de Béarn; mais demourra le pais en la forme qu'il a acoustumé estre en temps de paix. Et seront les parties tenues en bonne seureté par lesdits estas : et bailleront aussi lesdites parties bonne seureté l'une à l'autre, ainsi qu'il sera advisé.

Et seront tenues icelles parties acquiescer à l'oppoinctement et ordonnance qui s'en donnera par lesdits estas. Et par iceulx ambassadeurs sera refféré au roy ce qui aura esté fait en ceste matière. Et à cellui à qui par lesdits estas aura esté dit, ordonné, appoincté et jugé avoir l'évident droit, le roy à icelle partie tendra la main de tout son povoir, pour faire obéyr, tenir et acomplir lesdits appoinctement et jugement à cellui qui aura tort en ceste partie; et baillera à ladite partie aiant l'évident droit la main forte de gens d'armes, d'artillerie et autres choses neccessaires, en manière que lesdits sentence et appoinctement sortiront leur plain et entier effect, tant de ce qui est dedens le royaume que dehors. Et ainsi l'a voulu, ordonné et promis faire le roy, et en baillera ses lettres de seureté, et pareillement mess^{urs} d'Orléans et de Bourbon.

Item. Le roy, pendant ladite année, baillera soubz sa main l'une desdites cinq places audit de Foix pour la demeure de madame sa femme : et fournira et baillera madite dame la princesse III^m francs pour l'entretenement de ladite dame, femme dudit de Foix, durant ladite année que se widera ledit différent et sans préjudice du droit desdites parties; desquelz III^m francs le roy en paiera les mil.

Item. Lesdites parties viendront ausdits estas en leur simple estat et sans aucuns habillemens de guerre, ne autres bastons invasibles.

Item. Le roy contraindra réaument et de fait et par main forte lesdites parties à tenir ce présent appoinctement, et principallement celle qui n'aura voulu obéyr.

Autres articles touchant finances, expédiez par Primandaye, de ceste matière[1].

Du VIIe d'octobre mil IIII^c IIII^{xx} et IIII, ou conseil du roy tenu

---

[1] Titre mis à la marge du manuscrit.

à Montargis a esté conclud ce qui sensuit, touchant la dépesche de mons^{ur} d'Albi pour son voyage de Foix :

Premièrement, que l'on baillera à un clerc qui yra avecques mondit s^{ur} d'Albi la somme de six mil livres tournois, pour distribuer par son ordonnance aux gens de pié faisans la guerre esdits pais, et autres personnes qu'il advisera, pour eulx retraire et eulx en retourner en leurs maisons.

Plus sera baillé audit clerc, oultre lesdits vi^m l. tourn., la somme de m l. tourn., pour subvenir aux autres fraiz qui pourront survenir pour l'appaisement de la guerre et différant estant entre madame la princesse et mons^{ur} de Nerbonne, qui semblablement seront distribuez par l'ordonnance de mondit s^{ur} d'Albi.

Plus a esté ordonné que, en faisant ledit appaisement et pacificacion, sera souldoié à mondit s^{ur} de Nerbonne cent lances pour ung quartier, montant ix^m iii^c l. tourn.

Et en tant que touche la pension de madame de Nerbonne, le roy en faisant ses estaz, aura si bon regard à elle et à son appoinctement, qu'elle aura cause de se contenter. Fait à Montargis, le viie jour d'octobre, l'an mil cccc iiii^{xx} et iiii. Ainsi signé : CHARLES. PRIMANDAYE. Collacion est faicte.

Coppie du pouvoir.

CHARLES, par la grâce de Dieu, roy de France. A tous ceulx qui ces présentes lettres verront, salut. Comme par plusieurs fois soit venu à notre congnoissance que, au moyen du différent estant entre notre très-chière et très-amée tante la princesse de Vienne, et sa fille notre cousine, d'une part, et notre très-chier et amé cousin Jehan de Foix, chevalier, vicomte de Nerbonne, d'autre, plusieurs grans maulx, larrecins, pilleries et autres infiniz inconvéniens soient avenuz en notre royaume, pais, seigneuries et subgectz. Et pour y obvier, aions par cy-devant fait prandre, saisir et mectre en notre main les places dont ledit différent est encommencé entre lesdites parties, et depuis interdit et deffendu à icelles parties toutes voyes de fait, et ordonné qu'ilz retirassent leurs gens, et les envoyassent en leurs maisons, affin de faire cesser la pillerie qui, par les gens d'armes tenant les champs, de leur auctorité privée et sans noz sçeu et ordonnance, et qui se advouent à eulx, se fait et continue chacun jour de plus en plus, au moyen de quoy notre povre peuple est si très-oppressé et foullé que plus ne peut, néantmoins nosdites tante, cousine sa fille, et cousin de Foix et leursdits gens n'ont point cessé ne différé de faire la guerre les ungs contre les autres, mais la font et continuent chacun jour plus aspre que jamais. Et sont lesdits maulx, larrecins, voyes de fait, pilleries, assemblées de gens, sans auctorité de nous et autres excès en voye de pulluller, multiplier en notredit royaume; dont la totalle destruction de notredit povre peuple se pourroit du tout ensuyvir, se par nous n'y estoit sur ce promptement pourveu. POURQUOY aions, par l'advis et délibéracion de plusieurs s^{urs} de notre sang et lignaige et gens de notre estroit conseil, conclud, advisé et délibéré envoier devers lesdites parties aucuns grans notables personnages de grant auctorité, saiges, prudens et discretz, aians puissance de nous de traicter et faire condescendre lesdites parties à quelque bon appoinctement, et plusieurs autres choses requises et servans en ceste matière. SAVOIR faisons que nous, désirant veoir icelles pilleries et voyes de fait cesser, et lesdites parties vivre en bonne paix, amour et union ensemble, pour la très-grande, parfaicte et entière confiance que nous avons des personnes de notre très-chier et très-amé cousin le cardinal de Foix et de notre amé et féal cousin l'évesque d'Albi, et de leurs sens, discrécion, expérience, conduite, loyaulté, preudommye et bonne diligence de iceulx; pour ces causes et autres à ce nous mouvans, et par l'advis et délibéracion que dessus, avons donné et donnons par ces présentes plain povoir et auctorité de eulx transporter pardevers les personnes de nosdites tante la princesse, sa fille notre cousine, et ledit messire Jehan de Foix, notre cousin, pour par eulx, et appelez avec eulx, s'ilz voient que bon soit, tel nombre de gens., tant de notre court de parlement à Thoulouse que autres qu'ilz adviseront, traicter, appoincter, transiger et accorder l'appoinctement final de tout ce dont est question entre lesdites parties, ou autre tel appoinctement qu'ilz pourront et qu'ilz aviseront pour le mieulx; d'abolir, quicter, remectre et pardonner tous cas, crimes et maléfices quelzconques qui, à cause dudit différent et depuis icelluy encommencé, se sont ou pourroient estre ensuyviz; de rendre et faire rendre et restituer les places, maisons, chevances et biens meubles à ceulx à qui on les auroit ostez, prins et raviz, tant d'un party que d'autre, depuis ladite guerre encommencée et à cause d'icelle. Et ou cas qu'ilz ne pourront faire condescendre lesdites parties à faire lesdits appoinctemens, tant final que autre, les feront condescendre à entretenir l'appoinctement par escript, contenu en certains articles signez de notre main, que nous avons baillez à nosdits cousins les cardinal de Foix et évesque d'Albi. Toutesfois quant ilz seront par delà, s'ilz trouvoient que lesdites parties feissent quelques difficultez sur aucuns poins contenuz èsdits articles, ou sur tous iceulx articles ensemble, nous entendons qu'ilz en facent et appoinctent, tout ainsi qu'ilz verront en leurs consciences estre affaire pour le mieulx. Et à iceulx noz cousins nous avons donné et donnons derechief plain povoir et auctorité par cesdites présentes, en cas de reffus, de faire entièrement obéyr lesdites parties, en ce qu'ilz auront avisé et appoincté, ensemble de faire wider et départir les gens de guerre, et les envoyer en leurs maisons, avec telle conduite que bon sera, soit par main armée, assemblée de noz gens de guerre de noz ordonnances, arrière-ban, gens de plat pays, de charroy, d'artillerye, vivres et toutes autres choses, en tel cas requises et qui par eulx seront avisées, tellement que la force et auctorité nous en demeure; et généralement faire en ceste matière entièrement ce qu'ilz verront estre à faire pour la pacification et appaisement d'icelle, en manière que en l'une des façons cy-dessus contenues, ledit différent soit appaisé, ladite pillerie ostée, et lesdits gens d'armes en envoiez, et tout ainsi que ferions et faire pourrions, se présens en propre personne y estions, promectant; en bonne foy et parolle de roy avoir agréable, ferme et estable tout ce que par nosdits commis et depputez aura esté fait en ceste partie, sans jamais aller ou venir, ne faire aller ou venir aucunement au contraire; et de le confermer, ratiffier et approuver, toutes et quantesfoys que mestier sera et requis en serons. En tesmoing de ce, nous avons signé ces présentes de notre main et icelles fait sceller de notre scel. Donné à Montargis, le second jour d'octobre, l'an de grâce mil cccc quatre vings et quatre, et de notre règne le deuxiesme. Ainsi signé : CHARLES et J. MESME.

Coppie de la seureté du roy.

CHARLES, par la grâce de Dieu, roy de France. A tous ceulx qui ces présentes lettres verront, salut. Comme pour pacifier et accorder le différent estant entre noz très-chières et très-amées la princesse de Vienne, notre tante, et sa fille notre cousine d'une part, et notre très-chier et très-amé cousin Jehan de Foix, chevalier, vicomte de Nerbonne, d'autre, ayons, par l'advis et délibéracion de plusieurs princes et s^{urs} de notre sang et lignaige et gens de notre grant conseil, donné povoir à notre très-chier et très-amé cousin le cardinal de Foix et à notre amé et féal cousin et conseillier l'évesque d'Albi, de traicter quelque bon appoinctement entre lesdites parties, tant selon le contenu en certains articles signez de notre main, que en avons pour ce baillez à nosdits cousins le cardinal de Foix et évesque d'Albi, que par tous les autres moiens qui par lesdits cardinal et évesque d'Albi seront advisez. Nous qui désirons de tout notre cueur la pacifficacion et appaisement dudit différent, promectons de bonne foy et en parolle de roy, par ces présentes signées de notredite main, bailler main forte, secours et aide de gens d'armes, d'artillerye et autres choses néccessaires à celle desdites parties, à laquelle les choses qui sont en différent entre elles ou partie d'icelles seront adjugées par les moiens dessusdits, en manière que les sentences, jugemens et appoinctemens sortiront leur plain et entier effect. En tesmoing de ce, nous avons fait mectre notre scel à cesdites présentes. Donné à Montargis, le second jour d'octobre, l'an mil.IIII^c IIII^{xx} et IIII, et de notre règne le deuxiesme. Ainsi signé : Charles. J. Mesme.

Item. Lesdits povoir, seureté, articles et les lettres missives néccessaires et servantes à la matière ont esté commandées par le roy.

Item. A esté ordonné que, après lesdits cardinal et évesque d'Albi yra mons^{ur} de Bresse, pour tenir la main forte, et aussi pour faire chasser et en envoier hors des pais du roy les gens d'armes, affin de garder que le pouvre peuple du royaume ne soit plus ainsi oppressé, foullé ne pillé qu'il a esté. Et menera quant et lui ledit s^{ur} de Bresse les gens d'armes de l'ordonnance du roy, qui s'ensuivent,

C'est assavoir :

De la compaignie de mons^{ur} d'Orléans................	26 lances.
De celle de mons^{ur} le connestable...................	26 lances.
De celle de mons^{ur} de Beaujeu.....................	26 lances.
De celle de mons^{ur} de Dunois.....................	27 lances.
De celle de mons^{ur} le grant bastard de Bourgogne.......	75 lances.
De celle de mons^{ur} le maréchal de Bourgogne..........	30 lances.
Les Escossois...	90 lances.
Les............	300 lances.

Pour Jehan Leber, l'office de notaire et secrétaire du roy à gaiges, vaccant par le trespas de feu maistre Guichart Bessonnat, comme l'en dit, et s'il n'est trespassé, le premier qui vacquera.

Pour Jehan Pocaire, varlet de chambre du roy, l'office de greffier des esleuz de Lyon, vaccant aussi par le trespas dudit Me Guichart.

Pour Jehan Yvon, chevaucheur extraordinaire, l'office de chevaucheur ordinaire, vaccant par le trespas de feu Michiel Chalochin, et pour Anthoine de Premarin la place extraordinaire dudit Jehan Yvon.

Pour M⁶ Jehan Berry, secrétaire de mons^ur le duc de Bourbon, l'office de notaire et secrétaire du roy, vaccant par le trespas de maistre Jacques Erlanlt, comme l'en dit, et si ledit Erlanlt n'est mort, on aura ledit Berry pour recommandé, à la première secrétairerye qui vacquera, Jehan Leber, serviteur du bailli de Meaulx, préallablement pourveu de pareil office; et a esté le conseil de ceste oppinion.

DU SECOND JOUR D'OCTOBRE MIL IIII^c IIII^xx ET IIII, A MONTARGIS.

Estans au conseil :

Mons^ur de Bourbon,
Mons^ur d'Alençon,
M. le cardinal d'Angiers,
M. le chancellier,
M. d'Albi,
M. de Périgueux,
M. de Lombes,

M. de Richebourg,
M. d'Argenton,
M. Durffé,
M. de Cullant,
Le tiers président de Thoulouse,
M⁶ Charles de La Vernade, M⁶ des requestes.

Pour messire Philippe de Comynes, s^ur d'Argenton, lettres patentes et missives au procureur du roy et advocas en la court de parlement à Paris, pour prandre la garantye pour le roy touchant la matière et procès pendant en ladite court, à cause des terres et seigneuries de Tallemont, Berrye et autres que le feu roy, que Dieu absoille, donna audit s^ur d'Argenton, pour plusieurs services qu'il lui avoit faiz, et qu'il lui promist garantir, en y gardant, en toute bonne justice, le droit du roy et cellui dudit s^ur d'Argenton comme le scien propre.

Pour le s^ur de Lers, lettres patentes au séneschal de Beaucaire, ou son lieutenant que, s'il lui appert que, de toute ancienneté, lesdits s^urs de Lers ait jouy du péage de ladite seigneurie, que, appellé le procureur du roy quant au fait de l'ommaige, et touchant ledit péage, ceulx qui pour ce feront à appeller, en ce cas l'en face joyr et user, tout ainsi que ses prédécesseurs en ont par cy-devant deuement joy et usé.

Sur la requeste faicte par mons^{ur} de Romont, touchant la restitucion qu'il requiert lui estre faicte des contez de Saint-Pol, de Brienne et de Ligny, ensemble des autres terres et seigneuries qui furent à feuz messire Loys, Jehan et Pierre de Luxembourg, que ledit s^{ur} de Romont dit à présent à lui appartenir, à cause de madame sa femme, héritière des dessusdits, tant à cause de succession, que des dons et transpors faiz desdits contez et seigneuries par le feu roy Loys, que Dieu absoille, au feu duc Charles de Bourgogne, par la confiscation dudit feu Loys de Luxembourg, en son vivant, connestable de France.

A esté ordonné que mess^{rs} de Périgueux, de Lombes et le tiers présidant de Thoulouse besongneront en ceste matière, et que pardevant eulx les parties allégueront leurs droiz et raisons. Et le tout par eulx veu et ouy, en viendront dire leur advis devant le roy et son conseil pour sur ce y estre pourveu par le roy et sondit conseil, comme de raison, et sans ce que la court de parlement ait la cognoissance de cestedite matière, actendu que ledit s^{ur} de Romont a allégué qu'il seroit en voye de n'en avoir de longtemps l'expédicion par ladite court.

Une déclaracion en mandement patent de ce qui a esté autresfoys délibéré touchant les chasteaulx de Perpignen et Conplienre, c'est assavoir : que le tiltre de cappitaine desdits chasteaulx demourra au conte de Castres, messire Bonffille de Juge, mais que les Tallerans seront lieutenans desdits chasteaulx pour le roy et soubz le roy, et y pourront mectre et oster telz personnages qu'ilz aviseront pour le mieulx et pour la seureté d'iceulx.

Sur ce point sont arrivez au conseil :

Mons^{ur} le cardinal de Foix,

Mons^{ur} de Beaujeu,

Mons^{ur} de Dunois,

Mons^{ur} le mareschal de Gyé et mons^{ur} le président des comptes, Doriolle.

Plus a esté conclud que mons^ur Durffé, grant escuier, doit estre pourveu de l'office de séneschal de Beaucaire, vaccant par le trespas de feu mons^ur Du Lau, et des cappitaineries qu'il tenoit, par ainsi que mons^ur de Montmorancy sera pour reccommandé à lui faire avoir le premier bailliage ou séneschaucée qui vacquera.

Pour mons^ur de Candalle, lettres à mess^urs le cardinal de Foix, d'Albi et séneschal de Thoulouse ou son lieutenant, pour lui faire délivrer la conté de Lavaur, selon le contenu de ses lettres que les trésoriers ne lui ont voulu entériner, pourveu que les places seront mises és mains de mons^ur de Bourbon, jusques à ce que l'appoinctement de madame la princesse et de mons^ur de Nerbonne, qui se doit wider dedens ung an, soit fait et widé; et qu'il joyra du revenu et justice soubz la main du roy, jusques à ce que par le roy autrement en soit ordonné.

Lettres de déclaracion pour Perolet de Saint-Aulbin, escuier eschançon de mondit s^ur de Bourbon, pour le faire joyr de l'office de maistre des ports en la séneschaucée de Thoulouse, en ensuyvant les lettres de don que le roy lui en a fait, à la requeste de mondit s^ur de Bourbon.

Plus a esté ordonné qu'il sera mandé par lettres patentes à mons^ur le chancellier recevoir les proposicions derrenières que mess^urs les enfans de Nemoux veullent faire touchant la mort de feu mons^ur le duc de Nemours, leur père, et, après qu'il les aura reçeues, les envoier aux maistres des requestes, comme il est acoustumé, pour icelles par eulx veues et jugées estre recevables, estre envoiées en la court de parlement, pour en faire ce qu'il appartient en tel cas. Et au regard des autres requestes par eulx faictes, tant de la restitucion de la conté de Castres que autres provisions, a esté ordonné que on actendra à une autreffois qu'il y aura plus grant nombre de gens oudit conseil.

Plus a esté conclud que mons^ur le conte de Guise, frère de mons^ur le duc de Nemours, aura le revenu du grenier à sel de Guise avecques les chambres à sel d'icellui, pour le lever par chacun an, tant qu'il plaira au roy, par forme de don, et tout ainsi que l'ont eu et levé par cy-devant ses immédiats prédécesseurs dudit conte de Guise.

Plus a esté ordonné que M° Jehan Mesme signeroit les lettres qui autresfoys ont esté commandées par le roy à maistre Anthoine Charbonnier, pour contraindre ceulx qui ont eu les biens de mons' le cardinal d'Angiers à les lui rendre, pour ce que ledit Charbonnier s'en est allé sans les signer.

Item. Une évocacion au grant conseil, pour ledit cardinal, touchant le procès qu'il a contre M° Anger de Brye, à cause l'évesché d'Angers.

Plus a esté ordonné que ledit cardinal portera à notre saint père le pape l'obéissance fillialle que le roy lui doit, et que les instructions qui pour ceste matière ont esté faictes et dressées, luy seront communicquées; mais que lui et les autres ambassadeurs pièçà ordonnez pour y aller ne partiront jusques à ce que le roy ait eu nouvelles de notredit saint père, ainsi qu'il est acoustumé, quant il y a pappe nouvellement prononcé.

Item. A semblé que, si ledit cardinal veult faire le voyage qu'il dit que notredit saint père lui a mandé faire, tant en Flandres pour la pacifficacion du duc Maximilien et des Flamens, touchant la manburnye et gouvernement que ledit duc maintient à lui appartenir de la personne de mons' le duc Philippe, son filz, que en Alemaigne pour l'ellection du saint empire, que faire le peult; mais qu'il ne doit point contraindre les Flamens à tenir ledit appoinctement par censures ne fulminacions. Touteffois ledit voyage semble fort long, actendu qu'il doit porter ladite obéissance fillialle.

Item. Et pour ce que ledit cardinal a requis quelque réparacion lui estre faicte de son honneur, et de ce quil lui fut derrenièrement fait à Paris.

A esté ordonné que tout honneur et plaisir que on lui pourra faire, cependant qu'il sera ycy, soit de venir et assister au conseil ou autrement, qu'on lui fera.

Plus une commission adressant au séneschal de Poitou ou son lieutenant pour saisir le temporel de l'abbaye de Saint-Maixant, vaccant par le trespas du feu cardinal de Mascon, et icelluy avec deux des plus notables religieux de ladite abbaye bailler à régir et gouverner à gens souffisans et solvables, qui en saichent rendre compte et reliqua, touteffois que besoing en sera.

A esté ordonné et octroyé à mons^{ur} de Richebourg, cappitaine du chasteau de Beaucaire, qu'il aura la nomination des sergens de la garnison dudit chasteau, quant ilz vacqueront, ainsi que ses prédécesseurs oudit office avoient, pourveu que ceulx qui y sont de présent y demourront.

DU TIERS JOUR D'OCTOBRE MIL CCCC IIII^{xx} ET IIII, A MONTARGIS.

Estans au conseil :

Mons^{ur} d'Orléans,
Mons^{ur} de Bourbon,
Mons^{ur} d'Alençon,
Mons^{ur} le cardinal de Foix,
Mons^{ur} le cardinal d'Angiers,
Mons^{ur} de Beaujeu,
M. de Dunois,
Mons^{ur} le chancellier,
Mons^{ur} d'Albi,
M. de Périgueux,
M. de Lombes,
M. de Richebourg,

M. le maréchal de Gyé,
M. de Baudricourt,
M. d'Argenton,
M. Durffé,
M. de Vaten,
M. de Lisle,
M. de Cullant,
Me Pierre Doriolle,
Le tiers président de Thoulouse,
Me Adam Fumée,
Me Pierre de Sacierges.

Sur la matière mise en termes touchant l'expédicion de mons^{ur} de Dunois pour aller devers le duc de Bretaigne, ainsi que dit a esté cy-devant,

A esté conclud que, avant les ambassadeurs dudit duc soient arrivez par deçà, que ledit s^{ur} de Dunois doit partir pour emboucher lesdits ambassadeurs de la charge qu'il a, affin que si iceulx ambassadeurs estoient délibérez de faire quelque sommacions aux s^{urs} et princes du sang et autres, que au moins iceulx ambassadeurs soient advertiz de ladite charge dudit de Dunois, contenue en ses instructions ; lesquelles seront causées sur les nouvelles d'Espaigne et descente des vi^m archiers anglois qui doivent descendre en Bretaigne, sans faire aucune mencion de l'appoinctement des s^{urs} et barons de Bretaigne.

Et pour besongner ès instructions de mondit s^{ur} de Dunois, sont ordonnez :

 M. le cardinal d'Angiers,
 M. de Dunois,
 M. le chancellier,
 Me Adam Fumée.

Item. Pour aller devers mons^{ur} le prince d'Orenge, le sire de Rieux et autres barons et s^{urs} de Bretaigne, estans par deçà, ont esté ordonnez mons^{ur} le mareschal de Gyé et messire Yvon Du Fou.

Item. Pour aller devers les barons et s^{urs} qui se doivent assembler à Saumur ou à Tours, sont ordonnez le mareschal de Gyé et Me Adam Fumée.

Sur la requeste faicte par mons^{ur} de Saint-Morice, serviteur de mons^{ur} d'Albret de Lanbenage, des biens de feu Charles de Berne, pour ce que ledit de Berne n'estoit natif de ce royaume,

A esté conclud que, déclaracion préallablement faicte de ce que dit est par juge compectant, s'il appert que les biens dudit de Berne appartiennent au roy, que ledit s^{ur} de Saint-Morice les aura, et que ladite déclaracion faicte, ses lettres lui en seront délivrées.

DU IIIIe JOUR D'OCTOBRE MIL CCCC IIII^{xx} ET IIII, A MONTARGIS.

Estans au conseil :

Mons^{ur} de Bourbon,	M. d'Argenton,
Mons^{ur} de Beaujeu,	M. de Montmorancy,
M. de Dunois,	M. de Lisle,
M. de Lombes,	M. Durffé,
M. de Richebourg,	M. de Chastelarcher,

M. de Cullant, Le tiers président de Thoulouse,
Le président des comptes, Doriolle ; M° Charles de La Vernade.

A esté concud que la matière touchant l'exempcion des terres de mons^{ur} le viconte de Turenne sera commise aux généraulx de la justice des aides à Paris, et leur sera escript qu'ilz facent raison et justice aux parties.

Item. Que la main armée ordonnée et baillée par les gens des finances sera tenue en surcéance.

Lettres au séneschal de Roddès ou à son lieutenant, pour remectre les cordeliers de Roddès en leur monastère, et bailler la main forte pour ce faire.

Sur ce que le cardinal Sancti-Petri ad Vincula demandoit ung congé d'exécuter bulles, touchant la prevosté de Pignac en Prouvence, la matière a esté remise à mons^{ur} le chancellier.

Plus a esté conclud que mons^{ur} le cardinal de Foix et mons^{ur} d'Albi yront devant, pour l'appoinctement de madame la princesse et de mons^{ur} de Nerbonne. Et pour ce que mons^{ur} de Bresse ne pourroit pas y aller si légèrement que ung autre, petit compaignon, a esté ordonné que incontinent après eulx et avant mons^{ur} de Bresse yra mons^{ur} d'Aubigny, à toute sa compagnie et celle de messire Gacien de Guerre qui se joindra avec lui, pour garder que les gens d'armes, faisans la guerre par delà ne regorgent dedens le royaume. Et se gouvernera ledit d'Aubigny ainsi que lui ordonneront lesdits cardinal et Albi.

Item. Lettres à mons^{ur} de La Barde, qu'il se joigne avec ledit d'Aubigny, si besoing en est, pour lui aider à exécuter sa charge.

Lettres de naturalité pour messire Lorens Cibo, nepveu du pappe et chanoine de Saint-Pierre de Romme, pour obtenir bénéfices en ce royaume et pays du roy.

A Georges de La Rochelle, receveur ordinaire du bailliage de Vitry, congé de résigner sondit office ou prouffit d'un nommé Jehan Le Clerc le jeune, et non d'autre.

Messire Yvon Du Fou a fait le serement au conseil, ès présences de messⁿʳˢ de Beaujeu, de Dunois, le chancellier, de Lombes et de Lisle, et promis et juré entretenir les articles dudit conseil, qui ont esté ordonnez lui monstrer.

Item. Lettres missives au pappe et au collége des cardinaulx, pour ratiffier l'appoinctement qui autreffoys a esté prins entre l'évesque de Syon et Alemant, évesque de Grenoble, touchant la pension de xiiᶜ l. tourn. que ledit Allement devoit faire audit de Syon.

Item. Lettres audit évesque de Grenoble pour consentir ladite pension.

Item. A monsʳ de Chassonnage, pour tenir la main en cette matière.

DU Vᵉ JOUR D'OCTOBRE MIL CCCC IIIIˣˣ ET IIII, A MONTARGIS.

Estans au conseil :

Monsʳ de Beaujeu,
Monsʳ de Dunois,
M. d'Albi,
Monsʳ de Périgueux,
Monsʳ de Lombes,
M. le maréchal de Gyé,
M. de Richebourg,
M. de Baudricourt,
M. d'Argenton,
M. Durffé,
M. Du Fou,
M. de Lisle,
Le président des comptes, Doriolle.

Lettres patentes adressans à monsʳ l'admiral pour faire rendre et restituer à l'ambassade et gens du roy de Portugal une nef appartenant au prieur de Roddes de Portugal, qui a esté prinse sur ceulx dudit païs de Portugal par le sʳ de Saint-Germain; ensemble l'équipage appartenant à ladite nef, dont le roy a respondu audit de Saint-Germain, ou cas qu'il y ait droit.

Item. Lettres missives à mondit sʳ l'admiral à ceste fin, et aussi pour faire bonne justice aux autres Portugalois sur lesquelz on auroit prins quelque chose indeuement.

Item. Lettres de déclaracion pour le cappitaine Carquelevant, pour le laisser joyr de la cappitainerye de Vernon sur Seine, que le feu roy lui donna, jusques à ce que ledit Carquelevant soit récompensé de chose équipolant à ladite cappitainerie.

Pour l'arcevesque d'Arle, congié d'exécuter ses bulles et prandre possession touchant le prieuré de Saint-Pierre le Moustier que le cardinal de Sabellis lui a résigné.

Item. Une commission au bailli de Caen ou son lieutenant, pour aller faire retourner loger à Fallaise dedens la ville seullement, et à Bayeux, la compaignie du séneschal de Thoulouse, qui en estoit deslogée, pour marcher en ençà.

DU VIe JOUR DUDIT MOYS D'OCTOBRE, AUDIT MONTARGIS.

Estans au conseil :

M. de Beaujeu,
M. de Dunois,
M. le chancellier,
M. de Périgueux,
M. de Baudricourt,
M. de Lisle,
Le bailli de Meaulx,
Me Adam Fumée,
Me Pierre de Sacierges,   } M^{es} des requestes;
Messire Michel Gaillart, général des finances.

Lettres d'octroy d'une foyres pour Marzac, maistre d'ostel de madame de Beaujeu, en ung scien villaige.

Plus a esté ordonné que la première délibéracion prinse touchant la vaccacion de l'office de conseillier en parlement à Paris, par le trespas de feu maistre Jehan Bourgoing, dont mencion est faicte ès registres précédens, aura lieu, et que en ensuyvant icelle, que m^e Pierre Poignant aura ledit office dudit Bourgoing, puisque ainsi est qu'il l'a déclaré qu'il le vouHoit accepter, ou pour luy ou pour en pourveoir ung scien gendre, nommé m^e Jehan Dudrac; et ce affin d'appaiser la question estant entre lui et maistre Estienne Pasqual, pour raison de l'office de maistre des requestes de l'ostel du roy, ouquel chacun d'eulx prétend avoir droit.

Et pour ce qu'il a esté aussi par cy-devant ordonné que m^e Jehan Jonglet, en faveur duquel mess^{urs} de la court de parlement avoient escript et fait requeste, auroit ii^c l. tourn. de pension, en actendant la première vaccant après celle dudit Bourgoing; et que depuis en est vacquée une par le trespas de feu maistre Guillaume Compaings, archidiacre d'Orléans; affin d'appaiser aussi la question et procès, estant entre lui et maistre Jehan Malingre pour raison de pareil office, a esté dit que ledit Jonglet sera pourveu de celle dudit feu Compaings, et que ses lettres lui en seront faictes, délivrées et baillées.

DU VIIe JOUR D'OCTOBRE MIL IIII^c IIII^{xx} ET IIII, A MONTARGIS [1].

Estans au conseil :

M. de Beaujeu,
M. de Dunois,
M. le chancellier,
M. d'Albi,
M. de Périgueux,
M. de Lombes,
M. de Baudricourt,
M. d'Argenton,
M de Lisle,
Le président des comptes, Doriolle;
Le tiers président de Thoulouse,
Me Adam Fumée,
Me Pierre de Sacierges, } M^{es} des requestes;
Me Estienne Pesqual,
Messire Michel Gaillart, général des finances.

Lestres patentes et missives aux trésoriers, pour faire joyr mons^{ur} de Lombes, abbé de Saint-Denis, de l'estang de Gouvieux, selon qu'il a esté par cy-devant conclud et délibéré.

---

[1] Séance du matin.

Ung congié de marchander par le royaume, à Loys Martelli et Charles Martelli, marchans fleurentins, en payant les tribuz et autres droiz deuz au royaume, soubz les pourveuz acoustumez, qui sont, de ne faire ne pourchasser chose préjudiciable au roy ne à son royaume, et que lettres de marques données ou à donner ne soient contre eulx[1].

Ung autre pareil pour Jehan et Pierre Bisque et Luques Camby et pour Nery Cappon, ses frères, et Berthelemy Bendelmonti et leurs compaignons[2].

Une déclaracion pour faire joyr Artault de Billejau, eschançon ordinaire du roy, de l'office de maistre des eaues et forestz de Berry, que le roi lui a donné, nonobstant l'empeschement que lui donne ung nommé Chabart qui en a eu don à la nominacion de mons^{ur} de Chastillon, depuis le don dudit Artault.

Lettres adressans à Me Pierre de Sacierges, pour mectre à exécucion les lettres octroyées à mess^{urs} les enfans de Nemoux, de la délivrance à eulx faicte de la terre et seigneurie de Chize en Poictou, selon le contenu de leursdites lettres.

Unes lettres d'estat de six moys entiers, pour les causes de la vefve de feu mons^{ur} Du Lau.

Une régale pour ung nommé Me Anthoine de La Bone, frère de ung des gens de mons^{ur} de Vendosme, de la chantrerye de Chartres, pourveu que ledit de La Bone en soit paisible possesseur.

Touchant les barons et autres nobles de Bretaigne, estans par deçà, a esté ordonné que, combien que on eust différé de leur bailler leur reliefvement, qui par cy-devant a esté délibéré, en entencion que le différent d'entre le duc et eux s'en appaisast plus aiséement, néantmoins a esté dit, veu que le terme qui est au XIIe jour de ce mois aproche comme ilz dient, et qu'il n'y a plus que cinq jours, ou au-

---

[1] Cet alinéa qui dans le manuscrit a été bâtonné porte à la marge « 11 l. » et est suivi de cette ligne non effacée : « Depuis a esté ordonné qu'ilz n'en auroient point. »

[2] Cet alinéa est bâtonné dans le manuscrit, comme le précédent, et on lit à la marge : « 11 l. *ut prius* »

trement que ledit duc procédera par confiscacion contre eulx, qu'ilz auront ledit reliesvement; mais que pour l'exécuter, on y envoiera quelque homme discret : lequel incontinent qu'il sera arrivé par-delà se informera dudit terme, et s'il voit que ledit terme soit compectant pour actendre la venue de mons^{ur} de Dunois, qui va devers le duc, il seurcéera l'exécucion dudit reliesvement; aussi s'il voit que ledit de Dunois demourast trop à venir, le mectra à exécution, selon sa forme et teneur et dedit temps deu.

DUDIT VIIe JOUR D'OCTOBRE, MIL CCCC IIII^{xx} ET IIII, AUDIT MONTARGIS, APRÈS DISNER.

Estans au conseil :

Mons^{ur} de Bourbon,
Mons^{ur} de Beaujeu,
M. de Dunois,
M. le chancellier,
M. d'Albi,
M. de Périgueux,
M. de Lombes,
M. de Baudricourt,
M. d'Argenton,
M. le président des comptes, Doriolle;
Me Adam Fumée,
Me Pierre de Sacierges, } M^{rs} des requestes.
Me Estienne Pasqual,

A esté ordonné que tous marchans du pays de Languedoc pourront naviguer et aller marchandanment sur la mer, en revocquant toutes lettres et provisions par cy devant obtenues par ceulx qui ont entretenu les quatre gallées de France qui avoient permission de naviguer, et non autres.

Item. A esté ordonné que, pour ce que les pouvres gentilzhommes et autres du pays de Languedoc, tenans en fief du roy, depuis cent livres tournois et au dessoubz, se sentoient fort foullez et oppressez de venir de si loing faire leurdis hommaiges pour si petite somme, que doresenavant les baillifz et séneschaulx dudit lieu recevront lesdits hommaiges jusques à ladite somme et au dessoubz.

Plus a esté octroyé à ceulx dudit pays de Languedoc qu'ilz puissent faire publier les articles qui leur furent accordez aux III estatz derrenièrement tenuz à Tours.

Pour mons^{ur} de Candalle, souffrance de faire son hommaige de ce qu'il tient du roy jusques à la Saint-Jehan Baptiste, prouchainement venant, actendu son ancien eage.

Item. Une provision pour luy, à ce que la court de parlement de Bourdeaulx congnoisse d'une cause qui est pendant par devant mons^{ur} de Comminge, comme senneschal du pays, actendu qu'il reppute ledit de Comminge son haynneulx, et deffence audit séneschal ou son lieutenant de n'en congnoistre.

DU VIIIe JOUR D'OCTOBRE MIL IIII^c IIII^{xx} ET IIII, AUDIT MONTARGIS.

Estans au conseil :

M. de Beaujeu,
M. de Dunois,
M. le chancellier,
M. d'Albi,
M. de Périgueux,
M. le maréchal de Gyé,
M. de Baudricourt,
M. d'Argenton,
M. de Lisle,
Le tiers président de Thoulouse,
Me Adam Fumée,
Me Pierre de Sacierges, } M^{rs} des requestes;
Me Estienne Pasqual,
Me Philippe Baudot,
Michel Gaillart.

Cedit jour ont esté oudit conseil baillées et délivrées ès mains du s^{ur} de Maupertuys les lettres, tant du relievement que autres, octroyées aux barons et s^urs de Bretaigne estans par deçà. Et a esté dépesché Me Jehan de Leffens, pour aller présenter lesdites lettres au lieutenant du bailli de Touraine, du séneschal d'Anjou ou de leurs lieutenans, pour les mectre à exécution.

Item. Lettres de confirmacion à ceulx du Puy, en Anjou, de l'octroy que le feu roy leur fist, pour estre exemps de loger gens d'armes jusques à six moys.

Une retenue de conseiller de l'échicquier à Rouen pour Me Benoist Chamery, abbé de Lyre en Normandie.

Lettres de recommandacion à Laurens de Médicis et à la communaulté de Florence, pour faire rendre à mons^ur de Sées, Gouppillon, certains biens que ung Florentin, nommé messire Benedicto Desalutatis, luy détient.

DU IXe JOUR DUDIT MOYS D'OCTOBRE OUDIT AN, A MONTARGIS.

Estans au conseil :

Mons^ur de Beaujeu,
M. de Bresse,
M. de Dunois,
M. le chancellier,
M. d'Albi,
M. de Périgueux,
M. de Lombes,
M. de Baudricourt,
M. le maréchal de Gyé,

M. d'Argenton,
M. de Lisle,
M. le président des comptes, Doriolle;
M. le tiers président de Thoulouse,
Me Adam Fumée,
Me Pierre de Sacierges,
Me Estienne Pasqual,
Me Philippe Baudot,
Michel Gaillart.

Une commission adressant au gouverneur du Daulphiné ou son lieutenant pour faire faire raison et justice à certains marchans d'Avignon que le s^ur de Montfort de Daulphiné et ses gens ont destroussez, comme l'en dit.

Lettres missives à mons^ur de Savoye, que, si ledit de Monfort et ses complices s'estoient retirez en ses pais, qu'il les vueille faire rendre audit gouverneur du Daulphiné ou à sondit lieutenant, pour en faire justice, comme dit est.

Lettres pour M⁰ Jehan Palmier, confirmatoires de celles qu'il a eues de l'office de président du Daulphiné, actendu le trespas de feu messire Pierre Gruel.

Lettres missives de recommandacion aux religieuses, dites les Filles-Dieu de Paris, pour recevoir Jehanne la maçonne en leur monastère.

Item. Lettres à mons^{ur} l'évesque de Paris, pour tenir la main et la y faire recevoir.

Lettres de permission au séneschal de Thoulouse, qu'il puisse commectre le juge d'Albijoys, son lieutenant clerc, audit Thoulouse, pour excercer pour certain temps le fait de la justice de ladite séneschaucée.

DU Xe JOUR D'OCTOBRE MIL IIII^c IIII^{xx} ET IIII, AUDIT MONTARGIS.

Estans au conseil :

Mons^{ur} de Bourbon,
Mons^{ur} le cardinal de Lyon,
Mons^{ur} de Beaujeu,
M. de Dunois,
M. le chancellier,
M. d'Albi,
M. de Périgueux,
M. de Lombes,
M. le maréchal de Gyé,
M. de Baudricourt,
M. d'Argenton,
M. de Vaten,
M. de Lisle,
M. le président des comptes, Doriolle;
Le tiers président de Thoulouse,
M⁰ Adam Fumée,
M⁰ Pierre de Sacierges,   } M^{rs} des requestes.
M⁰ Estienne Pasqual,
M⁰ Philippe Baudot.

La conciergerie et garde de la maison du roy à Dijon, que tenoit feu Richart Mace, pour mons[ur] l'évesque de Lengres.

Item. Le droit que ledit feu Richart Mace avoit sur la boucherie de Paris, pour Pierron et Barges, deux escuiers de cuisine du roy.

Cedit jour a esté commandé par le roy et de bouche à Me Jehan Mesme l'expédicion de mons[ur] le cardinal d'Angiers, pour porter à notre saint père le pappe l'obédiance filliale qu'il lui doit.

Item. Lettres pour ledit cardinal, pour estre protecteur en court de Romme, des droiz, fais et affaires du roy, et y avoir l'eul. Et pour ce que ledit cardinal a demandé la procuracion du roy audit Romme, et que le roy l'avoit jà donnée à l'évesque de Lesca, le roy lui a donné ladite charge de protecteur.

Présens à ce mons[ur] de Bourbon, mons[ur] Beaujeu, mons[ur] de Bresse, mons[ur] de Vendosme, mons[ur] de Dunois, mons[ur] de Périgueux, mons[ur] d'Argenton, mons[ur] Du Bouchage, mons[ur] le bailli de Meaulx, et autres.

Coppie de la créance de mons[ur] le maréchal de Gyé et de Me Adam Fumée, lesquelz sont allez à Saumur.

C'est ce que le roy a chargé à mons[ur] le maréchal de Gyé et à maistre Adam Fumée de dire à madame de Laval, à mons[ur] le prince d'Orenge et autres barons et nobles du pays de Bretaigne, contre lesquelz le duc de Bretaigne a à présent question, à cause du cas advenu à Nantes.

Premièrement, que le roy les prye qu'ilz se mectent en tel devoir envers le duc qu'il ait cause raisonnable de se contenter d'eulx; car le roy désire fort la pacifficacion de ladite question.

Item. Leur diront que, s'ilz ne se mectent en devoir raisonnable envers le duc, le roy n'est pas délibéré de en ce les porter ou soustenir; ne pour eulx ne vouldroit mescontenter le duc.

Fait à Montargis, le X[e] jour d'octobre mil iiii[c] iiii[xx] et iiii. Collacion faicte à l'original.

Item. Ont esté despeschées lettres de créance à madame de Laval et autres s{urs} et barons, estans à Saumur, sur lesdits maréchal et Fumée.

DU XIe JOUR D'OCTOBRE MIL IIII{c} IIII{xx} ET IIII, AUDIT MONTARGIS.

Estans au conseil :

Mons{ur} de Bourbon,
M. de Beaujeu,
M. de Dunoys,
M. le chancellier,
M. d'Albi,
M. de Périgueux,
M. de Lombes,
M. le président des comptes, Doriolle;
M. le maréchal de Gyé,
M. de Baudricourt,
M. d'Argenton,
M. de Curton,
M. de Lisle,
Le tiers président de Thoulouse,
Me Adam Fumée,
Me Pierre de Sacierges,   } Mrs des requestes;
Me Estienne Pasqual,
Michel Gaillart,   } généraulx des finances;
Me Guillaume Briçonnet,
Me Philippe Baudot.

A esté ordonné que mons{ur} le gouverneur de Lymosin yra au devant de mons{ur} de Richemont, qui est party de Bretaigne pour s'en venir par deçà, pour le faire festoyer, recevoir et loger par les villes où il passera.

Item. Lettres au bailli de Touraine, pour se joindre avec ledit gouverneur et pour l'acompaigner en ceste charge, tant que ledit Richemont soit à Chartres, qui est le lieu où l'on a ordonné le mener.

Item. A esté aussi ordonné que mons{ur} de Sées, messire Guy de Laval yra au devant avec les dessusdits.

Item. Que ung clerc à tout ii^m francs yra avec ledit gouverneur, pour distribuer ladite somme ainsi qu'il ordonnera.

Plus a esté ordonné et conclud que, pour obvier aux inconvéniens qui pourroient avenir, à cause du débat et question estant entre mess^{urs} les mareschaulx de Bourgogne et de Gyé, à cause de la prééminance de leurs offices, et entre autres choses touchant la monstre des gens d'armes dudit pays de Bourgogne, que mons^{ur} de Baudricourt, gouverneur dudit païs, fera, pour ce quartier et par commission du roy, la monstre des gens de guerre estans oudit pays.

Item. A esté ordonné que ledit gouverneur de Bourgogne, comme mareschal extraordinaire de France, créé affin de soulager mess^{urs} de Loheac et Des Querdes, aidera tant à faire la monstre des autres gens d'armes du royaume, que à pugnir les malfaicteurs, pillars et autres gens tenant les champs, pour faire cesser la pillerye estant par ledit royaume.

Ung estat des causes estans en l'eschicquier de Normandie, pour le s^{ur} de Rieux, mareschal de Bretaigne, pendant que ledit eschicquier se tendra.

Cedit jour, mons^{ur} de Curton, gouverneur de Lymosin, a fait le serement du conseil, tel que ont acoustumé de faire les autres s^{urs} d'icellui conseil.

Et a esté ordonné que, à son retour de devers le s^{ur} de Richemont, qu'il yra devers les estas de Bourgogne, et maistre Adam Fumée, à son retour de Saumur, en sa compaignie, pour leur faire les remonstrances nécessaires touchant l'octroy que ledit pays fait au roy.

DU XIIe JOUR DUDIT MOYS D'OCTOBRE, AUDIT MONTARGIS.

Estans au conseil :

Mons^{ur} le cardinal de Bourbon,
M. de Beaujeu,
M. le chancellier,
M. d'Albi,
M. de Périgueux,

M. de Lombes,
M. de Baudricourt,
M. d'Argenton,
M. le gouverneur de Limosin,
M. de Lisle,
M. le président des comptes, Doriolle;
M. le tiers président de Thoulouse,
M⁰ Pierre de Sacierges, } M⁰ˢ des requestes.
M⁰ Estienne Pasqual,

Lettres de recommandacion à nostre saint père le pape et aux cardinaulx, pour ceulx de mons^{ur} Saint Anthoine de Viennoys, touchant la pension de xv^c ducas, que ceux de Montmaijour prennent sur eulx, à ce que notredit saint père la vueille adnuller, et donner à ladite abbaye de Montmaijour d'autres béneffices à l'équipolent de ladite pension, en ensuyvant ce que le feu roy Loys en a escript par cy-devant.

Lettres patentes adressans à mons^{ur} de Lengres et à mons^{ur} le gouverneur de Bourgogne, pour faire continuer le parlement de Bourgogne, et le faire tenir à cellui des deux lieux de Dijon et de Beaulne qu'ilz verront estre le plus convenable; et jusques à ce que lesdits de Lengres et gouverneur aient envoyé leur advis sur ce au roy ou à mess^{urs} de son conseil et que par ledit s^{ur} et sondit conseil, ledit advis en soit ordonné où ledit parlement demourra, ou à Dijon ou à Beaulne.

A esté aussi ordonné que, si mons^{ur} de Mery, trésorier de France, fait plus difficulté d'entériner les lettres de ceulx de Notre-Dame de Cléry, touchant les ii^m l. tourn. de rente que le roy leur a ordonnez pour continuer le service divin de ladite église, que on envoyera ung secrétaire devers luy, bien instruit, pour le lui faire faire.

Item. Pour ce que l'ambassade de la ville de Mès en Lorraine a fait au conseil aucunes doléances, touchant plusieurs excès que ung nommé Jehan de Harecourt, qui tient l'abbaye de Gorze, fait en la terre desdits de Mès,

A esté ordonné que mons^{ur} de Baudricourt prandra la congnoissance de ceste matière et que, s'il voyt que bien soit, qu'il fera mectre en sa main ladite cappitainerie de Gorze, et pour en faire ainsi que par lui sera avisé pour le mieulx.

DU XVe JOUR D'OCTOBRE MIL IIII^c IIII^{xx} ET IIII, AUDIT MONTARGIS.

Estans au conseil :

Mons^{ur} de Bourbon,
M. le chancellier,
M. de Périgueux,
M. de Lombes,
M. le président des comptes, Doriolle;
M. d'Argenton,
M. de Chastelacher,
Me Charles de la Vernade,
Me Pierre de Sacierges,   M^{es} des requestes;
Me Estienne Pasqual,
Me Philippe Baudot.

Lettres de naturalité pour ung nommé Elisens Lanrilens, serviteur de mons^{ur} le cardinal d'Angiers, pour povoir tenir bénéfices en ce royaume.

Item. Une seurcéance pour le duc de Bretaigne, pour six mois, touchant les arrestz donnez contre lui, à cause de Rays et de Oudon.

Lettres missives pour ledit cardinal d'Angiers, touchant l'abbaye de Saint-Maixant en Poictou, adressant au senneschal de Poictou, ou son lieutenant, pour assister et tenir la main pour lui en ce qu'il verra estre affaire par raison, pour lui en faire avoir la possession.

Pour Guillaume Gallier, praticien en court laye, demourant à Fontenay-le-Comte, congé de patrociner, sans derroguer à sa noblesse.

Lettres de *si nostris* pour m^e Joachin Michon, de la prébende de Coustances, dont il est paisible possesseur.

Pour Jehan de Masilles, respit de paier ses debtes jusques à cinq ans.

Pour mons**ur** de Montereul Cousinot, lettres d'évocacion d'un procès qu'il a aux requestes du palais contre l'évesque de Bésiers.

Pour Michel Hubert, dit Coulon, pouvre vieil archier de l'ordonnance, confirmacion de son affranchissement que le feu roy Loys lui donna de non paier tailles.

Plus ont esté commandées et octroyées lettres estre faictes à m**e** Bernard Halhuyn, greffier des requestes du palays à Paris, selon le contenu en sa requeste, dont la teneur sensuit :

Plaise au roy, notre sire, ratiffier et confermer à maistre Bernard de Alewin, licencié en lois, le greffe des requestes de votre palais à Paris, autreffois à lui donné par votre très-cher s**ur** et père, que Dieu absoille, en l'an mil iiii**c** soixante et xiiii, pour récompense des voyages que ledit de Alewin et autres, ses parens, avoient faiz à votredit feu s**ur** et père : en ensuyvant la génералle confirmacion qui a esté faicte du corps de votre court de parlement et des requestes, aussi de votre certaine science, plaine puissance et auctorité royal, avez ratiffié et confermé à icelluy de Alewin le don dudit office de greffier des requestes, à lui fait par votredit feu s**ur** et père, oudit mois d'avril mil iiii**c** lxxiiii, comme lors vacant par l'acceptacion que feist maistre Robert de Guecteville de conseiller[1] de notre court de parlement à Paris; et aussi rattiffier cellui que lui en avez fait par votre joieulx advenement à la couronne, en lui baillant sur ce voz lettres de confirmacion. Et avec ce de votre plus ample grâce et provision, et en tant que mestier seroit et besoing en auroit, lui avez donné derechief ledit office de greffe, en tant que on pourroit dire icellui avoir vacqué par l'intrusion faicte par ledit de Alewin, avant qu'il y eust aucun droit et par dévolucion de non l'avoir donné à entendre en ses lettres de don et confirmacion, ou par l'acceptacion et confirmacion obtenue par ledit de Guecteville dudit office de conseiller en notredite court, qu'il tient de présent, et par incompatibilité ou autrement, en quelque manière que ce soit ou peut estre, en le relevent

---

[1] Le manuscrit est fautif. Lisez *de l'office de conseiller*.

des faultes, vices ou deffectueusitez qui pourroient estre intervenues avant la promocion dudit de Guecteville, faicte oudit office de conseiller, et sans ce qu'on y ait aucun regard, ne que ledit de Halewin en soit tenu de prandre nouvelle possession.

Item. A la fin de ceste requeste a esté ordonné à mons^{ur} le chancellier et à mons^{ur} le président des comptes Doriolle faire donner ordre au sallaires dudit greffier et de ses clercs, qui sont, comme l'on a rapporté oudit conseil, merveilleusement excessifz.

Lettres patentes et missives adressans aux gens des comptes et trésoriers et séneschaulx de Beaucaire, Carcassonne et Thoulouse, pour faire paier Bernard, bastard de Comminge, de ce qu'il lui est deu du temps passé, à cause de l'office de m^e des ports de Languedoc, qu'il a par cy-devant excercé et jusques au trespas du feu roy, pourveu qu'il se désiste du procès qu'il a contre Larrier, serviteur de mons^{ur} le connestable, pour raison dudit office, et qu'il rendra les places qu'il tient, se rendues ne les a.

Lettres de confirmacion de l'office de controlleur du grenier à sel de Dreux, a la nominacion de mons^{ur} d'Argenton, qui à présent tient la conté de Dreux, pour ung scien serviteur nommé Mouton.

Pour messire Tristan de Clermont en Lodève, s^{ur} de Saint-Gervais, invitacion de faire tenir le marché dudit lieu de Saint-Gervais au jour de mardi, qui se tenoit au samedi, parce que les marchans et voituriers besongnent le dimenche, en eulx en retournant dudit marché.

Pour m^e Jehan de Nanterre, procureur général en parlement à Paris, lettres pour estre payé des gaiges de l'office de conseiller du trésor, qu'il tenoit, quant il fut pourveu dudit office de procureur, jusques au jour qu'il en fut pourveu, en ensuivant l'octroy que le feu roy lui en feist, à prandre la somme qui lui est deue, tant sur le changeur du trésor, receveurs généraulx que autres receveurs particuliers ordinaires ou extraordinaires, qui le pourront porter, et comme il est contenu en sesdites lettres.

Pour Charles de Boise qui tient paisiblement l'office d'esleu de Berry, par don du roy, à son advénement à la couronne, don dudit office, en tant qu'elle auroit vacqué par le trespas de feu messire Jehan Latrie, depuis lequel n'y a esté aucunement pourveu.

Pour maistre Jehan Charpentier auquel a esté octroyé qu'il auroit lettres et provision en justice par mons^{ur} le chancellier, pour le maintenir en la possession et joissance qu'il estoit de l'office de grenetier de Chinon, qu'il tenoit paisiblement au jour du trespas du feu roy, dont il a esté confermé par le roy, paravant le don que s'en dit avoir eu ung nommé maistre Jehan Milet, à la nominacion de la feue royne, dont il n'a eu aucune déclaracion après son trespas, parce qu'il a esté dit que ceulx qui auroient premier don ou confirmacion avant le douaire constitué demourroient; et dont ledit Charpentier a eu dudit s^{ur} déclaracion à son prouffit, et mis en possession par les généraulx des finances, nonobstant certaines lettres obtenues par ledit Milet subrepticement en la chancellerie. Requiert ledit Charpentier, actendu que mons^{ur} le chancellier estoit présent, que sa provision soit commandée par le roy: ce qui a esté fait: et l'a commandée ledit s^{ur} à maistre Jehan Mesme, son secrétaire.

AU XVIe JOUR D'OCTOBRE MIL IIII^c IIII^{xx} ET IIII, A MONTARGIS.

Estans au conseil :

M. de Beaujeu,
M. le chancellier,
M. de Périgueux,
M. de Lombes,
M. le président des comptes, Doriolle;
M. de Lisle,
Me Charles de la Vernade,
Me Pierre de Sacierges,   } M^{es} des requestes;
Me Estienne Pasqual,
Me Philippe Baudot,
Me Benoist Adam.

Touchant l'office de m^e des eaues et forestz de Languedoc, que on dit que Fouchet qui le tient a confisqué,

A esté dit que, déclaracion faicte dudit office, que on y aura mons^ur Daulbijoux pour recommandé, et qu'il en sera pourveu.

Pour Glaude de Gourville requérant lettres à maistre Jehan de La Primandaye, secrétaire des finances, pour lui faire délivrer les lettres dont il eust le commandement à Cléri pour ledit de Gourville, touchant la ferme de la traicte de Xantonge, a esté ordonné que s'il n'y a cause pourquoy on lui doye empescher qu'on leur délivrera lesdites lettres.

Lettres de recommandacion et pryère à mons^ur de Lorraine pour faire délivrer maistre Jehan Henriet, que les officiers dudit s^ur de Lorraine prindrent en voulant exécuter ung arrest, lequel Henriet est encores prisonnier.

Plus a esté dit que messire Nicolas Maugras, soy disant évesque d'Usès, aura délay de six sepmaines de produyre certaines pièces qu'il veult produire ou procès qu'il a pendant au grant conseil du roy, contre Saint-Gelays, touchant le renvoy de la cause principalle dudit évesché au parlement de Thoulouse, et que cependant deffense sera faicte audit Maugras de ne poursuyvre ceste matière en la court de parlement de Thoulouse, sur peine de perdicion de cause, jusques à ce que par le grant conseil du roy autrement en soit ordonné.

Pour Michiel Pui, varlet de chambre du feu roy Loys, lettres de confirmacion de l'office de grenetier de Conliebre¹, et ung acquict de ce qu'il peult devoir au roy, depuis le temps que son père, son frère et luy ont gouverné oudit grenier, et général boulle et dymes de la mer et de la terre et des foires de Conliebre, et autres droiz qu'ilz pourroient avoir cueilliz à ladite ville de Conleure et termes d'icelle, jusques à la somme de ii^c l. tourn.

Item. Ung povoir à mons^ur d'Albi pour revocquer, casser et ad-

---

¹ Collioure.

nuller toutes commissions extraordinaires ou pays de Languedoc et garder qu'elles ne soient excécutées.

Plus a esté ordonné que Jehan Françoys de Cardonne, maistre d'ostel du roy, sera doresenavant paié de ses gaiges de l'office de séneschal d'Armignac, que le roy lui a puis naguères donné, actendu que le siége de ladite séneschaucée se tient et excerce ordinairement pour le roy et par ordonnance de la court de parlement de Thoulouse.

Item. Que en ensuyvant ladite ordonnance, lesdits gaiges seront de III^c LXVI l. tourn. par an, comme aucuns autres baillifz et séneschaulx de ce royaume, et que lesdits gaiges se prendront sur le revenu des greffes de ladite séneschaucée.

Item. Lettres missives à mons^{ur} d'Armignac, qu'il ne vueille donner empeschement audit Jehan François en la joissance dudit office.

Plus a esté dit que m^e Jehan de La Croix, secrétaire du roy, tant en faveur de mons^{ur} le connestable, que aussi qu'il n'a esté pourveu de l'office de grenetier d'Avalon, que tenoit m^e Jehan Perreau, ou de clerc des comptes que tient ledit Perreau, sera pour recommandé à le faire pourveoir du premier office de clerc des comptes à Paris, qui vacquera.

Item. Ce jourduy, en la présence de mess^{urs} de Beaujeu, de Vendosme et bailli de Meaulx, a esté commandé par le roy à m^e Jehan Mesme la procuracion du roy en court de Romme, pour l'évesque de Lesca, frère de mons^{ur} de Bourdeaulx; et en a fait la requeste au roy mons^{ur} de Graville.

DU XVIIe JOUR D'OCTOBRE MIL IIII^c IIII^{xx} ET IIII, AUDIT MONTARGIS.

Estans au conseil :

Mons^{ur} de Beaujeu,
M. de Bresse,
M. le chancellier,
M. de Périgueux,

M. de Lombes,
M. le président des comptes, Doriolle;
M. de Lisle,
Mᵉ Pierre de Sacierges,   ⎫
Mᵉ Charles de La Vernade, ⎬ Mᵉˢ des requestes;
M. le bailli de Meaulx,   ⎭
Mᵉ Philippe Baudot.

Lettres de l'office de conseiller du roy ou chastellet de Paris, vaccant par le trespas de feu maistre Michel de Vandetar, pour mᵉ Francoys Dupont, licencié en décret et bachellier en loix.

Item. Lettres patentes adressans à messᵘʳˢ de Lengres et gouverneur de Bourgoingne, pour, en cas de reffus, asseoir et imposer sur aucuns dudit pays de Bourgogne, qui doivent viiiᶜ fleurins à aucuns de ceulx des ligues, ladite somme de viiiᶜ fleurins, pour payer lesdits des ligues, et les contraindre comme pour les affaires du roy.

DU XVIIIᵉ JOUR DUDIT MOYS D'OCTOBRE MIL IIIIᶜ IIIIˣˣ et IIII,
A MONTARGIS.

Estans au conseil :

Monsʳ de Bourbon,
M. le cardinal de Bourbon,
M. de Beaujeu,
M. le chancellier,
M. de Périgueux,
M. de Lombes,
M. le président des comptes, Doriolle;
M. de Lisle,
M. de Chastelacher,
Mᵉ Charles de la Vernade, ⎫
Mᵉ Pierre de Sacierges,   ⎬ Mᵉˢ des requestes.

A esté ordonné que messᵘʳˢ les enfans de Nemoux auront la délivrance de Chailli et Longjumeau près Paris, en ensuyvant l'arrest donné au grant conseil, et les autres provisions à eulx faictes des autres terres et seigneuries qui leur ont esté délivrées, le tout soubz la main du roy et pourveu que ce ne soit du demaine du roy.

Item. Sont ordonnez mons[ur] de Lombes et mons[ur] le chancellier, pour appoincter le différent de m[e] André Créanlt et de maistre Henry de La Rivière, touchant l'office de contreroilleur de la recepte générale des finances de Normandie.

Pour ceulx de saint Yverte d'Orléans, IIIe l. tourn. par chacun an d'ici à deux ans, pour convertir en la réparacion de leur église, en ensuivant l'octroy à eulx fait par le feu roy Loys, à prandre ladite somme sur la part octroyée à ceulx de la ville d'Orléans, que ceulx de saint Aignen dudit lieu d'Orléans souloient prandre sur les greniers, et sans toucher à la part de ceulx de l'église de Reims, pourveu que les gens des finances commectront ung homme qui se donnera garde de la distribucion de ladite somme, et qui gardera qu'elle ne soit employée sinon en ladite réparacion.

DU XXIIe JOUR DU MOYS D'OCTOBRE MIL IIIIe IIII[xx] ET IIII, AUDIT MONTARGIS.

Estans au conseil :

Mons[ur] de Bourbon,
Mons[ur] le cardinal de Bourbon,
M. de Beaujeu,
M. le conte Daulphin,
M. le chancellier,
M. de Périgueux,
M. de Lombes,
M. le président des comptes, Doriolle;
M. de Lisle,
M. de Cullant,
M. de Chastelacher,
Me Charles de La Vernade, ⎫
Me Pierre de Sacierges,   ⎬ M[rs] des requestes.
Me Estienne Pasqual,   ⎭

Lettres missives au général de Languedoc et du Daulphiné, pour entériner les lettres du don que le roy a fait à mons.^ur le prince d'Orenge du sixième denier de la vente de la terre d'Auberive.

Lettres d'affranchissement de tailles, impostz et autres subcides quelzconques pour Georges Petillat, serviteur de mons.^ur l'arcevesque d'Auch, et dont mons.^ur de Bresse a fait la requeste.

Lettres patentes aux religieux de l'abbaye de Noyers, pour recevoir en leur abbaye ung pouvre viel gendarme, nommé Jehan Duserne.

Item. Ont esté conclutes et délibérées pour mons.^ur le cardinal d'Angiers, lettres de procureur, directeur et entremecteur des affaires du roy en court de Romme[1].

Touchant le fait de mondit s.^ur le cardinal d'Angiers, a esté ordonné que, pour lui aider à subvenir à la despense, qu'il lui conviendra faire pour s'en retourner en court de Romme, que on lui fera délivrer la somme de ii^m l. tourn., à icelle avoir et prandre sur telz receveurs généraulx ou particuliers qui par les gens des finances seront advisez.

Item. Que pour consideracion des services qu'il a faiz au roy et au royaume, et qu'il pourra encores doresenavant faire, tant en court de Romme que ailliers, en plusieurs et diverses manières, qu'il aura iii^m l. tourn. de pension, chacun an, jusqu'à ce qu'il soit pourveu en ce royaume de bénéfices à la valleur de ladite somme.

Item. A esté conclud l'office de président de l'eschicquier à Rouen pour mons.^ur de Lombes, et l'office de présidant des généraulx de la justice des aides, que tient ledit Lombes, pour mons.^ur de Périgueux, et que le roy en commandera les lettres. Et est le commandement desdites choses enregistré ou prochain jour ensuivant.

Item. Une commission adressant au bailli d'Amyens ou son lieutenant, pour se informer de quel prouffit et utilité est la réparacion ordonnée par le bastard de Cardonne, par ordonnance du roy, estre faicte pour la fortifficacion de la ville d'Amyens, de faire une disgue de grez, pour tenir l'eaue plus grosse en ung fossé estant entre les

---

[1] Ici on lit dans le manuscrit ces mots effacés : « Desquelles lettres la teneur sensuit. »

tours de Guienne et de la Bresse, où l'on a jà besongné, mais les officiers de l'évesque d'Amyens ont fait démolir ce que l'on y avoit fait, et s'en sont portez appelans; et quel droit et intérest y a ledit évesque, et l'inconvénient qui pourroit advenir par faulte de ladite réparacion et fortifficacion ; et l'informacion, ensemble l'advis dudit bailli et d'autres gens en ce congnoissans envoier par devers le roy et les gens de son conseil, pour y estre donné provision, telle qui appartiendra par raison.

DU XXIII[e] JOUR D'OCTOBRE, MIL IIII[c] IIII[xx] ET IIII, A MONTARGIS.

Estans au conseil :

Mons[ur] de Beaujeu,
M. de Bresse,
M. le chancellier,
M. de Périgueux,
M. de Lombes,
M. le président des comptes, Doriolle;

M. le gouverneur de Limosin,
M. de Lisle,
M. de Chastelacher,
M[e] Pierre de Sacierges,
M[e] Estienne Pasqual.

Pour George Le Prevost, maistre d'ostel du roy, congié de résigner son office d'esleu d'Arques au prouffit d'un scien filz, et au survivant d'eulx deux.

Pour mons[ur] de Lombes, abbé, et les religieux et couvent de l'église mons[ur] Saint-Denis en France, lettres pour faire faire inhibicions et deffense aux religieux, abbé et couvent de Saint-Germain-des-Prez de non lever estaulx ne autres préparatives pour tenir la foire audit lieu de Saint-Germain-des-Prez, par vertu de certain appoinctement donné par les présidens de parlement, icellui vaccant, dont lesdits de Saint-Denis ont appellé ; et ce pendant ledit appel et certain procès pendant en ladite court de parlement, en estat de juger.

Item. Cedit jour, a esté commandé par le roy à maistre Jehan Mesme, présens mons[ur] de Beaujeu, mons[ur] de Bresse, mons[ur] de Graville, mons[ur] de La Sallequenant, mons[ur] Du Bouchage et le bailli de Meaulx, l'office de président de l'eschicquier à Rouen et du conseil et estaz de Normandie, pour ledit monsʳ de Lombes, abbé de Saint-Denis; et pour monsʳ l'évesque de Périgueux, l'office de président des généraulx de la justice des aides à Paris, que tient ledit de Lombes, lequel office icelui de Lombes laisse audit évesque de Périgueux, à cause de sa promocion audit office de président de l'eschicquier.

Lesdites choses conclutes ou conseil du roy le jour précédent, xxiiᵉ jour de cedit moys.

Lettres missives aux généraulx des aides à Rouen, pour faire bonne et briefve expédicion de justice du procès qui est pendant pardevant eulx entre Guillaume Le Massue et Thomas Trencan, à cause de l'office de clerc des salines du val de Bouteilles.

DU XXIIIIᵉ JOUR D'OCTOBRE MIL IIIIᶜ IIIIˣˣ ET IIII, A MONTARGIS.

Estans au conseil :

M. de Beaujeu,
M. de Bresse,
M. le chancellier,
M. de Périgueux,
M. de Lombes,

M. le président des comptes, Doriolle;
M. le gouverneur de Limosin,
Mᵉ Charles de la Vernade,
Mᵉ Pierre de Sacierges,
Mᵉ Estienne Pasqual.

Lettres missives pour faire venir maistre Anger de Bryt devers le roy, affin de praticquer avecques lui, en manière qu'il se désiste du droit qu'il prétend sur l'évesché d'Angiers, affin d'appaiser le trouble qu'il donne à monsʳ le cardinal d'Angiers. Et a esté ordonné que, en se désistant dudit droit, que on lui tendra la main à lui faire avoir quelque bon bénéfice.

DU XXVe JOUR D'OCTOBRE MIL IIII^c IIII^{xx} ET IIII, A MONTARGIS.

Estans au conseil :

Mons^{ur} de Bourbon,
Mons^{ur} de Beaujeu,
M. le conte Daulphin,
M. le chancellier,
M. de Périgueux,
M. de Lombes,
M. le président des comptes, Doriolle ;
M. le gouverneur de Limosin.

Pour ceulx de la ville de Bourges, lettres patentes par lesquelles le roy déclare que tous marchans estrangiers et autres, qui viendront marchander ès foires de ladite ville de Bourges, qui auront terme de douze jours entiers, après ladite foire tenue, de tirer de ladite ville et mener hors du royaume franchement et quictement les marchandises qu'ilz y auront achectées ou eschangées, fors et excepté or et argent monnoyé qui ne seroit au coing du roy, et à monnoyer, et autres choses deffendues estre tirées hors dudit royaume, pourveu que, s'ilz vendent aucunes desdites marchandises hors ladite foire et dedens ledit royaume, qu'ilz en paieront l'imposition.

Sur la requeste baillée par mons^{ur} de Brifredont, touchant la restitucion qu'il demande lui estre faicte de la place de Montigny en Champaigne, que tient Colas de Toges, ont esté ordonnez mons^{ur} l'évesque de Lombes, mons^{ur} le premier présidant des comptes, messire Pierre Doriolle, chevalier, et m^e Pierre de Sacierges, maistre des requestes, pour besongner en ceste matière et praticquer avec ledit Brifredont, s'il vouldroit prandre recompanse et quelle, ou sinon aviser quelle récompense on pourroit bailler audit de Toges, pour ce qu'il a esté dit que, avant que lui oster ladite place, qu'il en sera récompensé.

Plus a esté ordonné que maistre Benoist Adam, conseiller du roy, sera mis ou roole des ambassadeurs qui sont ordonnez pour aller à Romme, et qu'il sera payé de pareille somme pour faire ledit voyage, que a esté maistre Glaude de Chanureux, conseiller en parlement.

Pour les gens de l'église, bourgoys, manans et habitans de mons^ur Saint Bernart en Limosin, lettres pour les faire joyr de leur affranchissement de tailles et autres subcides et impostz quelzconques, en ensuivant les octroys qu'ilz en ont euz des feuz roys Charles VIIe et Loys, et la confirmacion qu'ilz en ont eue.

Item. Pareillement lettres pour les faire joyr de l'exempcion qu'ilz ont de non loger gens de guerre, le tout selon leurs previlleges.

Lettres missives à mons^ur de Chasteauguion, pour faire paier Loys de La Baulme, escuier, de la somme de neuf solz parisis, que les feuz duc de Bourgogne Philippe et Charles lui donnèrent et ordonnèrent avoir chacun jour, sa vie durant, sur le demaine de la ville d'Orgellet.

Pour les héritiers de feu Richart Mace, lettres de déclaracion par lesquelles le roy déclare que, s'il apert que le feu roy eust ordonné que ledit feu Richart Mace ne les sciens ne peussent jamais estre expellez d'une maison estant à Dijon, nommée la maison Dugrancey, que ledit feu roy donna audit feu Richart Mace, que préallablement icellui Mace et les sciens ne feussent ramboursez de la somme de iiii^m l. tourn. que icellui Mace a frayée en la réparacion d'icelle maison, que en ce cas mons^ur de Lengres, qui a eu don de la conciergerye et garde de ladite maison, depuis le trespas dudit feu Richart Mace, ne autrement ne les puisse gecter hors de ladite maison, jusques à ce qu'ilz soient ramboursez de ladite somme, ou autre telle somme qu'on y trouvera y avoir esté mise et employée par ledit feu Richart Mace.

Plus a esté commandé la main levée des biens dudit feu Richart Mace, empeschez par les gens des comptes à Dijon, à cause du compte non rendu par lui de l'entremise qu'il a eue des vins et vignes du feu roy Loys en Bourgogne.

Item. Son quictement de tout ce qu'il en peult devoir au roy.

Item. Pour les religieuses cordellières de Thoulouse, lettres de confirmacion des dix quartons de blé que le feu roy leur avoit donnés pour dix ans, à prandre sur la recepte ordinaire de Thoulouse, et leur continuer encore pour dix autres années.

Item. Une retenue de huissier aux honneurs pour Jehan de Monleon.

DU DERNIER JOUR D'OCTOBRE MIL IIIIe IIII^{xx} ET IIII, A GIEN SUR LOYRE.

Estans au conseil :

Mons^{ur} de Vendosme,
Mons^{ur} de Bourbon,
M. le cardinal de Bourbon,
M. le chancellier,
M. de Périgueux,
M. de Lombes,

M. le président des comptes, Doriolle;
M. le gouverneur de Limosin,
M. de Cullant,
Me Charles de La Vernade,
Messire Jehan de Lubières.

Pour les manans et habitans de la ville de Dolle, respit de paier leurs debtes dont ilz sont obligez pour les affaires du pays de Bourgongne, à cause des guerres passées, pour deux ans entiers.

Item. Pour ce que maistre André Brinon qui avoit esté ordonné pour besongner ou fait de Plonnier de Valence avec m^e Charles de La Vernade, maistre des requestes, est allé de vie à trespas, a esté ordonné que la commission qui se adressoit à eulx deulx sera refaicte et se adressera audit de la Vernade et à maistre Jehan de La Primandaye, secrétaire des finances.

Plus a esté accordé à madame de Belleville le traicté de II^m tonneaulx de blez avec les prouffiz qui en ystront.

NOVEMBRE M CCCC IIII^{xx} ET IIII.

DU PREMIER JOUR DE NOVEMBRE MIL CCCC IIII^{xx} ET IIII, A GIEN SUR LOIRE.

Estans au conseil :

Mons^{ur} de Bourbon,
Mons^{ur} le cardinal de Bourbon,
M. de Beaujeu,

M. le conte Daulphin,
M. le chancellier,
M. de Lombes,

M. de Chastelacher, M⁰ Charles de La Vernade,
M. de Cullant, Messire Jehan de Lubières.
M. Du Plessys Bourre,

Pour ce que mons^{ur} le prince d'Orenge et les autres s^{urs} et barons de Bretaigne, estans a présent à Saumur, ont fait remonstrer oudit conseil que impossible chose leur seroit estre audit Saumur, où l'on a esté d'avis qui se doivent trouver, pour l'appaisement du différent estant entre le duc de Bretaigne et eulx, et comparoir personnellement en la court de parlement, à ceste prouchaine feste de saint Martin, ainsi qu'ilz sont tenuz au moyen de leur reliefvement en cas d'appel, qu'ilz ont eu et obtenu.

A esté conclud qu'ilz seront reçeuz par procureur, jusques à ce qu'on ait veu comment mons^{ur} de Dunois qu'on a envoyé devers le duc, tant pour leurs matières que pour autres causes, aura besongné, ou que par ladite court de parlement autrement en soit ordonné.

Item. A esté accordé à messire Jehan de Lubières le traicté de xve charges de blez.

Pour Anthoine de Mandelo, provision adressant à la court de parlement de Dijon et au gouverneur de Bourgogne que si, appellez ceulx qui pour ce feront à appeller, il leur appert du don fait par le feu roy Loys audit de Mandelo, de la place de Chastelgirard, et de la confirmacion du roy qui est à présent, que, sans avoir regard au don fait de ladite place par mons^{ur} de Lengres à ung nommé Jehan Gillan, dont ledit de Mandelo s'est porté pour appellant, ilz en ce cas facent joyr ledit de Mandelo de ladite place, pourveu que ce ne soit de l'ancien demeine du roy.

Commission adressant au premier m^e des requestes de l'ostel du roy ou conseillier en parlement, pour se aller informer de certains excès faiz par les gens de mons^{ur} de Lorraine en une maison appartenant à mons^{ur} le commandeur de la Roumaigne Brifredont : et ladite informacion faicte, la porter ou envoier féablement close et scellée en la court de parlement à Paris, pour icelle veue y pourveoir ainsi que de raison.

DU TIERS JOUR DE NOVEMBRE MIL IIII^c IIII^{xx} ET IIII, A GIEN SUR LOYRE.

Estans au conseil :

M. de Bourbon,
M. d'Alençon,
M. le cardinal de Bourbon,
M. de Beaujeu,
M. de Bresse,
M. le conte Daulphin,
M. le chancellier,

M. de Lombes,
M. de Cullant,
M. Du Fou,
Me Charles de La Vernade,
Me Philippe Baudot,
Me Jehan de Lubières.

Pour mons^{ur} Dugavre, lettres patentes adressans à mess^{urs} les trésoriers que, en ensuyvant la sentence de mess^{urs} des comptes, qu'ilz le facent payer par le receveur ordinaire de Mellun, nommé Mathieu Coignart, du quint et requint denier de l'acquisicion faicte par m^e Pierre Poignant le jeune, le xxixe jour de juing mil IIII^c IIII^{xx} et ung, de la terre et seigneurie d'Andresel, après toutesvoyes que fiefz et aumosnes, gaiges d'officiers, réparacions et autres charges estans sur ladite recepte, l'année que fut faicte ladite acquisicion seront payées, et selon l'estat dudit receveur de l'armée de ladite acquisicion.

Pour Simon Coffin, père du boucher et poullaillier du roy, commission adressant au séneschal et juge d'Anjou ou son lieutenant, pour eulx informer à ceulx de la chambre des comptes, estans derrenièrement à Angiers, aux esleuz d'Anjou et autres personnes que ledit Coffin produira ou procureur pour lui, de la perte que ledit Coffin a eue en la ferme du trespas de Loyre, que le feu roy de Sécille Réné bailla audit Coffin, en paiement de certaine somme d'argent qu'il lui devoit : et ladite informacion renvoyer par deçà pour y estre pourveu, ainsi qu'il sera avisé.

Touchant la maistrise des aues et fourestz de Languedoc, que Barton, pannetier de mons^{ur} de Bourbon a demandé vaccant, parce qu'il dit que ung nommé Fouchet qui la tient l'a confisquée, que aussi que ledit Barton se dit avoir eu nominacion de mons^{ur} de Chastillon dudit office,

A esté dit que, si mons^{ur} de Chastillon a droit de nommer oudit office et que déclaracion ait esté faicte contre ledit Fouchet, que en ce cas ledit Barton en sera pourveu, en faisant apparoir de ce que dit est.

Pour les officiers de Salins en Bourgogne, a esté ordonné que, touchant certain nombre de charges de sel qu'ilz demandoient sur la saulnerie dudit Salins, que on aura premièrement l'advis des gens des comptes de Dijon; et s'ilz sont d'avis qu'ilz en doivent avoir et qu'ilz le aient acoustumé, qu'ilz en auront jusques à v^c charges.

Pour m^e Anthoine Rabyolys, m^e des sérymonies de la chappelle du pape, retenue de conseiller du roy aux honneurs.

Lettres de naturalité pour tenir bénéffices en ce royaume, pour le frère du grant faulconnier du roy, nommé m^e Regnier de Domere.

Pour ceulx de la chappelle du roy à Dijon, lettres de confirmacion, pour estre paiez de la moitié du revenu des lettres, en forme de chartre, dépeschées en la chancellerye de Bourgogne, qui seront obtenues par ceulx des païs de Bourgogne, duché et conté, pourveu qu'il apparoisse du don que ceulx de ladite chappelle s'en dient avoir du roy Jehan, conferme par les ducs Philippe et Charles, et de la confirmacion du feu roy Loys, que Dieu absoille.

Pour Gonzolles, lettres pour estre paié par les mains du receveur général, de sa lance fournye en sa maison, sans aller aux monstres ne estre subgect à aucun cappitaine.

Confirmacion du don que mons^{ur} de Saint-Vallier a fait à l'omme de mons^{ur} de Lubières, Charlot Lasthier, de l'office de clavaire de la court et viguerie de Tarrascon en Prouvence.

Trois descharges, signées de la main du roy, pour Glaude de La Chatre, messire Morice Du Mene et Jehan de Cranant, des places de La Ferté Bernard, Maine La Juhes et Sablé, ordonnées estre baillées à mess^{urs} les enfans de Nemoux, ainsi qu'il a esté par cy-devant conclud oudit conseil.

Pour le s^ur de Lers, congé de tirer franchement en sa maison de Lers du pays de Languedoc et Prouvence, III^c charges de blez, II^c charges d'avoine, L muys de vin, x charges d'uille, VI^c chefz de poullaille, c charges de siegle et d'orge, vingt-cinq beufz, III XIIes de lars et III^c moutons, dont la pluspart est de ses rentes et revenus.

DU IIIIe JOUR DE NOVEMBRE MIL IIII^c IIII^xx ET IIII, A GIEN SUR LOYRE.

Estans au conseil :

Mons^ur de Bourbon,
M. le cardinal de Bourbon,
M. d'Alençon,
M. de Beaujeu,
M. le conte Daulphin,
M. le chancellier,
M. de Périgueux,

M. de Lombes,
M. le président des comptes, Doriolle ;
M. le gouverneur de Limosin,
M. de Lisle,
Me Charles de La Vernade,
Me Philippe Baudot.

Commission à mons^ur de La Henze, pour aller loger en la ville de Sens les gens de mons^ur de Richemont, jusques au nombre de IIII^c personnes ou environ, et leur faire administrer utencilles, vivres, et ce qu'il leur sera néccessaire, à pris raisonnable et compectant, et comme il sera avisé par ledit de La Henze.

Lettres closes à ceste fin audit de La Henze, à ceulx de la ville et au bailli et officiers dudit lieu.

Une souffrance de faire hommaige pour ung an, pour ung nommé Gilles de Queasquin.

Une retenue de huissier du conseil estroit du roy, comme premier, pour ung nommé Guillaume de Sacy, serviteur de mons^ur de Lombes, à telz gaiges qui pour ce lui seront tauxez par le roy.

Pour mons^ur d'Alençon, lettres adressant aux gens tenant l'eschicquier de Rouen, qu'ilz renvoient à l'eschicquier dudit s^ur d'Alençon toutes les causes dont la congnoissance lui appartient, ainsi qu'il fut fait du temps du feu roy Charles VIIe et du roy Loys dernier trespassé. Et en leur reffus, soit mandé au grant séneschal de Normandie, au bailli de Rouen, au premier m° des requestes ou conseillier de la court de parlement de Paris, faire ledit renvoy.

Item. Lettres closes à ce néccessaires.

Une commission adressant à mons{ur} le maréchal de Bourgogne, pour faire la monstre des gens d'armes estans oudit pais, pour ceste foys seulement, le tout sans préjudice des droiz de lui et de mons{ur} le maréchal de Gyé, touchant ceste matière, et nonobstant la commission pour ce faicte, baillée à mons{ur} le gouverneur de Bourgogne.

Pour mons{ur} le cardinal d'Angiers, a esté conclud que, en ensuyvant l'évocacion qui a esté faicte de la cause pendant ou grant conseil du roy, entre lui et m{e} Anger de Brie, pour raison de lévesché d'Angiers, que ladite cause demourra oudit grant conseil pour y estre widée et déterminée, et que pendant ledit procès, ledit cardinal ne sera aucunement inquiété en la possession et joissance dudit évesché.

Item. Pour ce que mondit s{ur} le cardinal d'Angiers a requis que le bon plaisir du roy soit le faire appoincter sur ses finances de telle somme de deniers qu'il lui plaira, pour la restitucion de partie de ses biens, que le feu roy Loys fist prandre, pour en disposer à son bon plaisir, pour acquicter la conscience dudit feu roy.

A esté conclud qu'il sera appoincté par chacun an sur lesdites finances d'ici à cinq ans, de la somme de IIII^m l. tourn. qui monte pour lesdites cinq années à la somme de xx^m l. tourn.

Item. Que du surplus de sesdits biens, et pour le recouvrement d'iceulx, il aura son action sur les autres détenteurs qui ont eu lesdits biens, ainsi que par ci-devant a esté conclud oudit conseil et en ensuyvant les provisions qui lui en ont esté pour ce dépeschées.

Item. Lettres d'octroy de la traicte de II^m tonneaux de blez pour mons{ur} de Pons, prins en Xantonge, et pourveu que ce soit du creu de ses terres, estans oudit pais.

Lettres pour ceulx de la ville de Paris, de permission de faire porter la rivière de Morain jusques en la rivière de Marne, pour aller à Paris, appeller à ce ceulx qui pour ce feront à appeller en nombre compectent.

DU Ve JOUR DE NOVEMBRE MIL IIII^c IIII^{xx} ET IIII, A GIEN SUR LOYRE.

Estans au conseil :

Mons^{ur} de Bourbon,	M. le grand séneschal de Normandie,
M. le prince d'Orenge,	M. de Cullant,
M. le chancellier,	Me Charles de La Vernade,
M. de Périgueux,	Me Philippe Baudot,
M. le président des comptes, Doriolle;	Le juge du Maine.

Une rémission pour Jehan Chaboceau, de l'offence qu'il a commise en donnant consentement de faire mectre le feu par une nommée Andrée Voysine, en une petite grange appartenant à ung nommé Moreau, parce que ledit Moreau s'estoit venté avoir eu la compaignie de ladite Voysine.

Lettres missives à Colas de Toges pour le faire venir devers le roy, pour trouver moyen d'appaiser le différent estant entre lui et Brifredont, touchant la place de Montigny en Champaigne.

Une confirmacion de retenue d'eschançon du roy, du temps du feu roy, pour ung homme d'armes de la compaignie de mons^{ur} le gouverneur de Bourgogne, nommé François de La Bruyère, qui l'estoit du temps du feu roy Loys.

Plus a esté ordonné que, en faisant les estas, on aura pour recommandé Jehan Vinault, fourrier du roi, touchant les fruiz et revenuz de la prévosté de Chinon, qu'il a demandez pour les avoir et prandre sa vie durant par manière de pension.

Item. Une lettre de *si nostris* pour Jehan Billard, bachellier en décret, de la prébende de Meaulx dont il dit estre paisible possesseur.

Pour le s^{ur} de Greville, congé de tenir foyres et marchez tant audit lieu de Greville que à Branles, aux jours et avec les pourveuz acoustumez.

Plus, a esté ordonné que Jehanne la Maçonne, autrement appelée Jehanne la Folle, aura cent escuz d'or que les gens des finances lui feront délivrer, pour lui aider à payer son entrée aux Filles-Dieu de Paris, où elle se va rendre religieuse.

Plus, a esté dit que certaine cause pendant ou parlement de Bourdeaulx entre François Girardin, chanoine de Périgueux, escollier estudiant en l'université de Paris, et maistres Guillaume d'Abzac et Jehan Bonnal, conseillers en ladite court, sera renvoyée et évocquée au parlement de Paris, actendu le privillege desdits escolliers de Paris, et que les parties dudit Girardin sont de ladite court, et autres justes causes alléguées oudit conseil, et plus au long contenues en la requeste dudit Girardin.

Pour André Jamot, a esté dit que, si les gens des finances sont de ceste oppinion, que on lui doit accorder le contenu en sa requeste[1].

Pour les héritiers de feu Glaude Vauchart, jadiz de Salins, don de la somme de II^c xxxvi l. tourn. ou environ qu'il peult devoir par la fin de son compte, de la charge qu'il a eue soubz Jehan Dandelo, de la recepte de la saulnerye de Salins, actendu que, pour le temps des guerres de Bourgogne, il a perdu ses acquis, et que ce seroit sa totale destruction, s'il lui convenoit paier ladite somme.

Lettres patentes aux commissaires qui tendront les prouchains estas de Languedoc, que, si leur appert des lettres d'octroy et permission fait par le feu roy aux habitans du conté de Lauraguès, asseoir sur eulx la somme de IIII^m l. tourn., pour donner à mons^{ur} de La Tour, conte dudit Lauraguès, pour sa bien-venue oudit conté; et que à ce soient consentiz et consentent la plus grande et seine partie desdits habitans, que, en ce cas, ilz seuffrent, laissent et permectent audit s^{ur} de La Tour lever ladite somme de IIII^m l. tourn. en payer à deux années, et pourveu que les deniers du roy n'en soient aucunement retardez.

---

[1] Le mot *requeste* est suivi dans le manuscrit de ceux-ci, qui sont effacés : « par laquelle il requiert. »

DU VIe JOUR DE NOVEMBRE MIL IIII^c IIII^{xx} ET IIII, A GIEN SUR LOYRE.

Estans au conseil :

Mons^{ur} de Beaujeu,
Mons^{ur} de Bresse,
M. le chancellier,
M. de Périgueux,
M. le président des comptes, Doriolle ;
M. de Lisle,
M. Du Plessys Bourre,
Me Philippe Baudot,
Le juge du Maine.

Lettres patentes pour les religieux, abbé et couvent du mont Saincte-Marie en Bourgogne, de l'ordre de Cîteaulx, pour estre paiez de ce qu'il leur est deu de certain droit qu'ilz ont droit de prandre sur la saulnerye de Salins ou conté de Bourgogne.

Pour ceulx de la ville d'Angiers, a esté dit que certaine cause qui est pendant en la court de parlement à Paris entre eulx et les marchands de la rivière de Loyre, pour raison de la cloison de Loyre, le revenu de laquelle cloison fut par le feu roy ordonné estre converti en la réparacion et fortifficacion de ladite ville, sera évocquée ou grant conseil du roy, pour y estre jugée et déterminée, actendu qu'il est question de fortifficacion de places, dont la congnoissance appartient au roy, son conseil, chefz de guerre, comme mons^{ur} le connestable, mess^{urs} les mareschaulx et autres.

Item. Que l'appellacion interjectée touchant ceste matière sera convertye en opposition.

Item. Qu'ilz auront lettres adressans au séneschal d'Anjou ou son lieutenant, pour faire lever les deniers dudit trespas, au proffit de ceulx de ladite ville d'Angiers, pour iceulx estre convertiz ésdites réparacions et fortifficacions et non aillieurs, tout ainsi qu'ilz ont fait du temps dudit feu roy, et ce par manière de provision pendant ledit temps, et jusques à ce que par le roy et sondit conseil autrement en soit ordonné, et nonobstant oppositions ou appellacions quelzconques.

Item. Lettres closes à mons^ur de Lombes, pour parler[1] de ceste matière à mess^urs de la court de parlement, affin qu'ilz n'y facent aucune difficulté.

Item. A mess^urs de ladite court, autres lettres closes pour ceste matière, pour n'y donner aucun empeschement et consentir ladite évocacion.

Sur la requeste faicte par messire Mathurin Brachet, chevalier, s^ur de Montague Le Blanc, requérant certaine cause pendant en la court de parlement de Bourdeaulx, entre lui et le s^ur de Pompadour et sa femme, touchant la seigneurie de Nouailles en Limosin, dont ilz sont appoinctez contraires et en enqueste, estre évocquée et renvoyée en la court de parlement, à Paris, actendu les pors et faveurs que a ledit de Pompadour en ladite court, à cause d'aucuns personnages que ledit de Montagu tient pour suspects.

A esté conclud que l'enqueste sera faicte par commissaire non suspect, et que, après ladite enqueste faicte et ceulx de ladite court qui seront suspectz regectez, sy ceulx d'icelle court ne sont en nombre compectant pour juger ladite cause, qu'elle sera renvoyée en ladite court de parlement de Paris.

Plus, a esté ordonné que la pension que feu mons^ur Du Lau avoit sera entièrement payée à son filz, pour l'année entière en laquelle ledit Du Lau est trespassé.

Pour les barons et s^urs de Bretaigne, lettres d'auctorisacion adressans à la court de parlement à Paris, par lesquelles le roy auctorise l'exploit fait à l'encontre du duc de Bretaigne, et aucuns de ses gens et officiers, touchant l'adjournement en cas d'appel octroyé par le roy ausdits s^urs et barons, à la ville de La Guierche, par actaches aux portes par le filz de Fuzet, huissier, pour ce qu'il ne povoit avoir seur accès au duc, tout ainsi que si ledit exploict avoit esté fait aux personnes dudit duc et sesdits officiers en leurs domicilles.

---

[1] Ms. paller.

DU VIIIe JOUR DE NOVEMBRE MIL IIII^c IIII^{xx} ET IIII, A GIEN SUR LOYRE.

Estans au conseil :

M. de Bourbon,
M. le cardinal de Bourbon,
M. de Beaujeu,
M. le conte Daulphin,
M. le prince d'Orenge,
M. le chancellier,
M. de Périgueux,
M. le président des comptes, Doriolle;
M. le gouverneur de Limosin,
M. le grant séneschal de Normandie,
M. de Cullant,
M. de Lisle,
Me Charles de La Vernade,
Denis Le Breton,
Me Guillaume Briçonnet, } généraulx des finances;
Le juge du Maine.

Sur la requeste de m^e Nicolle Ballue, requérant estre remis et réintégré en l'office de maistre des comptes dont il feust pourveu par créacion du vivant du feu roy Loys, que Dieu absoille, et depuis deffalqué du roole de ladite chambre et mis hors d'icelle sans cause, sans raison, ne sans avoir fait ne commis chose digne de repréhension, par m^e Jehan de La Driesche, lors président desdits comptes, de son auctorité privée, et sans le sçeu et ordonnance dudit feu roy.

A esté dit que, veu que ledit Ballue a tousjours eu bon bruit, de se estre bien loyaument et honnestement gouverné oudit estat et office, qu'il sera remis en sondit estat et office, ainsi qu'il estoit à l'eure de son désappoinctement.

Plus a esté concluz que le frère de m^e Philippe Baudot sera pourveu de l'office de tabellionnage de Dijon que tenoit feu Richard Mace, et en la forme et manière que le tenoit ledit feu Mace, à l'eure de son trespas, actendu que le roy n'y a encores pourveu.

DU IXe JOUR DE NOVEMBRE MIL IIII^c IIII^{xx} ET IIII, A GIEN SUR LOYRE.

Estans au conseil :

M. de Bourbon,
M. le cardinal de Bourbon,
M. le chancellier,
M. de Périgueux,
M. le président des comptes, Doriolle ;
M. le gouverneur de Limosin,

M. le grant séneschal de Normandie,
M. de Cullant,
Me Charles de La Vernade,
Me Philippe Baudot,
Le juge du Maine,
Me Benoist Adam.

Cedit jour oudit conseil sont venuz ceulx des villes de Lyon et Bourges faire certaines remonstrances pour les foyres dudit Lyon, estans de présent audit Bourges, c'est assavoir : ceulx dudit Lyon, tendans affin de ravoir lesdites foyres, et ceulx dudit Bourges, à ce qu'elles leur demeurent. Et après lesdites remonstrances ouyes d'une part et d'autre, a esté concluez que chacune desdites parties bailleront leurs faiz par escript, se faire le veullent, pour iceulx veuz y estre pourveu, ainsi qu'il appartiendra par raison.

Item. A esté conclud que le bailly de Meaux signera du signet du roy les III descharges qui ont esté ordonnées pour mess^urs les enfans de Nemoux, pour leur faire délivrer les places de Mayne La Juhes, La Ferté Bernard et Sablé.

Plus, pour mons^ur le duc de Nemoux, lettres patentes de permission à ses hommes et subgectz du pays d'Auvergne de asseoir sur eulx la somme de II^m l. tourn. qu'ilz doivent audit s^ur de Nemoux, de leur gré et consentement, pour lui aider à subvenir à ses affaires.

Pour François Soubiras, eschançon de mons^ur de Bourbon, l'office de consul des marchans de Secille et cité de Palerme, lequel office est d'ancien droit et acoustumé au roy de y pourveoir.

DU Xme JOUR DE NOVEMBRE MIL IIII^c IIII^xx ET IIII, A GIEN SUR LOYRE.

Estans au conseil :

Mons^ur de Bourbon,
M. le cardinal de Bourbon,
M. de Beaujeu,
M. de Bresse,
M. de Vendosme,
M. le conte Daulphin,
M. le prince d'Orenge,
M. le chancellier,
M. de Périgueux,

M. le grand séneschal de Normandie,
M. de Cullant,
Me Charles de La Vernade,
Me Pierre de Sacierges,
Le juge du Maine,
Me Philippe Baudot,
Me Jehan de Lefens,
Me Benoist Adam.

Pour besongner ou fait des Souysses, et, sur le rapport que en a fait ledit Baudot, qui puis naguères en est retourné, ont esté ordonnez mons^ur le chancellier, ledit Baudot, ung des généraulx des finances et Anthoine de Lemect qu'ilz appelleront avecques eulx, pour ce qu'il y a aultreffois esté, et qu'il entend les matières dudit pais et la nature desdits Souysses[1].

Item. Pour besongner sur la pillerye que font les suyvans le train du roy qui ne payent point leurs hostes, et font autres maulx infiniz;

Ont esté ordonnez, pour ce faire et pour en faire les informacions et pugnicions tant des troys derreniers logeys que le roy a derrenièrement faiz, c'est assavoir, Montargis, Chastillon, ceste ville de Gien et pays d'environ, que autres lieux où le roy yra cy-après, le prevost de l'ostel et Galyot de Genoulhac, m^e de l'artillerye du roy; et doresenavant ordinairement ledit prevost de l'ostel, qui est ou sera, et ledit Galyot, ou, s'il n'y est, ung des escuiers, maistres d'ostelz ou autres de l'ostel du roy avecques ledit prevost,

---

[1] En marge du manuscrit on lit : « Primandaye a eu charge d'expédier toutes les provisions à ce néccessaires, tant instructions, roolle des pensions desdits Soysses, que les lettres missives, lesquelles Me Philippes Baudot a dressées, présent M. le chancellier, à Gyen. »

yront par les logeis de ceulx qui suyvront ledit train, tant villes closes que villaiges, faire la reserche de ce que dit est, et faire lesdites informacions et pugnicions, affin de faire cesser ladite pillerye, sans espargner homme quel qu'il soit, ne à qui qu'il soit.

Item. Et pour donner ordre et police au fait des vivres et autres marchandises qui se vendent expressément par les marchans, tant des villes où le roy va, que autres suyvans ledit train du roy,

A esté ordonné que les maistres des requestes et aucuns des maistres d'ostelz et ledit prevost de l'ostel auront ceste charge.

Item. Et pour donner ordre tant au fait de la pillerye que font les gens d'armes des ordonnances que à leur manière de vivre, que on entretendra les ordonnances sur le fait de la guerre du roy Charles VIIe; et pour l'exécucion et pour faire cesser ladite pillerye et faire vivre lesdits gens d'armes en bonne ordre et pollice, qu'on y envoyera quelque grant personnage, comme mons^{ur} le prince d'Orenge, lieutenant de mons^{ur} le connestable, d'un costé, et mons^{ur} le maréchal de Gyé, d'autre.

Item. A esté ordonné faire lectres audit maréchal de Gyé et à Me Jaques Brezyan, narratives des orribles et cruelles plainctes, qui ont venues et chacun jour viennent desdits gens d'armes, affin qu'ilz en facent faire les informacions et les réparacions, telles qu'il appartiendra.

Item. Que mondit s^{ur} le connestable envoyera commissaires particuliers par les compaignies, pour aider à faire ce que dit est.

DU XIe JOUR DE NOVEMBRE MIL IIII^c IIII^{xx} ET IIII, A GIEN SUR LOYRE.

Estans au conseil :

Mons^{ur} de Bourbon,
Mons^{ur} le cardinal de Bourbon,
Mons^{ur} de Beaujeu,
M. le grant séneschal de Normandie,
M. de Chastelacher,
Mons^{ur} de Cullant,
M. Du Plessys Bourre.

Ont esté délibérées et conclutes lettres patentes de permission à tous marchans de ce royaume, de povoir tirer des blez, en tel nombre qu'ilz vouldront, les pays demourans fourniz de ce qu'il leur sera néccessaire, affin de faire valloir les finances du roy qui en vauldront beaucop mieulx, ainsi que a certiffié oudit conseil ledit s^{ur} Du Plessys Bourre, qui a rapporté ceste matière, et affin que les abus qui se y font par ceulx qui demandent chacun jour le droit de traicte d'aucunes quantitez de blez, pour revendre ce droit à aucuns marchans qui y regangnent après, cessent.

Item. Lettres missives aux officiers des pays du roy que, s'ilz voyent qu'on tirast desdits blez en si grant quantité que lesdits pays en eussent souffreté, qu'ilz cloyent incontinent ladite traicte.

DU XIIIIe JOUR DE NOVEMBRE MIL IIII^c IIII^{xx} ET IIII, A GIEN SUR LOYRE.

Estans au conseil :

Mons^{ur} de Bourbon,
M. le cardinal de Bourbon,
M. de Beaujeu,
M. le chancellier,
M. le gouverneur de Limosin,
M. de Lisle,
M. de Cullant,
Me Guillaume Briçonnet,
Denis Le Breton, } généraulx des finances;
Me Charles de La Vernade,
Me Philippe Baudot.

Sur la requeste faicte par messire Gilles de Laval, requérant la matière et procès estant pendant oudit grant conseil du roy entre lui et m^e Estienne Gouppillon, pour raison de l'évesché de Seés, estre promptement widée et expédiée oudit conseil, actendu le long temps qu'elle y est, ou que le plaisir du roy soit renvoier ladite matière et procès, en l'estat qu'elle est, les circonstances et déppendances d'icellui, en la court du grant sénéschal de Normandie, juge ordinaire des provisions des matières dudit pays, tout ainsi que s'il y eust eu doléance prinse en l'eschiquier, et que ladite matière eust esté introduite en provision par devant ledit séneschal; et pareillement renvoyer la cause d'appel pendant oudit conseil, en l'eschiquier, et que le rapporteur dudit procès soit envoyé aux despens des parties pour le rapporter en ladite court, affin de y donner prompte et briefve conclusion.

A esté dit que aucun renvoy ne se fera de ladite matière, mais que le tout sera widé et déterminé oudit grant conseil, ainsi que par cy-devant a esté conclud; et que pour ce qu'il a esté dit que au jugement d'icelle matière y auroit quelque nombre des conseillers de la court de parlement à Paris avec ceulx dudit conseil du roy, incontinent que aucuns desdits conseillers d'icelle court qui ont esté mandez venir devers le roy pour autres matières seront arrivez, que on procédera à l'expédition et jugement de ladite matière.

Et au regard du rapporteur qui a requis oudit conseil estre deschargé dudit rapport, pour aucunes causes par lui alléguées, a esté fait responce audit rapporteur par mons^{ur} le chancellier que ceste matière seroit encores communicquée et débatue au conseil de la justice, pour y aviser et y pourveoir ainsi qu'il appartiendra par raison.

Pour André Beauconche, commis du receveur des tailles à Estampes, a esté ordonné qu'il sera mandé aux généraulx des finances, faire tenir quicte ledit Beauconche de ce qu'il peut devoir au roy de la perte qu'il a eue, à cause du procès dont il a esté condempné devant les généraulx de la justice des aides à Paris, pour le fait de feu Jehannet de La Viefville; et des mil livres parisis qu'il doit au roy, au moyen de quoy il a requis estre reçeu à faire cession de biens, parce qu'il n'a de quoy payer.

A esté conclud que, s'il appert que icellui suppliant soit si pouvre qu'il n'ait de quoy paier ladite somme, que le roy la lui donne, et qu'il ne sera reçeu à faire ladite cession de biens.

Pour maistre Philippe Luillier, advocat du roy en sa court de parlement à Paris, lettres patentes à ladite court, par lesquelles soit mandé que, s'il leur appert de la récepcion dudit Luillier et de l'arrest et des protestacions et oppositions par lui faictes à la récepcion de m^e Jehan Magistri, que en ce cas ceulx de ladite court adjugent l'office à la partie ayant le plus évident droit.

Pour m^e Jehan Raymond, serviteur de mons^{ur} de Bourbon, retenue de cirurgien du roy.

Lettres de recommandacion à la court de parlement à Paris, pour avoir pour recommandé maistre Benoist Adam, à l'éllection qui se fera par ladite court du premier office de conseillier qui vacquera en icelle court.

Lettres de déclaracion pour faire joyr Gilbert de Perrepont, dit Darizeles, de l'office de recepte de la traicte des blez et vins de Xaintonge, ville et gouvernement de La Rochelle, que le roy lui donna à son advénement à la couronne : lequel office ung nommé Jehan de Conez tient à la nomynacion de mons^{ur} Des Quérdes.

Lettres pour mons^{ur} de Follet, naguères bailli de Sens, pour estre payé du temps qu'il a tenu ledit bailliage, nonobstant qu'il n'ait fait le serement dudit office, en la court de parlement ne en la chambre des comptes.

Pour mons^{ur} l'évesque de Lengres, per de France, lettres patentes pour renvoyer et faire ressortir toutes ses causes et matières, tant de ce qu'il a en Bourgogne que autres en la court de parlement de Paris, comme les autres pers de France, nonobstant certain empeschement que lui donnent en ceste partie ceulx du parlement de Dijon, et adresser lesdites lettres audit parlement de Dijon, et, en leur reffus, mander par lesdites lettres au premier m^e des requestes ou bailli de Sens ou son lieutenant, leur signiffier ledit renvoy, et si sur ce naist opposition ou débat, jour aux parties par devant le grant conseil du roy, pour y estre pourveu ainsi que de raison.

Pour Phillebert de Follet, eschançon de mons^{ur} de Bourbon, congé de résigner son office de maistre des pors et passaiges de la séneschaucée de Carcassonne à personne souffisant et ydoine.

Congé, seureté et sauconduit à Rossé de Sommayé, patron de galiée, et Berthelemeu de Jobert, de povoir naviger, passer, rappasser, séjourner, demourer ou royaume, pour ce présent voyage qu'ilz font de présent, et descharger leurs marchandises ès lieux ordonnez par le roy dedens ledit royaume seurement et sauvement.

Acquict pour les receveurs des places délivrées à mess^{urs} les enfans de Nemoux, de ce qu'ilz ont baillé et fourny le jour de la délivrance desdites places, jusques au jour qu'ilz en ont prins possession.

Pour Saint-Gelays, évesque d'Uzès, lettres patentes à m^e Jehan Dudeffens, pour faire deffense à ceulx de parlement de Thoulouse, de ne congnoistre de la matière dudit d'Uzès et de maistre Nicolle Mangrais, actendu qu'il a esté dit qu'elle sera widée au grant conseil du roy; et deffense audit Mangras, sur peine de perdicion de cause, de ne traicter ledit de Saint-Gelays aillieurs que audit grant conseil.

Pour ce que ceulx du parlement de Bourdeaulx n'ont voulu obéyr au renvoy fait à Thoulouse, comme court neutre, de la cause que Jaques Engevin avoit ou grant conseil contre Bernard Olivier, et ont arresté et détenu les lettres d'icellui renvoy et deux autres que ledit Engevin a obtenues oudit conseil, pour faire sortir effect, et emprisonner les exécuteurs et gens dudit Engevin, saisir ses biens, l'adjourner à comparoir en personne, donné deffaulx et condempnacion contre lui, pour les faveurs que ses parties adverses ont envers le président Chassangx, et autres dudit parlement; et tellement que lesdites lettres qui portoient successivement provisions à tout ce que dit est, n'ont peu estre exécutées; et veullent lesdits de Bourdeaulx entreprendre la totalle congnoissance de la matière.

A esté dit que ledit Engevin aura lettres pour faire exécuter lesdites lettres et provisions du grant conseil, mectre au néant les déffaulx, arrestz et choses données par ladite court de Bourdeaulx à l'encontre de luy, depuis qu'il leur fut apparu dudit renvoy, ou renvoyer la cause à Paris, la remectre oudit grant conseil, ou autre provision pertinente avecques les inhibicions *in forma*.

Pour Bremond de Lariere, capitaine de la tour du pont lez Avignon, lettres patentes au séneschal de Beaucaire pour mectre et ordonner telz gardes et sergens, seurs et féables, pour la garde de ladite tour, qu'il verra estre à faire, de les oster et destituer s'il voit qu'ilz ne soient pas seurs, tout ainsi que son prédécesseur oudit office avoit droit, povoir et faculté du feu roy, et qu'il en a deuement joy et usé.

DU XVIIe JOUR DE NOVEMBRE MIL IIII^c IIII^{xx} ET IIII, A GIEN SUR LOYRE.

Estans au conseil :

M. le duc de Lorraine,
M. de Beaujeu,
M. de Bresse,
M. de Périgueux,
M. de Marceille,
M. le président des comptes, Doriolle ;
M. le gouverneur de Limosin,
M. Du Bouchage,
M. de Lisle,
M. Du Plessis Bourre,
Me Charles de La Vernade,
Me Pierre de Sacierges,
Me Philippe Baudot,
Me Guillaume Briçonnet,
Denis Le Breton, } généraulx.

Commission adressant au séneschal de Mascon pour se informer qui a le plus évident droit, et qui est le plus ydoine et souffisant pour excercer l'office de procureur du roy ou bailliage dudit Mascon, ou de maistre Glaude de La Ferté, de Nicole Daulphin ou de Anthoine Brunet, tous trois contendens droit oudit office, et de leur vie et gouvernement ; et ladite informacion faicte avec son avis sur ce renvoyer par deçà, féablement close et scellée, pour y estre pourveu ainsi que on verra estre à faire par raison.

Lettres à mons^{ur} de Monglat, trésorier de France, et lui envoier la requeste de Jehanne la Héraulde, touchant la maison d'Artoys à Paris, affin que icelle veue il en envoye son oppinion par escript par deçà; et au regard des réparacions néccessaires de ladite maison, qu'il y pourvoye ainsi qu'il verra estre à faire.

Lettres de confirmacion du don des IIII^c l. tourn. que madame de Bourgogne quicta à Nicolas de Laloye, pourveu que ledit de Laloye en face deuement apparoir, et aussi de son donné à entendre aux gens des comptes en Bourgogne.

Pour Lyon Germinet, lettres pour le faire jouyr des XL l. tourn. de pension à vie que le feu duc Charles lui donna, pourveu que ou traictié de la paix lesdites pensions à vie, données par ledit feu duc Charles, y soient entendues.

Pour ceulx de l'église de Notre-Dame d'Escouys, lettres de confirmacion de l'octroy et confirmacion du feu roy Loys des IIII^c XX l. tourn. de rente, que feu Anguerrant de Marigny fonda en laditeéglise. Et a esté ordonné que, actendu que c'est ancienne fondacion, qu'ilz en seront paiez, ainsi qu'ilz ont acoustumé, après ceste matière avoir esté communicquée à ceulx des finances.

Pour Jehan Boguet, jadis prevost de Sacy en Bourgogne, lettres aux gens des comptes à Dijon que, s'il leur appert que ledit Boguet n'ait peu jouyr de la prevosté qu'il tenoit à ferme, à cause des empeschemens qu'il a euz, que en ce cas ilz lui facent telle modéracion qu'ilz verront estre à faire par raison.

Plus a esté ordonné que ceulx de l'église du chasteau de Gien sur Loyre auront, pour une foys paiez, la somme de VI^c l. tourn., pour leur aider à reffaire et rédiffier leur église, abatue par fortune d'orage de temps, à prandre icelle somme sur les aumosnes du roy, ainsi que lesdites aumosnes le pourront porter.

Item. Lettres au pape, pour leur faire donner des pardons et indulgences à ceste fin.

Lettres de recommandacion au pape et au roy de Napples en faveur de mons⁻ⁿ l'évesque de Seés, Gouppillon, pour lui faire recouvrer certaine vesselle d'argent et mil IIIᶜ ducas, que ung nommé messire Benedit Salutatis lui detient.

Pour maistre Martin Courtin, secrétaire du roy, lettres de incompatibilité pour tenir son office de greffer du trésor à Paris, et l'office de receveur des aides et tailles à Caudebec, sauf toutesvoyes le droit d'autruy.

Plus a esté ordonné que mons⁻ⁿ de La Henze, Jehan de Sandonville, aura de creue pour lui aider à garder Beaunne en Bourgogne, dont il est cappitaine, la somme de XII^{xx} l. tourn., oultre le paiement des mortes-payes qui y sont.

Touchant la matière de Jehan Plonnier de Valence, elle a esté remise à mons⁻ⁿ le chancellier et à ceulx des finances, pour la veoir, et ce fait en venir faire le rapport au conseil.

Pour mons⁻ⁿ de Mauléon, unes foires en ung scien villaige nommé Bournyeis, avec les pourveuz acoustumez.

Item. Lettres missives pour faire venir devers le roy ung nommé Courboysier, esleu de Poictou, partie averse du père de Jehan Dubec, pour appoincter la question estant entre eulx pour raison dudit office d'esleu de Poictou.

Plus a esté ordonné que mons⁻ⁿ de Richemont aura III^m l. tourn. pour lui aider à habiller ses gens, et pour ceste foys seulement.

Pour Sauvage de Bones des gentilzhommes de l'ostel, congié de résigner son office de controleur du grenier à sel de Melun.

Plus, lettres de sauconduit à Gabriel et Jehan Bonnanats et Laurens et Pierre Benetz, marchans, estans de présent à Bersellonne, natifz de Perpeignen, pour venir demourer à Monpellier ou quelque autre ville de Languedoc II ou III ans, premier que retourner audit Perpeignen.

Item. Commission adressant au viguier de Béziers pour se enquérir de leur estat et conduite de par deçà, et envoyer par escript ce qu'il en trouvera, et son advis, affin que, sur ce qu'il en mandera, on ait regard à leur retour audit Perpignen, si on voit qu'ilz soient bons pour le roy et qu'ilz se gouvernent bien.

Item. Ce fait, le roi commectra quelque notable personnage, pour praticquer avec ceulx qui ont eu le don de leurs biens, affin de leur en faire faire quelque gracieuse composicion.

Item. Permission à maistre Guillaume Briçonnet, général de Languedoc, de leur povoir escripre cette présente délibéracion.

DU XVIIIe JOUR DE NOVEMBRE MIL IIII^c IIII^{xx} ET IIII, A GIEN SUR LOYRE.

Estans au conseil :

M. de Lorraine,
M. de Beaujeu,
M. de Bresse,
M. de Périgueux,
M. de Marceille,

M. le président, Doriolle;
M. de Lisle,
Me Charles de La Vernade,
Me Pierre de Sacierges,
Me Philippe Baudot.

Ung estat de six mois pour les causes et querelles de mons^{ur} de Roomont.

Sur la requeste du prothonotaire de Poisieu, frère du Poullaillier, requérant la révision d'un procès, dont arrest a puis naguères esté donné à l'encontre de lui au prouffit du frère de Jacques Geoffroy, et que l'exécucion dudit arrest soit tenu en surcéance, jusques à ce que ledit procès soit reveu, a esté dit que l'arrest sera excécuté selon sa forme et teneur, et ce fait, que les suspectz en ceste matière regectez, ladite révision dudit procès se fera.

Plus, pour ce que l'évesque de Fréjus qui est, comme l'on dit, Genevoys, tient à cause de son évesché aucunes places en Prouvence, qui seroient préjudiciables au roy, si ledit évesque ne lui estoit seur et féal,

A esté conclud que, veu ce que dit est, et que ledit évesque n'a encores fait le serement de fidélité, aussi qu'il n'a, comme l'on dit, lettres de naturalité pour tenir bénéffices en ce royaume, que le temporel dudit évesché de Fréjus et lesdites places dudit évesché seront mises en la main du roy, ensemble les autres bénéfices de ceulx qui sont tenuz faire au roy le serement de fidélité, et qui ne l'auront fait; et les lettres adressées au séneschal de Prouvence, pour y commectre gens seurs et solvables pour en rendre compte et reliqua, là où il appartiendra.

Item. Lettres missives au pape bien expresses, à ceste fin.

Commission à Guillaume de Corguilleray et à petit Jehan de Chasteaudreux, pour aller loger XL hommes d'armes de la compaignie de mons^{ur} de Lorraine, et les archiers ès villes de Provins, Nogent sur Seine et Bray sur Seine.

DU XIXe JOUR DUDIT MOYS DE NOVEMBRE, MIL IIII^c IIII^{xx} ET IIII, A GIEN SUR LOYRE.[1]

Estans au conseil :

M. de Lorraine,
M. de Beaujeu,
M. de Périgueux,
M. de Marceille,
Le président des comptes, Doriolle;

M. de Lisle,
M. Du Plessys,
Me Charles de La Vernade,
Me Pierre de Sacierges,
Me Philippe Baudot.

A esté ordonné que m^e Jehan d'Orléans, cirurgien du roy, sera appoincté de mil escus d'or, dont ledit feu roy lui feist lays peu de temps avant son trespas, sur les finances du roy, à payer en cinq années à deux cens escus par chacun an, jusques en fin de paye de ladite somme.

Plus a esté ordonné que Anthoine de Maumont, dit Saint-Vic, aura pour partie de son entretenement ou service du roy VI^{xx} l. tourn. chacun an sur la recepte ordinaire de Limosin, après que gaiges d'officiers, fiefz et aumosnes et autres charges ordinaires estans sur ladite recepte de Limosin seront payées : et n'aura point

---

[1] Séance du matin.

le greffe de la séneschaucée de Lymoges, la garde et greffe du scel, ne la prévosté de Mauléon et de Laron, pour ce que ce sont offices qui se baillent à ferme et qui sont du demaine du roy.

Plus, pour Anthoine de Lamect, bailli d'Ostun, lettres missives au gouverneur de Bourgogne, qu'il escripve unes bonnes lettres de recommandacion à ceulx de chappitre dudit Authun et de la ville, à ce qu'ilz aient recommandé ledit de Lamet en l'office de cappitaine de ladite ville, là où aucuns se efforcent de le troubler; et mander audit gouverneur qu'il se informe des excès faiz audit de Lamect touchant ladite cappitainerye; et l'informacion qu'il en aura faicte, la renvoier au roy ou à son conseil, pour y pourveoir, ainsi qu'il appartiendra par raison.

Item. Ont esté ordonnées lettres missives à mons^{ur} de Cullant pour faire rendre audit de Lamect aucuns biens meubles qu'il avoit en la grosse tour de Bourges.

Au regard des ii^c l. tourn. de pension dont ledit de Lamect n'a encores riens reçeu, parce qu'il estoit appoincté sur l'aide de Bourgogne, qui est encores à recevoir, a esté ordonné qu'il se tirera devers ceulx des finances pour lui pourveoir et l'en appoincter, ainsi qu'ilz verront estre à faire.

Item. Lettres à maistre Jaques Brisean, qu'il envoie par deçà par ung de ses clercs toutes les ordonnances qu'il a touchant la guerre, et l'advis qui derrenièrement en fut fait, en la présence de mons^{ur} le connestable.

Item. Qu'il escripve au roy ou à mons^{ur} de Beaujeu qui est devenu l'argent des cassez, qui avoit esté ordonné estre baillé à aucuns de la compaignie de mondit s^{ur} de Beaujeu, et à quoy il a tenu qu'ilz ne l'ont reçeu.

Item. L'office de assayeur de la monnoye de Saint Pourçain, pour Thierry Adam, vaccant par le trespas de Guillaume Adam, son frère.

CEDIT JOUR, APRÈS DISNER.

Estans au conseil :

M. le cardinal de Bourbon,
M. de Lourraine,
M. de Beaujeu,
M. de Bresse,
M. de Périgueux,
M. le président Doriolle,
M. Du Plessis Bourre,
Michel Gaillart, ⎫
Denis Le Breton, ⎬ généraulx des finances;
M⁰ Guillaume Briçonnet, ⎭
M⁰ Charles de La Vernade,
M⁰ Pierre de Sacierges,
M⁰ Philippe Baudot.

Pour ceulx de Mauléon de Saulle, confirmacion de leur affranchissement pour six ans entiers.

Aquict du revenu dudit Mauléon depuis le trespas du feu roy Loys jusques à la feste sainct Michel après ensuivant, pour monsⁿʳ d'Arpajon.

Plus a esté ordonné que monsⁿʳ de Richemont aura trois mil frans pour une fois, pour habiller ses gens, en ensuivant la derrenière délibéracion prinse en ceste matière.

Item. Aura des draps de soye et de laine sur l'argenterie du roy, pour sa personne entre cy et Noël prochain, jusques à la somme de vᶜ l. tourn.

Plus a esté ordonné que ceulx du chappitre de saint Gacien de Tours auront ung muy de sel, sans gabeller, sur le grenier à sel de Tours, pour leur provision et despence de ceste présente année.

Pour monsⁿʳ de Langres a esté dit que, comme per de France, toutes les causes et querelles de ce qu'il tient comme per, tant de ce qui est en Bourgongne que ailleurs, ressortiront en la court de parlement de Paris; et ou cas que ceulx de parlement de Bourgongne, à qui on adresse les lettres, feussent reffusans, sera mandé au premier maistre des requestes et bailliz de Sens et Chaumont, signiffier le renvoy ausditz de parlement de Bourgongne, et leur deffendre de n'en congnoistre ; et s'ilz forment quelque opposition, lesdites deffenses tenans, jour leur sera assigné ou grant conseil, pour y estre pourveu ainsi qu'il appartiendra par raison, ainsi que par ci-devant a esté délibéré et conclud.

Plus a esté ordonné que la requeste de ceulx de la ville d'Arras, requérans l'octroy de certains aides qui se lièvent en ladite ville, et plusieurs autres choses contenues en leurdite requeste, sera envoyée à mons.^{ur} Des Querdes, pour en renvoyer son advis par escript, afin que icellui veu on leur pourvoye ainsi qu'il sera advisé estre à faire par raison.

Touchant messire Jousselin Dubois, a esté dit que ses gaiges de son office de bailli des Montaignes qui requiert lui estre creuz, ne le seront point, pour la conséquence des autres qui vouldroient ainsi faire.

Item. De sa lance fournie de six archiers passez, qu'il ne se peut faire. Des XII^c l. de pension dont il requiert estre appoincté, on y aura regard, en faisant les estaz.

Item. Ung compulsoire pour mons.^{ur} de Lorraine, pour recouvrer aucuns titres et enseignemens des terres et seigneuries de Sablé, La Ferté Bernard, Maine La Juhes, Chailli et Longjumel et autres seigneuries, etc.

DU XXme JOUR DE NOVEMBRE MIL IIII^c IIII^{xx} ET IIII, A GYEN SUR LOIRE, AU MATIN.

Estans au conseil :

M. de Lorraine,
M. de Beaujeu,
M. de Bresse,
M. le prince d'Orenge,
M. de Périgueux,
M. de Marceille,
M. le président Doriolle,
M^e. Adam Fumée,
Me Charles de La Vernade,
Me Pierre de Sacierges,
Me Philippe Baudot.

Pour mons^ur de la Feuillade, lettres de povoir fournir les greniers du duché de Nemoux, pourveu que ceulx des villes où sont lesdits greniers s'ilz consentent, et que les réparacions desdites villes n'en soient aucunement retardées.

Pour mons^ur de La Trimolle, lettres missives à ceulx de la court de parlement et aux gens du roy, que, quelques lettres que le roy ait par cy-devant octroiées touchant le procès de Taillemont et Berrye, que le roy n'entend pas que ladite court favorise plus une partie que autre, mais administre à chacune desdites parties bonne et briefve expédicion de justice.

Plus a esté ordonné que maistre Philippe Hersant sera payé de ses gaiges de secrétaire, de six solz parisis par jour, et s'il entend estre paié de XII s. paris. il se retirera devers ceulx des finances, qui en vouldront dire leur advis au conseil.

Pour ceulx de l'église de mons^ur Saint-Glaude, touchant les arréraiges qu'ilz demandent des fondacions que le feu roy Loïs leur a données, a esté ordonné que on leur fera comme on a fait aux autres églises, là où le feu roy Lois a donné de ses biens.

Pour André Bouquantin, homme d'armes, a esté ordonné qu'il aura lettres missives réitératives, à mons^ur de Torci, pour le recevoir en sa compaignie et pour le bien traicter.

Item. Une rémission pour Jehan Chaboceau d'un bris de prison, et pour soy estre efforcé de vouloir avoir à force la compaignie d'une sienne chambrière, combien qu'il n'ait pas commis ledit cas de force.

DUDIT XXme JOUR DE NOVEMBRE APRÈS DISNER, AUDIT GIEN.

Estans au conseil :

M. le cardinal de Bourbon,
M. de Bresse,
M. le chancellier,
M. le président Doriolle,
M. le gouverneur de Limosin,
M. de Chastelacher,

M. de Lisle,
Me Adam Fumée,
Me Charles de La Vernade,
Me Pierre de Sacierges,
Me Philippe Baudot.

A esté ordonné que maistre Estienne Petit, lequel a autresfois eu le conmandement des lettres de confirmacion de l'office de greffier des estaz de Languedoc, pour maistre Jehan Charpentier, lesquelles lettres ont esté robées audit Charpentier, signera et expédiera encores une fois audit Charpentier lesdites lettres, du jour et date dont il eut le premier conmandement.

Une conmission adressant à monsᵘʳ de Maigne ou son lieutenant, pour appeller avec lui le senneschal et juge d'Anjou ou leurs lieuxtenans, se informer des abuz et excez, faiz en exécutant certaine provision, baillée par la court de parlement, par ung certain huissier ou sergent et plusieurs mauvais garsons, au proffit d'un nommé Tilhon, à l'encontre de frère Georges Pot, touchant l'abbaye de Saint Cierge lez Angiers; et oultre ceulx que ledit sᵘʳ de Maigne ou sondit lieutenant ont prins, en prandra encores six des plus coulpables, et les amener ou envoyer prisonniers par deçà soubz bonne et seure garde, à leurs despens.

Item. En adjourner personnellement six autres des plus coulpables après, et les autres civillement.

Item. Faire rendre audit Pot ses biens prins, quand ladite exécution fut faicte, actendu que le tout est contrevenir contre l'évocacion faicte par le roy de ladite matière, et les deffences faictes audit Tillon de ne tracter ledit Pot ailleurs que audit grant conseil.

Item. Lettres missives à ceste fin à la court de parlement, comme ce que ledit sᵘʳ de Maigne a fait en ceste matière, que ce a esté par son ordonnance et conmandement, et que le roy leur deffend derechef, actendu ladite évocacion, qu'ilz n'en congnoissent en quelque manière que ce soit.

Lettres de légitimacion et le don de la finance, pour ung nommé Panerays de Petites Pierres.

Pour ceulx de l'église de Notre-Dame de Cléry, a esté ordonné que on baillera conmission à quelque notable homme pour appeller avecques lui monsᵘʳ de Mery, trésorier de France, ou homme de par lui, aller faire l'assiète de la somme de ɪɪᵐ l. de rente entièrement revenans chacun an à ladite église, sans diminucion aucune, ainsi que par cy-devant a esté plusieurs fois appointé et sans avoir regard, en faisant ladite assiète, à la coustume du pays, au moien de laquelle coustume pourroit avoir diminucion en l'assiète de ladite somme de II^m l., ce que le roy n'entend pas.

DU XXIme JOUR DE NOVEMBRE MIL IIII^c IIII^{xx} ET IIII, A GIEN SUR LOIRE.

Estans au conseil :

Le roy,
M. le cardinal de Bourbon,
M. de Lourraine,
M. de Beaujeu,
M. de Bresse,
M. de Vendosme,
M. le prince d'Orenge,
M. le chancellier,
M. de Périgueux,
M. Dorval,
M. le président Doriolle,

M. de La Trimolle,
M. le gouverneur de Limosin,
M. de Graville,
M. de Maigne,
M. de Lisle,
Me Adam Fumée,
Me Charles de La Vernade,
Me Pierre de Sacierges,
Me Guillaume Briçonnet,
Me Philippe Baudot.

Sur la requeste faicte par les parens de maistre Jehan Travers, lieutenant du bailli de Touraine, dont la teneur sensuit :

Supplient très-humblement les parens et amys de maistre Jehan Travers, lieutenant du bailli de Touraine, que, comme ainsi soit que, en obéissant au conmandement dudit s^{ur}, duquel lui est apparu tant par lectres patentes que missives, il soit allé ès parties de Bretaigne, pour mectre à exécucion ung relievement en cas d'appel, et adjourner le duc de Bretaigne, à la requeste dudit s^{ur}, en faveur des barons de Bretaigne, estans de par deçà; ledit duc, advisé par aucuns de par deçà que ledit Travers alloit et estoit jà en chemin pour faire ladite exécucion, envoya au devant dudit Travers XII archiers : et à trois lieues près de Rênes, ledit Travers estant en son hostellerye, le prindrent la nuyt, et toute nuyt le menèrent en ladite ville de Rênes, et le misdrent en une tour gardé par lesdits xii archiers. Ouquel lieu a esté trois sepmaines et plus, et jusques à ce que par aucun lui fut dit que se jour l'on le devoit mener à Saint-Malo, pour le noier en la mer. Pourquoy lui aiant de ce paour, saillit par une fenestre de ladite tour qui estoit bien haulte, et s'enfoyt en franchise en l'église des Carmes : ouquel lieu le poursuivirent lesdits archiers. Et lui estant encontre le maistre autel et tenant la croix, lui fut donné une taillée d'une longue dague sur la teste, une autre taillée au bras et l'autre en la main, et ung escot en la cuisse par l'un desdits archiers, nonmé Jacques de La Chappelle; et pour ce que l'un de ses serviteurs de l'aaige de dix-huit ans, s'estoit eschappé, après qu'il fut reprins, fut noyé. Et eussent tué ledit Travers en franchise, si les religieux dudit lieu des Carmes ne l'eussent gardé : ouquel lieu des Carmes est encores de présent gardé par lesdits archiers, et ignomynieusement traité, injuris et menacé à tuer; ne nul ne peut parler à lui. Ces choses considérées et mesmement que c'est en obéissant aux conmandemens dudit s^{ur}, et en le servant, lui plaise donner provision ausdits supplians, à ce qu'ilz puissent recouvrer leurdit parent, lequel est en dangier de mort, si à toute dilligence n'y est pourveu; car de ce ilz sont bien informez par gens présens ausdits excez, et autres qu'ilz ont envoyé expressément pour en savoir la vérité.

A esté conclud qu'on escripra lettres et qu'on envoira ladite requeste et cellui qui la présente, par maistre Pierre de Sacierges, maistre des requestes, à la court de parlement à Paris, pour icelle veue, procéder en ceste matière, ainsi qu'ilz verront estre à faire par raison, actendu que ceci touche grandement l'auctorité et souveraineté du roy, et créance sur ledit de Sacierges.

Plus, lettres à mons^{ur} de Dunois, et lui envoyer aussi le double de ladite requeste par Jehan de La Grange, maistre d'ostel du roy, lequel de La Grange, s'il rencontre mondit s^{ur} de Dunois, qu'il ne feust encores que à deux ou trois journées, le fera retourner pour aller demander au duc ledit Travers, et pour s'enquérir du cas avenu, afin d'en faire le rapport au roy de la vérité.

Item. Lettres au duc, comme le roy se esbahist que ledit Travers ne revient, veu le long temps qu'il est par delà, et sans faire mencion dudit cas avenu, et comme le roy envoye ledit de La Grange devers lui, afin de ramener ledit Travers, et que ledit duc le vueille envoier au roy.

Cedit jour, oudit conseil, après que maistre Hemart de Poisieu, prothonotaire de Poisieu, a eu confessé en icellui conseil, en parlant à mons^{ur} le chancellier, certain arrest avoir esté prononcé à l'encontre de lui par la court de parlement du Daulphiné au proffit de maistre Anthoine Geoffroy, prieur de Chauneur et abbé de l'isle-Bar, et que ledit de Poisieu a eu dit et déclaré qu'il veult et est prest de obéir à l'exécucion dudit arrest, néantmoings, si il a encores esté fait conmandement verbal audit de Poisieu par mondit s^{ur} le chancellier, par l'ordonnance dudit conseil, qu'il obéisse à ladite exécucion dudit arrest sur peine de perdicion de cause; et dedans ung mois à conmancer du jourd'ui.

DU XXIIme JOUR DE NOVEMBRE MIL IIII^c IIII^{xx} ET IIII, A GIEN SUR LOIRE.

Estans au conseil :

Le roy,
M. le cardinal de Bourbon,
M. de Lorraine,
M. de Beaujeu,
M. de Bresse,
M. de Vendosme,
M. le prince d'Orenge,
M. le chancellier,
M. Dorval,
M. de la-Trimolle,
M. de Graville,
M. de Chastelacher,
M. le bailli de Meaulx,
Me Adam Fumée,
Me Charles de La Vernade,
Me Pierre de Sacierges,
Me Philippe Baudot.

Sur la matière mise en termes touchant certaines informacions envoiées par le senneschal d'Agennois, à cause de plusieurs excès, prinses de places à force, appartenans tant au roy, audit senneschal que autres,

A esté conclud que lesdites informacions et tout le demène de ladite matière sera envoyé en la court de parlement à Paris, par maistre Pierre de Sacierges, maistre des requestes, pour, le tout veu, y estre par ladite court pourveu, ainsi qu'elle verra estre à faire par raison, fors et excepté que le procureur du roy fera ses conclusions telles qu'il verra estre à faire, à ce que le roy, qui a esté dépossédé desdites places soit préallablement et sommièrement et de plain remises en sa main, en requérant par lui la main armée, se mestier est, laquelle le roy a ordonné et conmandé estre baillée à ceste fin.

Sur la matière mise en termes touchant les places de Maine La Juhes, La Ferté Bernard et Sablé que mess^{urs} les enffans de Nemoux prétendent à eulx appartenir, et pareillement mons^{ur} de Lorraine qui a requis au roy oudit conseil qu'elles ne fussent encores délivrées à mesdits s^{urs} de Nemoux, ne le revenu d'icelles, sans estre oy, et jusques à ce qu'il soit discuté du droit que chacune desdites parties y prétend, et que aucunes lettres n'en feussent baillées à mesdits s^{urs} de Nemoux :

Après que ledit s^{ur} de Lorraine s'en est sailli dudit conseil, a esté conclud que lesdites places demoureront encores entre les mains du roy, jusques à ce qu'il soit congneu à qui lesdites places devront appartenir, et que aucunes lectres n'en seront baillées ; et au regard du revenu, que, actendu que par l'appointement provisionnal de mesdits s^{urs} les enffans de Nemoux, a esté dit qu'ilz jouiroient du revenu desdites places soubz la main du roy, pour le temps contenu oudit appointement.

A esté conclud aussi qu'ilz jouiront dudit revenu soubz la main du roy, comme dit est.

Item. Que mondit s^{ur} de Lorraine sera ouy en justice au grant conseil du roy, sur l'accion qu'il veult prétendre sur lesdites places et revenu d'icelles.

Item. A esté ordonné que la conclusion prinse ou conseil de la justice devant mons^{ur} le chancellier, signée du greffier dudit conseil, touchant les trois conmissaires de chastelet de Paris creez, aura lieu et qu'ilz demourront en leurs offices, ainsi que appoincté a esté par ledit conseil de la justice. Et en ont esté conclutes et conmandées les lectres cedit jour oudit conseil du roy.

Plus a esté conclud que Jacques de Costes excercera l'office de huissier des généraulx de la justice des aides à Paris, ainsi que font les deux autres huissiers de ladite chambre, et ce de grâce espécial et sans préjudice des droiz desdits deux autres huissiers.

DU XXVIIIme JOUR DE NOVEMBRE MIL IIII^c IIII^{xx} ET QUATRE.

Estans au conseil, à Gien :

M. de Lorraine,
M. de Beaujeu,
M. de Bresse,
M. de Périgueux,
M. de Marceille,

M. le gouverneur de Limosin,
M. de Lisle,
Me Adam Fumée,
Me Charles de La Vernade.

Lettres de légitimacion et don de la finance pour Jacquet Galicet.

Plus a esté ordonné que, en faisant les estaz, on aura pour reconmandé messire Gabriel de Montfaulcon, sur la récompense qu'il a requise ou conseil lui estre faicte de la place de Montfaulcon et autres qu'il dit avoir esté abbatues par l'ordonnance du feu roy Lois, que Dieu absoille.

Plus, a esté ordonné que le terme de deux ans et demy octroié à Jehan Plonnier de Valence, pour estre paié de certain argent à lui deu, sera prolongé jusques à quatre ans, et ce sur les finances de Prouvence.

Plus a esté conclud que ou cas que mons^{ur} de Lengres ne vouldra aller le voiaige de Romme, pour lequel voiaige faire il a receu la somme de IIII^m l. tourn., que en son lieu iront ou mons^{ur} l'évesque de Carcassonne ou mons^{ur} l'évesque de Rieux ; et que à cellui des deux qui ira, ledit évesque de Langres baillera la moitié de ladite somme de IIII^m l. tourn., qui sont II^m l. tourn.

Item. Lettres de reconmandacion à Romme, pour mons^{ur} de Verdum, pour le faire joir paisiblement dudit évesché, et faire déporter sa partie adverse nommé de Nicoluus; et le roy est contant que le pape pourvoie ledit de Nicoluus du premier évesché et autre béneffice qui vacquera en court de Romme, jusques à II ou III^m l. tourn., et d'en bailler lettres de placet pour exécuter les bulles que notre saint père en baillera.

DU XXIIIIme JOUR DE NOVEMBRE L'AN MIL IIII^c IIII^{xx} ET QUATRE, A GIEN SUR LOIRE, AU MATIN.

Estans au conseil :

M. de Lourraine,
M. de Beaujeu,
M. de Bresse,
M. de Périgueux,
M. de Marceille,
M. le gouverneur de Limosin,

M. de Chastelacher,
M. de Lisle,
Me Adam Fumée,
Me Charles de La Vernade,
Messire Pierre Salat,
Me Philippe Baudot.

Pour Bernard Salars, maistre particulier de la monnoie de Thoulouse, lettres patentes adressans aux généraulx des monnoies, que, s'il leur appert de l'arrest et bail à ferme faiz audit suppliant de ladite maistrise, et que sa partie adverse, nonmé Anthoine Piquet, ne ait baillé pleiges et caucions souffisans et en tel cas requis, que en ce cas ilz facent jouir de ladite maistrise la partie qui y aura le plus aparent droit.

Lettres de permission aux habitans de la senneschaucé de Périgort, de pouvoir asseoir sur eulx la somme de VI^c l. tourn., qu'ilz ont donnée au s^{ur} Desquars, senneschal dudit pais, et bailler et délivrer icelle somme audit senneschal.

Lettres de reconmandacion pour wider en bonne justice ung procès pendant par devant eulx entre un nonmé Savary, et le président des requestes, maistre Guillaume de La Haye.

Plus a esté ordonné que le seigneur de Saint-Vic sera appointé sur les finances du roy de la somme de II^c l. tourn., pour son entretenement, en lieu de certains greffes et prevostez, estans du demaine du roy, qu'il requerroit lui estre baillez à ferme.

Plus a esté ordonné que Jehan Vinault, fourrier du roy, qui souloit du temps du feu roy estre prevost de Chinon, aura sur le revenu de ladite prevosté, jusques à six ans, la somme de VI^{xx} l. tourn. par chacun an.

Pour mons^{ur} l'évesque d'Avranches, souffrance de bailler son denombrement de ce qu'il tient du roy, jusques à ung an, à conmencer du jourd'ui.

Pour les religieux, abbé et couvent de l'église, mons^{ur} Saint-Claude, a esté ordonné qu'ilz seront paiez des arréraiges qui leur sont deuz, à cause des rentes et revenues qui leur furent données par le feu roy, que Dieu absoille, depuis le trespas dudit feu roy, jusques au premier jour de janvier derrenièrement passé, et qu'ilz en auront lettres patentes à ceste fin.

Lettres de reconmandacion au pape et aux cardinaulx pour les religieux et couvent des Augustins de Paris, pour donner et octroier pardons et indulgences à ladite église, pour la substantacion desdits religieux et enffans estans en icelle.

DUDIT XXIIIIme JOUR DE NOVEMBRE MIL IIII^c IIII^{xx} ET QUATRE, A GIEN[1].

Estans au conseil :

M. le cardinal de Bourbon,
M. de Lorraine,
M. de Beaujeu,
M. de Bresse,
M. le chancellier,
M. de Périgueux,
M. le gouverneur de Limosin,
M. de Chastelacher,
M. de Lisle,
Me Adam Fumée,
Me Charles de La Vernade,
Messire Pierre Sallat,
Messire Henry de Marle,
Me Philippe Baudot.

Sur la requeste faicte par maistre Nicolle Millet, procureur de

---

[1] Séance de l'après-dînée.

monsʳ le duc de Bourbon, connestable et grant chambrier de France, requérant lettres exécutoires lui estre baillées, pour contraindre tous marchans qui sont reddevables audit duc de Bourbon, à cause des drois qu'il a droit de prandre et lever comme grant chambrier, à l'advénement du roy à la couronne,

A esté conclud que lettres seront adressées aux gens des comptes, pour eulx informer desdits droiz, et l'informacion qu'ils en auront faicte avec leur advis renvoier devers le roy ou son conseil, pour y estre pourveu ainsi qu'il appartiendra par raison.

Plus a esté conclud que, actendu que les causes de récusacion que maistre Estienne Gouppillon a baillées par escript à monsʳ le chancellier à l'encontre de maistre Philippes Baudot, qui a charge de rapporter le procès estant pendant oudit conseil entre ledit Gouppillon et messire Guy de Laval, pour raison de l'évesché de Scès, ne sont souffisantes, que combien que ledit Baudot ait requis estre deschargé dudit procès que néantmoings il le rapportera, et que, pour évicter toutes ymaginacions, il aura pour adjoinct messire Pierre Salat, président des enquestes.

DU XXVᵐᵉ JOUR DE NOVEMBRE MIL IIIIᶜ IIIIˣˣ ET QUATRE, A GIEN.

Estans au conseil :

M. le cardinal de Bourbon,
M. de Bresse,
M. le chancellier,
M. de Périgueux,
M. le président Doriolle,
M. de Curton,

M. de Chastelacher,
Mᵉ Adam Fumée,
Mᵉ Charles de La Vernade,
Messire Pierre Salat,
Messire Henry de Marle,
Mᵉ Philippe Baudot.

Cedit jour, oudit conseil, de la part de monsʳ le conte de Romont et de messire Gui Pot, ausquelz avoit été assigné jour à cedit jour par devant le conseil du roy, touchant la question du différent estant entre lesdites parties, tant à cause de la conté de Saint-Pol que autres terres et seigneuries que ledit messire Guy Pot tient et occuppe, lesquelles ledit s^{ur} de Romont prétend à lui appartenir, à cause de madame sa femme, s'est comparu pour chacune desdites parties, homme pour eulx présenter, comme il est acoustumé faire en tel cas. Et par mons^{ur} le chancellier leur a esté signiffié que tant pour l'onneur de la feste de madame saincte Katherine, qui est solempnisée cedit jour que aussi qu'il sembloit bien à mondit s^{ur} le chancellier que lesdites parties n'estoient fournies d'advocas ne autre conseil, que icelles parties ne seroient reçeues à eulx présenter jusques à lundi prochain, et que audit jour de lundi ilz se viendront présenter, et combien que l'omme dudit messire Gui Pot, lequel se disoit estre souffisamment fondé, ait déclairé oudit conseil que son maistre estoit appellant en la court de parlement à Paris, en laquelle il a relevé sondit appel et fait intimer ledit s^{ur} de Romont, et que à ceste cause il n'est délibéré de plus se présenter ne comparoir oudit conseil, néantmoings par mondit s^{ur} le chancellier a esté derechef ordonné et enjoinct ausdites parties comparoir audit jour de lundi prouchain.

Plus, a esté ordonné que maistre Huges De Vers, secrétaire de mons^{ur} de Chastauguion, tiendra encores pour quatre ans la clergie du bailliage d'Aval, en faisant iiii^{xx} l. tourn. de ferme au roy par chacun an, sans que nul autre ne puisse estre reçeu à l'enchérir ne mectre à plus hault pris.

DU XXVIme JOUR DE NOVEMBRE MIL IIII^c QUATRE VINGS ET QUATRE, A GIEN.

Estans au conseil :

M. le cardinal de Lion,
M. de Lourraine,
M. de Beaujeu,
M. de Périgueux,
M. Des Querdes,
M. de Curton,
Messire Pierre Doriolle,

M. de Maigne,
M. de Montmoranci,
M. de Lisle,
M. de Chastelacher,
M. Du Plessis Bourre,
Me Charles de La Vernade,
Me Philippe Baudot.

Une conmission adressant à mons^{ur} d'Albi et à mons^{ur} de La Barde, pour faire déloger la compaignie de mons^ur le grant bastard de Bourgongne et la faire loger où ils adviseront; ausquelz gens d'armes de ladite compaignie sera mandé obéir en tout ce que par ledit évesque d'Albi leur sera ordonné, pour parachever et besongner pour le bien, utilité et proffit du roy, en tout ce qui a esté ordonné par le roy audit évesque d'Albi, selon sa conmission du roy.

Une lettre missive adressant audit évesque d'Albi, pour faire exécuter ladite conmission, pour le bien de la charge qui lui a esté donnée par le roy.

Unes lettres adressant à mons^ur de La Barde, pour s'employer à l'exécucion de ladite conmission, ainsi que par ledit évesque d'Albi lui sera ordonné, en ensuivant la charge baillée par le roy audit évesque d'Albi, pour le bien et auctorité du roy.

Unes lettres au lieutenant de la compaignie de mons^ur le grant bastard, qu'il face ce que mons^ur d'Albi et de La Barde lui ordonneront pour le bien de la charge donnée par le roy audit évesque d'Albi, pour le bien et proffit du roy, et qu'il face loger ladite compaignie où ledit évesque d'Albi lui fera savoir.

Sur la requeste faicte par mons^ur de Charluz, cappitaine de Rodelle, requérant estre appoincté des gaiges de ladicte cappitainerie, pour la garde de ladite place, qu'il a fait garder depuis le trespas du feu roy Lois, que Dieu absoille, jusques à présent, actendu que mons^ur d'Armeignac a prins par force et fait encores le revenu d'icelle place,

A esté conclud que, pour ce qu'on dit que la main levée, octroiée à mons^ur d'Armeignac par le roy qui est à présent, contient que les places fortes des terres dudit s^ur d'Armeignac demourront ès mains du roy, régiees et gouvernées soubz sa main, aux despens du revenu d'icelles, et que mandement sera baillé audit s^ur de Charluz, adressans aux trésoriers, bailliz et autres qu'il appartiendra, pour le faire joir des gaiges, qui seront tauxez pour la garde de ladite place sur le revenu d'icelle, tant pour le temps passé que à venir, eu regard à modéracion raisonnable, selon que le revenu d'icelle place de

Rodelle le pourra supporter, avec les autres charges estans sur icelle.

Item. Sur ce que a requis ledit s^r de Charluz estre appoincté des gaiges de v^c l. pour la cappitainerie du Pont Saint Esperit en Languedoc, qu'il tient, laquelle il a aussi gardée depuis le trespas dudit feu roy Lois,

A esté conclud qu'il sera paié des gaiges appartenans d'ancienneté audit office, tant pour ledit temps passé que à venir, telz et semblables qu'ilz estoient ordonnez du temps du feu roy Charles VIIme, que Dieu absoille, aux cappitaines dudit lieu, et que les trésoriers de France ou généraulx des finances l'en appoincteront, ainsi que on en souloit user du temps dudit feu roy Charles VIIme.

Pour maistre Estienne Ragueneau, conmis à tenir le compte des réparacions des Montilz de Tours, a esté ordonné que mess^urs des finances le feront appoincter par le receveur général des finances de la somme qu'il dit lui estre deue, par la fin de ses comptes renduz et cloz de ladite administracion qu'il a eue, et pareillement de la somme de ii^c l. tourn. qu'il dit lui estre deue par autre fin de compte, naguières par lui rendu et cloz, touchant le paiement des veneurs, faulconniers, gentilzhommes et autres officiers de l'ostel du feu roy Lois, que Dieu absoille; desquelz comptes ledit Ragueneau fera apparoir à mesdits s^urs des finances.

Pour mons^ur de Concressanlt, une retenue de conseiller aux honneurs.

Depuis sont survenuz oudit conseil :

 M. Du Bouchaige,
 M. le général Michel Gaillart.

Sur la requeste faicte par Grâce Darchelle, escuier, natif du royaume de Napples, contenant qu'il a servi le feu roy Lois, que Dieu absoille, l'espace de plus de trente ans, dès le temps qu'il estoit daulphin jusques à son trespas, ou fait de ses guerres, tellement qu'il y est devenu goutteux et maladif, et que, considéré que ledit feu roy Lois, pour le faire demourer par deçà l'a marié à Grenoble; en faveur duquel mariaige, il lui donna par ses lettres patentes vi^c l. tourn. et à sa femme iii^c l. tourn. par chacun an, jusques à ce qu'il les eust assignez en rente ou Daulphiné, de pareille somme montant ix^c l. tourn. par an; pour lesquelles choses, il supplie au roy estre appoincté desdites ix^c l. tourn., dont il n'a eu paiement depuis le trespas dudit feu roy Lois ;

A esté conclud que considéré les choses dessusdites, et les services reconmandables que ledit Grâce a faiz audit feu roy Lois, et aussi que lesdites ix^c l. tourn. leur ont esté baillez en faveur du mariaige, que en faisant les estatz des finances de ceste année, mons^{ur} le général des finances, messire Michel Gaillart, ramentevra la partie dudit Grâce Darchelle, pour y avoir regard et lui en faire appoinctement raisonnable, pour l'entretenement de lui et de sadite femme.

Pour les habitans du Castel en Cambresis, mandement adressant au bailli prouchain que, s'il appert des prévilleges à eux octroiéz par les feux roys de France, dont ils disent avoir perdu les originaulx par le feu mis en ladite ville durant les guerres, sans riens en avoir que aucuns vidimus; et que d'iceulx ilz en aient joy par cy-devant, que en ce cas *constito* de la joissance, il les face joir desdits prévilleges, *quatenus juste et rite usi sunt.*

Depuis sont survenuz oudit conseil :

Me Adam Fumée,
Me Pierre Salat.

Sur la requeste rapportée par m^e Charles de La Vernade, pour maistre Jehan Picart, notaire et secrétaire du roy, et par aucun temps du vivant du feu roy Lois, que Dieu absoille, receveur général d'oultre Seine, requérant estre restitué et remis oudit office, nonobstant le don fait d'icellui par ledit feu roy Lois à Martin Leroy, qui en a joy jusques au trespas dudit s^{ur}, et depuis a esté confermé par le roy qui est à présnte,

A esté conclud que, considéré les bons et reconmandables services faiz par les feuz père et parens dudit maistre Jehan Picart aux feuz rois Charles VI^c et VIIme, et par ledit Picart audit feu roy, considéré aussi que dudit office, ainsi qu'on dit, il fut désappointé, pour ce qu'il avoit obvié à certaine murmuracion que plusieurs vouloient faire pour assoupper les deniers du roy, soubz sa charge, et qu'il a souffert et enduré perte pour bien faire son devoir en ladite murmuracion, où il s'emploia d'icelle n'avoir lieu, qu'il sera recompensé de quelque bon estat et office de finances, selon sa vocacion, quant vacacion en escherra, et que, afin que le roy et messieurs de son conseil en aiant souvenance, qu'il sera enregistré ou registre du conseil du roy de ainsi le faire, sans autrement toucher oudit office de receveur général, ne en descharger ledit Martin Leroy qui d'icellui a esté conferné par le roy qui est à présent, pour éviter la conséquance et ouverture de plusieurs autres de ceste pareille nature, au moien de quoy plusieurs officiers seroient mis en procès et question, et pour ne contrevenir à l'édict du roy sur le fait des offices confermez.

Une lettre à mons^ur le chancellier, qu'il dresse la despesche de l'omme qui est venu de par la seigneurie de Venise.

Pour Jehan Plunier de Valence, lettres de seureté pour sa personne jusques à ung an, sans ce qu'il puisse estre prins au corps ne arresté en aucune manière, pour raison de ce qu'il doit à plusieurs personnes, du temps qu'il estoit argentier du roy de Cécille Charles et René : lesquelles lettres ont esté conmandées par le roy, présens mons^ur le bailli de Meaulx et maistre Jehan Martin, et depuis rapportées au conseil et par icellui conclutes.

DU XXVIIme JOUR DE NOUVEMBRE MIL IIII^c IIII^xx ET QUATRE, A GIEN SUR LOIRE.

Estans au conseil :

M. de Lorraine,
M. de Beaujeu,
M. de Périgueux,
M. de Marceille,
M. le président des comptes, Doriolle;

M. de Lisle,
Me Adam Fumée,
Me Charles de La Vernade,
Messire Pierre Salat.

Pour frère François de Voisins, lettres de congé d'exécuter ses bulles appostolicques à l'encontre de frère Jehan de Morillon, touchant la pencion de cent escuz d'or, réservée par notre saint père audit de Voisins sur le prieuré de Notre-Dame de La Durade de Thoulouse.

Pour Simon Brosse, lettres aux généraulx des monnoies que, combien que sa partie adverse, nonmé Pierre Godeau, ait esté pourveu de l'office de tailleur et graveur des coings de la monnoie de Thoulouse, dont ledit Brosse avoit eu le don de mons^{ur} le chancellier, que, s'il leur appert que ledit Godiau ne soit ydoine et souffisant pour excercer ledit office, et que lesdits généraulx ne l'aient voulu recevoir, parce qu'il ne se cognoist ou fait et excercice dudit office, que en ce cas ilz en facent jouir ledit Simon Brosse, nonobstant le don que s'en dit avoir ledit Godiau, actendu que c'est l'intérest du roy et de la chose publicque.

Plus ont esté ordonnées lettres adressans aux maistres d'ostelz du roy que, s'il leur appert que Thomas Maubruny, nepveu de l'arcevesque de Bourges, qui a présent est, excerçast ordinairement l'office de clerc d'offices de l'ostel du feu roy Lois, que Dieu absoille, à l'eure de son trespas, et qu'il feust paié des gaiges audit office appartenant, que en ce cas ilz facent servir ledit Maubruny et lui comptent et facent paier lesdits gaiges, comme aux autres clercs d'offices servans à présent ordinairement le roy.

Pour maistre Guillaume Bechebien, procureur du roy ou bailliage de Touraine, lettres patentes de déclaracion, adressans au bailli de Touraine ou son lieutenant et à tous autres juges que, si lui appert que ledit Bechebien soit procureur du roy oudit bailliage, que lui et ses prédeccesseurs oudit office aient acoustumé conmectre et substituer en leur lieu ou sieige de Chinon, que ledit Bechebien y eust substitué maistre Jehan Marche, qui depuis a obtenu lettres pour y estre procureur en chef, en ce cas face jouir ledit Bechebien dudit office et de pouvoir substituer audit sieige de Chinon, tout ainsi que ses prédeccesseurs et lui ont fait par ci-devant, nonobstant les lettres obtenues par ledit Marche.

DU XXIXme JOUR DE NOVEMBRE MIL IIIIe IIII^{xx} ET QUATRE, A GIEN.

Estans au conseil :

- M. le cardinal de Lion,
- M. le duc de Lorraine,
- M. de Beaujeu,
- M. de Bresse,
- M. de Périgueux,
- Messire Pierre Doriolle, président des comptes;
- M. de Lisle,
- M. Des Quars,

- M. de Champerroux,
- M° Pierre Salat, président des enquestes;
- M° Adam Fumée,
- M° Charles de La Vernade,
- M° Estienne Pascal,
- M° Philippe Baudot,
- Le prothenotaire de Blanchefort,
- Le bailli d'Alemaigne.

Pour mons^{ur} Du Bouchaige, s^{ur} de Salles, Contaz et des communs de Toucques et Sauveterre, mandement adressé au senneschal de Rodez ou son lieutenant, pour contraindre Alexis Cadœl, Jehan Nates et Anthoine de Nezates, fermiers dudit commun de la paix et desdites seigneuries, à paier audit s^{ur} Du Bouchaige ce qu'ilz lui doivent pour raison desdites fermes, de ce qui est écheu d'icelles, avant l'octroy fait par le roy à mons^{ur} d'Armeignac de la restitucion de ses terres soubz la main dudit seigneur, et ce nonobstant les deffences à eulx faictes de par ledit s^{ur} d'Armeignac et le président Lauret, commissaire en ceste partie, actendu que ledit s^{ur} d'Armeignac n'y peut riens quereller ne demander, sinon depuis l'octroy de sadite restitucion à lui faicte par le roy.

Pour messire Guérin Le Groing, bailli de Saint Pierre le Moustier, don de la somme de IIe l. tourn., que les gens des comptes à Paris ont rayée ès comptes du receveur du demaine du bailliage de Saint Pierre le Moustier sur ledit Le Groing, à cause de ce que le feu roy Lois, que Dieu absoille, dès l'an mil IIIIe LXXII lui donna et octroya qu'il peust faire excercer par telles personnes que bon lui sembleroit, le greffe, scel, escriptures et autres fermes de sondit bailliage, en les lui baillant à main ferme, au pris que les avoit tenu par avant Jehan Cellier dudit lieu, lequel pris ledit messire Guérin estoit tenu paier chacun an audit receveur.

Sur ce que mons^{ur} de Jonnelle a requis avoir pension du roy, il a esté remis à en parler au roy.

Sur ce que aucuns marchans du pais de Lourraine ont fait remonstrer comment il a pleu au roy par plusieurs fois escripre au seigneur de Vergy, pour réparacion des omycides, et restitucion des destrousses faictes à iceulx marchans, en revenant des foires franches de Lion, entre Chaalon et Beaulne ou duchié de Bourgongne, par les gens dudit s^{ur} de Vergy, qui misdrent iceulx marchans en une de ses places appellée Rivel, près de Gray sur Sône, et les detindrent par l'espace de XII jours, et deslièrent la pluspart de leurs marchandises, et le demourant envoièrent au lieu de Valengin, pour cuider couvrir leur malfait; toutesfois ledit s^{ur} de Vergy n'en a fait aucune réparacion ne restitucion, soy excusant qu'il ne peut trouver ne aprehender lesdits malfauteurs. Par quoy ont requis au roy et à mess^{urs} de son conseil, lesdits marchans, mandement pour contraindre ledit s^{ur} de Vergi à faire restitucion et réparacion des excez dessusdits.

A esté conclud que mandement leur sera baillé adressant à mons^{ur} le gouverneur de Bourgongne, pour faire faire informacion desdits excèz, et se par informacion faicte ou à faire, il lui en appert souffisamment, en ce cas qu'il contraigne ledit s^{ur} de Vergy et tous autres que pour ce feront à contraindre, à réparer iceulx excèz, rendre et restituer ausdits marchans leurs biens avec tous intérestz et donmaiges, nonobstant oppositions et appellacions quelzconques, en faisant raison et bonne justice aux parties, et au surplus punicion des délinquans selon l'exigence desdits cas, et sur l'imfraction de la sauvegarde du roy, en laquelle sont et doivent estre tous les marchans fréquentans lesdites foires.

Item. Une lettre du roy bien rigoureuse, adressant audit s^{ur} de Vergy, comment le roy est très-malcontent qu'il n'en a fait faire réparacion, selon ce qui lui en a escript plusieurs fois, en lui déclairant qu'il n'est délibéré souffrir telles choses avoir cours en son royaume.

Item. Une bonne lettre à mons^{ur} le gouverneur de Bourgongne, pour besongner vertueusement en ladite conmission.

Sur la requeste du s^{ur} de Gaucourt et de Robert Marsot, requérans qu'ilz puissent faire exécuter par main armée certains arrestz de la court de parlement, donnez à leur proffit à l'encontre de messire Pierre Puy et sa femme, paravant femme de feu Pierre Louvain, parce que lesdits arrestz n'ont peu estre exécutez par messire Pierre de Cerisay, conseiller en parlement, au moien de ce que les enffans dudit Louvain, aians avec eulx plusieurs picquiers et halbardiers ont fait audit conmissaire de grandes rebellions et désobeissances, comme appert par le procès-verbal signé dudit commissaire, qu'ilz ont fait exiber au conseil du roy par maistre Adam Fumée, maistre des requestes ordinaire de l'ostel dudit s^{ur} ;

A esté conclud que, actendu que les héritaiges dont lesdits arrestz font mencion sont assis en plusieurs et divers lieux, et que afin que l'auctorité du roy soit gardée en ceste matière, en manière que lesdits arrestz ne soient illusoires, que mandement leur sera baillé, adressant aux bailliz et senneschaulx où sont lesdites terres assises, et à chacun si comme il appartiendra, que s'il leur appert desdits arrestz et desdites rebellions et désobeissances, que en ce cas ilz facent chacun en son endroit exécuter lesdits arrestz, selon leur forme et teneur, en y procédant en manière que le roy y soit obéy et son auctorité gardée, et que la force lui en demeure. Et au surplus qu'ilz facent informacion desdits excèz, rebellions et désobeissances, et après qu'il leur en sera apparu, qu'ilz en prennent six au corps et adjournent autres six des plus coulpables à comparoir en personne en la court de parlement à Paris, pour illec estre faicte punicion des délinquans, telle qu'il appartiendra par raison.

Item. A esté ordonné que de ceste matière on advertira mons^{ur} Des Cordes, à présent estant en court, afin qu'il escripve ausdits Louvain, qui ont esté soubz lui en la charge du camp qu'ilz obéissent ausdits arrestz, pour iceulx laisser exécuter selon leur teneur.

Sur ce que les gens et depputez de mons^{ur} Charles d'Armeignac, envoiez de par lui devers le roy et devers les gens de son conseil, ont requis pour estre oyz sur l'innoccence et justificacion dudit s^{ur} d'Armeignac des faulx rappors qu'ilz dient avoir esté faiz au roy par les haynneulx dudit s^{ur} d'Armeignac, et requérans que on leur baillast ung conmissaire, notable homme du conseil du roy, non suspect aux parties, pour se informer desdites justificacions aux despens dudit s^{ur} d'Armeignac, pour informer le roy de la vérité desdites choses;

A esté conclud que, actendu que par cy-devant a esté par le roy et son conseil envoiée conmission à la court de parlement de Thoulouse, pour eulx informer de plusieurs charges mises et imposées audit s^{ur} d'Armeignac, et en faire le rapport au roy et à son conseil, que afin que ladite conmission ne soit interrompue, que commission sera baillée à mons^{ur} d'Albi pour soy joindre avec les gens de ladite court de parlement, pour veoir avec eulx les informacions par eulx faictes et à faire, et au surplus pour besongner avec eulx à faire l'informacion sur lesdites innoncences et justificacions dudit s^{ur} d'Armeignac, en manière que les charges et justificacions soient colligées et mises ensemble, pour sur le tout en advertir le roy et mess^{urs} de son conseil, et y pourveoir comme il sera trouvé que faire se devra.

Et au surplus sera envoyé par le roy quelque bon conmissaire pour punir plusieurs mauvaix garsons, estans et vivans soubz l'adveu dudit s^{ur} d'Armeignac, qui pillent et robent le pais et y font plusieurs autres excèz, après l'informacion faicte comme il appartient.

Pour Ymbert de Varcy de Lion, maistre d'ostel du roy, lettres du roy adressans à iceulx d'Avignon, pour les sommer et requérir de faire paier ledit de Varcy de ce que lui doit Perot Damiens, marchant d'Avignon, selon ses cédulles obligatoires, en leur faisant savoir que, s'ilz ne le font, que le roi procédera contre eulx, comme il appartiendra, soit par marque ou autrement, ainsi que par raison faire se devra.

Item. Mandement pour faire sommacions, et le tout avec leur responce estre rapporté au conseil du roy, pour y estre pourveu soit par marque ou autrement, comme il appartiendra par raison.

Admortissement avec le don de la finance de xxx l. tourn. de rente pour les chanoines et chappitre de l'église d'Aire, en faveur des pertes qu'ilz ont souffertes durant les guerres.

Sur la requeste rapportée par maistre Charles de La Vernade pour messire Jousselin Dubois, chevalier, conseiller et chambellan du roy, bailli des Montaignes et grant mareschal des logeis, requérant avoir sa lance d'omme d'armes et six archers, passez en la compaignie de mons^{ur} le grant bastart de Bourgongne, sans estre subgectz à faire monstre;

A esté conclud qu'il les aura.

Item. Lettres pour estre paié des gaiges dudit office de baillif comme sont les autres bailliz du royaume, à telz et semblables gaiges. Et au regart des xiie l. tourn. qu'il demande pour récompense des gaiges de cappitaine des cent lances qu'il souloit avoir, a esté ordonné qu'on en parlera avec mess^{urs} des finances, pour avoir regard en son fait, en faveur des reconmandables services faiz par lui à la couronne de France.

Pour Charles de Brillac, l'office de grenetier de Berre en Prouvence, que tient ung nommé Lois Menauldo, vacant parce que, depuis l'advénement du roy à la couronne, lui ne autre n'a esté confermé ne pourveu dudit office; et pourveu que ledit office n'appartienne à mons^{ur} de Bourbon ou autre, à donner, pour raison des terres que mondit s^{ur} de Bourbon a en Prouvence.

Plus a esté ordonné que Guillaume Dancezime, cappitaine et viguier de Rocquemore, aura et prandra chacun an sur la recepte et revenu de ladite place, telz et semblables gaiges que souloient avoir et prandre les autres cappitaines et gardes d'icelles places de tout temps et ancienneté, et mesmement du temps du feu roy Charles VIIme, que Dieu absoille.

Coppie des lettres missives escriptes au duc de Venise.

CAROLUS etc., illustrissimo duci Venetiarum, salutem. Illustrissime ac potens princeps, binas litteras vestras accepimus, plenas amoris et benevolentiæ erga nos qui non dispari affectione vos prosequimur. Deo habemus gratiam quod Italia quiescit, ut scribitis, et pulchra pace lætatur. Hanc ipsam pacem desideramus intactam illibatamque ab omnibus observari, et eam utique fovebimus pro viribus. Cæterum gaudemus spectabilem ac clarissimum equitem auratum, Antonium Lauredanum, oratorem vestrum, ad vos salvum sospitemque rediisse. Gessit autem generoso animo, more suo, quatenus dixit susceptum se a nobis honorifice extitisse. Dignus profecto erat familiaritate ac liberalitate nostra, pro suis eximiis virtutibus. Et quia in paucis nostram gratitudinem prædicat ac contestatur, vellemus id nobis occasionis offerri quo possemus aliquid amplioris humanitatis in eum exercere. Illustrissime ac potens princeps, si qua in re possemus placere vobis, prompti paratique erimus, Christo auctore, qui vos felicitet. Datum in Gieno, oppido nostro, die vicesima nona mensis novembris.

(Illustrissimo ac potenti principi duci Venetiarum, etc.)

Le dernier jour de novembre, l'an mil IIIIe IIII^xx et IIII, deppendant du xxve jour dudit mois, maistre Pierre Combault, procureur ou grant conseil du roy, par vertu de la procuracion mise par devers maistre Jehan Mesme, notaire et secretaire dudit s^ur et greffier de son conseil, s'est présenté par devant ledit s^ur et son conseil, estant lès lui, pour très-haulx et puissans s^ur et dame Jacques de Savoye, comte de Romont et de Saint-Pol et Marie de Luxembourg, sa femme, à cause d'elle, nommez en la procuracion, demandeurs.

Contre messire Guy Pot, chevalier, et se mestier est, contre Jehan de Ploicht, cappitaine du chasteau de Luchen et lieutenant du bailly dudit lieu, Anthoine Le Nourrequier, soy disant receveur des terres et seigneuries dudit Tuchen, Pas et Ligny, et messire Charles de La Viefville, chevalier, s[ur] du Frescoy, soy disant senneschal et bailli dudit conte de Saint-Pol pour ledit messire Guy Pot, deffendeurs.

Item. Les jour et an dessusdits, c'est ledit maistre Pierre Combault, par vertu d'icelle mesme procuracion, présenté pour mesdits s[ur] et dame, en ladite qualité.

Contre messire Anthoine de Crevecueur, chevalier, s[ur] dudit lieu, et, se mestier est, contre Guy de Talmes, son procureur, opposans[1].

Plus a esté ordonné que, pour ce que mons[ur] le cardinal de Foix ne s'est encores joinct ne trouvé à Thoulouse avec mons[ur] d'Albi, pour besongner ou fait de l'apaisement du différent d'entre madame la princesse de Vienne et mons[ur] le viconte de Nerbonne, selon le povoir à eulx baillé, et que à cause du retardement de sa venue plusieurs maulx se pourroient ensuivir,

A esté conclud que, pource que ledit povoir se adressoit ausdits cardinal de Foix et évesque d'Albi ensemble, que on envoiera audit évesque d'Albi, pour en ladite matière sans actendre la venue dudit cardinal de Foix, le povoir dont la teneur sensuit; lequel a esté délibéré et conclud oudit conseil :

Charles, par la grâce de Dieu, roy de France, à tous ceulx qui ces présentes lettres verront, salut. Savoir faisons comme dès le second jour d'octobre, derrenier passé, nous eussions par noz autres lettres patentes et pour les causes contenues en icelles, donné povoir, auctorité et puissance à notre très-cher et très-amé cousin le cardinal de Foix, et à notre amé et féal cousin l'évesque d'Albi,

---

[1] Je crois qu'il y a ici une lacune dans le manuscrit.

pour eulx deulx ensemble pacifier et accorder le différent qui est entre notre très-chère et très-amée tante la princesse de Vienne, et sa fille notre cousine, d'une part, et notre très-cher et amé cousin Jehan de Foix, viconte de Narbonne, d'autre; et au surplus besongner selon et en ensuivant la teneur de nosdites lettres de pouvoir et instructions, sur ce baillée à nosdits cousins. Et combien que notre vouloir et entencion ait esté et soit que ceste matière preigne bonne et briefve fin et conclusion, tant par voye amyable, se faire se peut, que autrement, en manière que notre pauvre peuple de Languedoc ne soit plus oppressé ne molesté, ainsi qu'il a esté par cy-devant à cause dudit différent, et que notre auctorité ne soit foullée de ceulx qui, par vraye obéissance, la devroient entretenir, et vivre soubz icelle; toutesvoies nous avons entendu que notredit cousin l'évesque d'Albi, lequel, tantoust après l'expédicion de nosdites lectres s'est transporté en notre ville de Thoulouse, pour de sa part exécuter nosdits vouloir et entencion, fait difficulté de procéder à l'exécucion de nosdites lettres de pouvoir, au moien de l'absence de notredit cousin le cardinal, et de ce que ladite exécucion n'est conmise à chacun d'eulx, mais eulx deulx ensemble; et par ce moien pourroient nosdites lettres et l'effect d'icelles demourer inexequtées et comme illusoires et de nulle valeur, en notre préjudice et donmaige, et à la très-grant foulle et charge de nosdits subgectz et plus pourroit estre, se prompte provision n'estoit par nous sur ce donnée. SAVOIR faisons que nous, voullans noz ordonnances et délibéracions, faictes touchant ledit différent, estre mises à exécucion sans aucun délay ou dissimulacion, avons, par l'advis et délibéracion de plusieurs des seigneurs de notre sang et gens de notre grant conseil, voulu et ordonné, voulons et ordonnons par ces présentes que notredit cousin l'évesque d'Albi, seul et pour le tout, et sans actendre la venue de notredit cousin le cardinal de Foix, puisse entièrement procéder, besongner, vacquer et entendre au fait et exécucion de nosdites premières lettres de pouvoir, selon leur forme et teneur, tout ainsi que si elles estoient à lui seul adressées. Et tout ce qui, par vertu d'icellui pouvoir, a esté et sera par lui fait et besongné en ceste matière, avons auctorisé et auctorisons par cesdites présentes. Et d'abondant, pour plus grande ampliacion et déclairacion de nosdits voulloir et entencion, lui avons donné et donnons plain pouvoir, auctorité, conmission et mandement espécial de soy informez bien et deuement des reffuz et délais que ont fait et feront cy-après l'une ou l'autre desdites parties, de obéir à nosdits mandemens et ordonnances touchant ledit différent, et de ce nous advertir ou noz lieuxtenans et chiefz de guerre de par delà, pour estre par eulx procédé contre lesdits reffusans par main forte et autrement, ainsi qu'il appartiendra, tellement que l'auctorité nous en demeure, de mander et faire venir ès frontières de Foix, et ailleurs où mestier sera, les gens de guerre de noz ordonnances, nobles du ban et arrière-ban et autres, qui sont et seront par nous establiz pour nous servir èsdites marches, de ordonner et faire délivrer logeis, vivres et utencilles ausdits gens de guerre par les consulz, manans et habitans des villes et lieux où leur logeis sera ordonné, de contraindre lesdit consulz, habitans, cappitaines des places et autres noz subgectz par toutes voies en tel cas requises, à leur faire ouverture et délivrer ledit lougeiz, vivres, utencilles, artillerie, pouldres, salpestres, charroy, pionniers, mannevres et autres choses à ce néccessaires, en les paiant raisonnablement, de faire vivre lesdits gens de guerre en bon ordre, justice et police, de deffendre à nosdits subgectz, sur peine de confiscacion de leurs biens, qu'ilz ne soient si osez ne hardiz de donner aide, conseil ne faveur, ne administrer vivres, harnois ne autres choses quelzconques à cellui ou ceulx qui ne vouldront tenir nosdits ordonnance et appoinctement, lesquelz dès à présent en leur reffuz d'y obéir, nous repputons et déclairons noz rebelles et désobéissans, et que leurs biens soient par justice déclairez à nous confisquez, la publicacion sur ce préallablement faicte, afin qu'ilz n'en puissent prétendre juste cause d'ignorence; de réduire et remectre en notre obéissance toutes places qui se vouldront rendre et livrer en noz mains; de retirer à nous et en notre service tous gens de guerre et autres qui vouldront habandonner tous autres partiz, pour nour servir et demourer en notre obéissance, et leur ordonner et promectre de par nous telles pensions, gaiges ou appoinctement qu'il verra estre à faire, selon la qualité de leurs personnes, et généralement de faire en ceste matière entièrement ce qu'il verra estre à faire, pour la seureté et conservacion de nosdits pays et subgectz, et tellement que nous soions obéy, et que la force et auctorité nous en demeure, et tout ainsi que ferions et faire pourrions si présens en personne y estions. Posé qu'il y eust chose qui requist mandement plus espécial, promectant, en bonne foy et parolle de roy, avoir agréable, ferme et estable tout ce qui par notredit cousin, ses commis et depputez aura esté fait et besongné en ceste partie, et de le ratiffier et approuver par noz lettres, toutes et quantefois que mestier sera et requis en serons. Et tesmoing de ce, nous avons signé ces présentes de notre main, et fait sceller de notre scel. Donné, etc.

DÉCEMBRE.

DU PREMIER JOUR DE DÉCEMBRE, L'AN MIL IIII^c IIII^{xx} ET IIII, A GIEN SUR LOIRE.

Estans au conseil :

Mons^{ur} de Bresse,
M. le prince d'Orenge,
M. le chancellier,
M. de Chastelacher,
M. Des Quars,
M. de Champerroux,
M. de Lisle,

Me Pierre Sallat, président des enquestes ;
Me Adam Fumée,
Me Charles de La Vernade,
Me Estienne Pascal,
Me Phelippe Baudot.

Pour mons^{ur} de Montigny, requérant que la cappitainerie de la place de Mortaigne, laquelle place il est tenu par arrest rendre et remectre en la main du roy le landemain de Noël, prochainement venant, lui demeure, après qu'il aura fourny au contenu dudit arrest,

A esté conclud qu'il aura ladite cappitainerie pour sa demeure, à telz gaiges qu'il plaira au roy lui ordonner.

Et au regard des réparacions que ledit Montigny dit avoir faictes en ladite place, et dont il demande estre remboursé,

A semblé, par manière d'advis, que, actendu que durant le temps que ledit de Montigny a tenu et occupé ladite place, il en a prins et reçeu le revenu; que ledit revenu doit tenir lieu pour le remboursement desdites réparacions, en remectant le tout au bon plaisir du roy devant lequel tout ce qu'il demande sera rapporté pour en ordonner à son bon plaisir, ainsi qu'il lui plaira en ordonner.

Pour maistre Pierre Sarrat, advocat du roy en parlement à Thoulouse, congié de patrociner pour les parties et causes qui ne touchent le roy, actendu que les gaiges de sondit office sont petiz et qu'il ne s'en pourroit d'iceulx bonnement entretenir ou service du roy [1].

Pour maistre Jehan Amyart, examinateur du chastellet du roy à Paris, congié de résigner sondit office à personne ydoine, sans mectre dedans les lettres le congé d'en prandre proffit.

Par Guillaume Potier, demourant au Pont-Saint-Esperit en Languedoc, mandement pour le faire tenir quicte de ce qu'il avait mis à pris la ferme du denier de Saint-André, qui est demaine du roy, à M. l. tourn., actendu que ung nommé Guillaume Noyer l'a mist à XI^c l. tourn., et que par ladite mise ledit Potier en fut débouté.

Pour le duc de Bretaigne, lettres de surcéance pour six mois [2], pour surcéoir l'excucion de certains arrestz, pièçà prononcez en la court de parlement, en faveur du s^{ur} de La Tour contre le s^{ur} Bondon, pour raison de certain fief assis oudit païs de Bretaigne, ap-

---

[1] A la marge du manuscrit on lit : « M. le chancellier a fait deppécher ledit Sarrat. »
[2] A la marge du manuscrit on lit : « De ceste matière ont esté expédiées autres com-
« mandées par le roy à Amboise, contenant surcéance de six mois. »

pellé le fief de La Tour, actendu que lesdits arrestz touchent le duc, parce que le duc mainctient avoir droiz et prérogatives, à cause de sondit duché, que ses vassaulx et subgectz dudit duché ne doivent estre traitez ne convenuz en première instance ne autrement, pour quelque occasion que ce soit, en la court de parlement ne ailleurs, par devant aucuns juges roiaulx, fors seullement en cas de déni de droit, et par ressort de son parlement de Bretaigne, dont a esté autrement procédé èsdits arrestz au préjudice desdits droiz du duc. Et de laquelle surcéance en a esté baillé par le roy en son conseil, à Amboise, autre pareille surcéance pour six mois qui desjà sont escheuz, au moien de quoy le duc en demande une autre pareille pour autres six mois lui estre renouvellé, avec réparacion de ce qui a esté innouvé durant ladite surcéance première, et depuis l'octroy d'icelle, au préjudice d'icelle, en remectant tout au premier estat et deu, ainsi qu'il estoit au jour de l'octroy d'icelle fait audit lieu d'Amboise, actendu que dedans les six premiers mois, sur la fin d'iceulx, ilz la vindrent demander à Paris, et que ou conseil du roy de la justice, présent mons^{ur} le chancellier et le tiers président de Thoulouse, elle leur fut accordée, dont les lettres ne furent expédiées, parce qu'elles ne furent lors conmandées à aucun secrétaire.

Lettres patentes et closes à la court de parlement, que le roy leur interdit la congnoissance de la matière de François de Genas, lequel par arrest du grand conseil a esté comdampné, entre autres choses, envers le roy, en la somme de vi^m viii^c l. tourn., et renvoié en personne sur autres cas, à lui imposez, ou parlement de Thoulouse, et qu'ilz laissent sortir effect ledit arrest, selon sa forme et teneur.

DU IIme JOUR DE DÉCEMBRE, L'AN MIL IIII^c IIII^{xx} ET QUATRE, A GYEN.

Estans au conseil :

Mons^{ur} de Beaujeu,
M. le prince d'Orenge,
M. de Périgueux,
Me Pierre Doriolle, président des comptes;
M. de Lisle,
M. de Chastelacher,

M. de Champerroux,
M. Des Quars,
Me Adam Fumée,
Me Pierre Salat,
Me Charles de La Vernade,
Me Estienne Pascal,
Me Benoist Adam.

Pour madame Du Lude, mandement adressant aux gens des comptes, qu'ilz allouent ès comptes des héritiers de feu Jehan Vidal, argentier du feu roy Lois, lui estant daulphin, toutes les parties et sommes de deniers, à quoi peuvent monter certains harnois, chevaulx et artillerie baillez par ledit feu Jehan Vidal à Jehan, bastard d'Armeignac, et à Guillaume de Poitiers, pour le service dudit feu roy, par les cédulles dudit s^{ur} Du Lude, aiant conmandement et charge dudit roy Lois de ce faire, nonobstant interrupcion, et que desdites sommes s'en fût ensuyvie aucune radiacion pour faulte d'acquit.

Depuis sont survenuz oudit conseil :

M. le cardinal de Lion,
M. de Genli,
M. de Montmoranci.

Sur la requeste des doien, chanoine et chappitre de l'église de Thérouenne, requérans estre appoinctez de la somme de xii^c l. tourn., qu'ilz prestèrent au feu roy Lois, que Dieu absoille, pour emploier aux réparacions et fortiffications de ladite ville de Thérouenne, de laquelle somme depuis ilz n'ont esté satisfaiz, combien que ledit feu roy, par mandement pactent, signé de sa main et de maistre Mace Picot, secrétaire de ses finances, monstré ou conseil du roy, donné à Estré Le Cauchée le xi⁰ jour de juing; l'an mil iiii⁰ lxxvii, ait mandé au général de Picardie les faire appoincter de ladite somme de xii⁰ l. tourn.

A esté conclud que, actendu que ladite somme a esté audit feu roy par eux libéralement prestée, que le roy les en fera appoincter ès estaz de ses finances; et que en faisant iceulx estaz pour ceste année, que en iceulx on réservera une partie en despence, pour convertir en l'acquict des debtes dudit feu roy, pour icelle distribuer à ceulx à qui ledit feu roy devoit, dont, entre autres parties, la partie desdits chanoines de Thérouenne sera singulièrement reconmandée. Et a esté ordonné que monsʳ le général de Picardie ramentevra leur fait, en faisant lesdits estaz.

Sur la requeste des sergens de la cité de Carcassonne, qui sont cent dix personnes, requérans estre appoinctez de leurs gaiges, appartenant à leurs offices, qui sont pour chacun jour xv d. tourn. pour homme, afin qu'ilz puissent tousjours mieulx servir le roy en la garde de ladite place;

A esté conclud que, actendu que le demaine du roy sur lequel ilz soulloient prandre lesdits gaiges, a esté réuny, qu'il sera mandé aux trésoriers les appoincter de leursdits gaiges, ainsi qu'ilz ont acoustumé d'en joir.

Sur la requeste de monsʳ le conte Dampmartin, requérant lectres patentes du roy, pour lui laisser en garde la place de Severat, qui fut à feu monsʳ d'Armeignac, actendu qu'il y a plus de douze ans qu'il la tient, et aussi qu'il a bien gardée jusques à présent; et considéré qu'il est ordonné par le roy en son conseil que, en faisant à monsʳ Charles d'Armeignac délivrance de ses terres, soubz la main du roy, qu'il a esté dit que les places fortes demourront en la main du roy, pour estre gardée par ceulx qui lui plaira;

A esté conclud que, considéré lesdites choses dessusdites, la garde de ladite place lui sera baillée par le roy, réservant de faire la tauxacion des gaiges qui seront advisez pour la garde d'icelle, selon ce qu'il sera advisé ou conseil dudit s^ur, qu'il y fauldra de gens pour la garder.

Sur la requeste de damoyselle Hélyénor de La Ratha, femme de Ymbert de Varcy de Lion, maistre d'ostel du roy, requérant estre appoinctée de la somme de II^m escuz, que le feu roy de Cécille lui ordonna, pour lui aider à la marier, et pour les services faiz en la maison d'Anjou par elle et ses prédeccesseurs et parens, qui ont perdu, au moien de ce, tous leurs biens et rentes qu'ilz avoient ou royaume de Napples;

A esté conclud que ceste requeste sera renvoyée à mons^ur l'évesque de Périgueux, aumosnier du roy, lequel a charge de veoir le testament des feuz roys de Cécille, et de leurs debtes et de celles du feu roy Lois, que Dieu absoille, pour, son rapport ouy, estre pourveu à ladite suppliante d'assignacion, mesmement pour estre assignée et comprinse pour une porcion en la somme totalle qui sera ceste année couchée ès estaz des finances du roy, pour l'acquit des debtes dudit feu roy Lois, et que sa partie y sera pour singulièrement reconmandée.

Pour ceulx d'Avignon, lettres missives à la court de parlement de Grenoble, qu'ilz aient à mectre à exécucion certain mandement du roy, par eulx obtenu, touchant la délivrance d'un homme qu'ilz détiennent prisonnier, nommé Jehannet Pelegrin.

Pour maistre Jehan Picart, notaire et secrétaire du roy, confirmacion de douze solz par jour, montans par an deux cens soixante treize livres quinze solz tournois, que le feu roy Lois, que Dieu absoille, par ses lectres données à Clereau, le XXVIIme jour d'aoust mil IIII^c IIII^xx, avoit donnée audit Le Picart par chacun an, sa vie durant, pour ses gaiges extraordinaires dudit office de secrétaire, tout selon le contenu èsdites lettres dudit feu roy Lois, dont ledit Le Picart a joy jusques au trespas dudit feu roy.

Pour Herne de Lanyon, eschançon ordinaire du roy, lettres pour le faire joir des gaiges de l'office d'esleu de Nante, nonnobstant que ung nonmé Grégoire de Lisle les ait fait séquestrer par son faulx donné à entendre, s'il appert que ledit de Lanyon ait don dudit office et non ledit de Lisle, au moins précédant cellui de Lanyon, et que icellui de Lanyon ait fait et face excercer ledit office.

DU IIIIme JOUR DE DÉCEMBRE MIL IIII^c IIII^xx ET QUATRE.

Estans au conseil, à Gien sur Loire :

M. de Lourraine,
M. de Beaujeu,
M. de Bresse,
M. de Périgueux,
M. le président des comptes, Doriolle;
M. Des Querdes,
M. de Genli,
M. de Maigne,

M. de Lisle,
M. de Champerroux,
M. Des Quars,
Me Adam Fumée,
Me Charles de La Vernade,
Me Pierre de Sacierges,
Me Estienne Pascal,
Messire Pierre Sallat.

Pour mons^ur de Rohan, don du droit qui appartient au roy de la traicte de IIII^c pipes de vin, ainsi qu'il avoit du temps du feu roy Lois, et permission de les tirer en Bretaigne pour la provision de sa maison.

Lettres missives à ung nonmé Mezerat, veille et cappitaine de Marenjoux, pour le faire venir devers le roy, afin de le faire condescendre à se désister amyablement de ladite cappitainerye au proffit de Artus de La Forest qui a demandé ledit office, pour lui aider à soy entretenir, pour ce qu'il est petitement appoincté. Et ou cas que ledit Mezerat ne le veuille faire, on aura regard en faisant les estaz de faire quelque autre bien audit de La Forest.

Pour mons^ur de Tancarville, a esté conclud que la terre et seigneurye de Gayefontaine que le feu roy Lois lui bailla, en eschange de la terre et seigneurie de Rugny, lui demourra, et que ledit eschange aura lieu, et qu'il sera derechef mandé aux trésoriers l'en faire joir, nonobstant la réunion qu'ilz en ont faicte, en ensuivant la main-levée qu'il en a euee; et que au regard dudit Rugny, le roy, si c'est son plaisir, le pourra joindre et applicquer à son demaine, ou lieu dudit Gayefontaine, affin qu'on ne puisse dire que, à ceste cause, ledit demaine soit pour ce diminué au moyen dudit eschange.

Pour ceulx de mons[ur] Saint-Anthoine de Viennois, lettres de reconmandacion réitératives à Romme, à ce que notre saint père vueille donner et unir des bénéffices à l'église de Montmaiour, jusques à la somme de xv[c] ducatz, afin de faire cesser la pension que ceulx dudit Montmaiour prenent sur ledit de Saint-Anthoine, qui est de pareille somme de xv[c] ducatz.

Lettres missives à mons[ur] d'Orléans, en faveur de mons[ur] le prince d'Orenge, à ce qu'il lui vueille faire faire la raison et restitucion des ville et chastel de la Ferté-Millon, que mondit s[ur] le prince prétend à lui appartenir.

Pour les maistres des requestes de l'ostel du roy, a esté ordonné qu'ilz auront chacun creue de gaiges de v s. par. par jour, oultre et par-dessus leurs autres gaiges et bienffaiz, par forme de don, jusques à deux ans, à prandre sur les amendes de la court de parlement et non ailleurs, après avoir eu communicqué ceste matière aux gens des finances.

Lettres de affranchissement de tailles et suscides pour ung nonmé Macasselin qui a servi vingt ans ès ordonnances en l'estat de homme d'armes.

Autres lettres de confirmacion d'affranchissement de tailles et subscides, pour Jehan de Nulli, dit de Frise, cirurgien du feu roy, demourant à Saint-Anthoine de Viennois.

Pour les Augustins de Thoulouse, lettres réitératives à Romme, pour avoir des pardons pour leur église.

Pour Colin Godart, homme de guerre, lequel en allant aux monstres à Beauvais avec autres ses compaignons, qui se lougèrent en ung villaige, et allèrent au logeiz d'un prebstre, pour ce que l'en disoit qu'il avoit une jeune chambrière; où ilz trouvèrent ung jeune femme couchée sur ung lyt, vestue, la firent lever : et en la tirant du logeis, pour ce qu'elle ne vouloit sortir, ledit Godart lui donna ung coup sur la teste, d'une espée qu'il avoit, à tout le fourreau, dont sortit sang; et puis fut menée hors dudit logeis, et fut congneue charnellement par aucuns desdits compaignons, et après coucha avec eulx, sans ce que ledit Godart eust sa compaignie, a esté octroié lettres de rémission dudit cas.

Pour Regnault Du Chastellet et sa femme, lettres patentes aux gens des comptes, que, s'il leur appert que la somme de II^m VIII^c l. tourn. soit couchée et emploiée en l'estat de feu Glaude Cot, lors trésorier du Daulphiné, pour la pension de feuz Soffroy Alman et sa femme, père et mère desdits Du Chastellet et sa femme, des deux années finies mil IIII^c LXXI et LXXII, et que ledit feu trésorier n'en ait paié ne ses enffans fait mencion ou compte qu'ilz en ont rendu que la première desdites deux années, et qu'ilz se sont fait faire don de la reste dudit compte; en ce cas, qu'ilz facent coucher oudit compte la somme de XIII^c l. tourn., pour ladite année LXXII par vertu dudit estat, et à icelle paier ausdits Du Chastellet et sa femme, en prenant leur quictance, facent contraindre les enffans dudit feu trésorier, nonobstant la closture dudit compte et expédicion dudit don.

Pour ce que Guillaume, cordonnier de Loches, fermier du VIIIme du vin vendu en détail audit Loches de l'année dernière passée, a, comme il dit, perdu en ladite ferme, à l'occasion de la mortalité qui a esté audit lieu, de cent à six vings livres tournois, ainsi que les esleuz dudit Loches ont certiffié; a esté octroié lettres aux généraulx et esleuz qu'ilz facent faire audit cordoannier telle modéracion et rabaiz que en leurs consciences ilz verront estre à faire par raison.

Pour ce que Jehan de Caours, naguières fermier de la viconté du Pont aux Poissons d'Abbeville, a, comme il dit, perdu en ladite ferme, à l'occasion de certain congié donné par le feu roy Lois, que Dieu absoille, à certains marchans de Hollande, de tirer de la conté de Ponthieu et pais de Vimeu certains grains, après certaines deffences paravant faictes oudit pais de ne tirer lesdits grains hors d'icelle conté et pais de Vimeu, la somme de c iiii l. tourn., par chacun mois et plus; a esté octroyé lettres adressans aux trésoriers de France qu'ilz facent audit Jehan de Caours telle modéracion et rabaiz que en leurs consciences ilz verront estre affaire par raison.

Sur la requeste baillée par les enffans et héritiers de feu Robert de Grammont, dit le gros Robert, en son vivant bailly de Givauldan, auquel le feu roy avoit donné les cappitaineries des places de Gigors, Memeyran, Du Crest et de Charpey ou Daulphiné, et tout le revenu d'icelles, à prandre par ses mains, dont il a joy vingt ans et demy ou environ jusques à son trespas; lequel revenu a esté couché chacune année ès estaz des trésoriers dudit Daulphiné, et alloué en leurs comptes, dont en ensuivant la coustume dudit pais lesdits supplians ont rendu compte, par lequel ilz sont demourez quictes envers le roy, mais pour ce qu'ilz n'ont peu faire apparoir des lettres de don fait par le roy audit feu Robert, parce qu'ilz dient qu'il les a perdues ès guerres dudit feu roy, les auditeurs et trésoriers qui sont à présent audit pais veullent contraindre lesdits supplians à paier ledit revenu, depuis la date desdites lettres jusques au trespas dudit feu Robert, leur père, qu'ilz ne sauroient, actendu la pouvreté en quoy leurdit père les a laissez;

A esté ordonné que, actendu que ledit revenu a esté couché ès estaz desdits trésoriers et alloué en leurs comptes, les services que ledit feu Robert a faiz, et la pouvreté en quoy il a laissé lesdits supplians, que lettres seront faictes ausdits supplians, par manière de don, pour leur servir d'acquict, nonobstant qu'ilz ne puissent faire apparoir des lettres de don desdites places et revenu d'icelles, en manière qu'ilz en demeurent quictes et paisibles, et qu'il ne leur en puisse plus estre aucune chose demandée.

Sur la requeste de damoyselle Héliénor de La Racha, femme de Hymbert de Varcy, maistre d'ostel du roy, disant que, comme elle eust requis par plusieurs fois au roy et à mess^{urs} de son conseil estre appointée de la somme de ii^m escus d'or, que le feu roy de

Sécille lui ordonna dans son testament, pour lui aider à la marier, en faveur des services faiz en la maison d'Anjou par elle et ses prédeccesseurs; sur quoy, mesdits s^{urs} du conseil du roy lui eussent ordonné monstrer à mons^{ur} l'évesque de Périgueux la clause dudit légat, et que en obéissant à icelle ordonnance, ledit évesque de Périgueux ait veue ladite clause, ainsi qu'il a certiffié par escript, par ung brevet signé de sa main, dont la teneur sensuit:

En ensuivant la délibéracion du conseil du roy, faicte sur la requeste de damoyselle Héliénor de La Ratha, femme de Hymbert de Varcy, maistre d'ostel dudit s^{ur}, avons veu le testament du feu roy Charles de Sécille, et mesmement l'article faisant mencion de ladite damoyselle, contenant le don à elle fait par ledit feu roy de Sécille de la somme de ii^m escus. Et nous semble, si c'est le bon plaisir du roy, qu'il l'en doit faire appoincter et paier. Fait audit iiiime jour de décembre, l'an mil iiii^c iiii^{xx} et quatre. J'ay veu la clause du testament sur la requeste dessus faicte. Ainsi signé G. évesque de Périgueux.

Par quoy elle requiert estre appoinctée desdits ii^m escus.

A esté ordonné que, veu la responce faicte par mondit s^{ur} de Perigueux, cy-dessus insérée, qu'il sera commandé aux gens des finances du roy l'appoincter desdits ii^m escus.

DU Vme JOUR DE DÉCEMBRE, MIL IIII^c IIII^{xx} ET QUATRE, A GIEN SUR LOIRE.

Estans au conseil :

Le roy,
M. de Lorraine,
M. de Beaujeu,
M. de Bresse,
M. le chancellier,
M. de Périgueux,
M. le président Doriolle,
M. de La Trimolle,
M. de Curton, gouverneur de Limosin;

M. de Genli,
M. de Lisle,
M. le bailli de Meaulx,
Me Charles de La Vernade,
Me Pierre de Sacierges,
Me Estienne Pascal,
Messire Pierre Salat,
Me Philippes Baudot

Une surcéance de six mois des arrestz donnez et prononcez en la court de parlement à Paris, au proffit du s^{ur} de La Tour contre le s^{ur} Dondon.

Item. A esté ordonné et conclud oudit conseil faire lettres à mons^{ur} de Dunois pour le fait de la détencion de maistre Jehan Travers, lieutenant du bailli de Touraine, en la manière qui sensuit[1].

DU VIme JOUR DE DÉCEMBRE, L'AN MIL IIII^c IIII^{xx} ET QUATRE, A GIEN SUR LOIRE.

Estans au conseil :

M. de Lorraine,	M. de Lisle,
M. de Beaujeu,	M. Des Quars,
M. le chancellier,	Me Adam Fumée,
M. de Périgueux,	Me Charles de La Vernade,
M. de Marceille,	Me Pierre de Sacierges,
M. le président des comptes Doriolle,	Me Estienne Pascal,
M. de Curton, gouverneur de Limosin;	M. le prothenotaire de Vendosme,
M. de Genly,	Me Jehan Bourre,
M. de Montmoranci,	Messire Pierre Sallat,
M. de Chastelacher,	Me Philippe Baudot.

Lettres patentes et missives à la court de parlement à Paris, pour évoquer, oultre et par dessus l'évocacion générale des offices et édit général, la cause et matière estant pendant en icelle court entre maistres Pierre Poignant et Estienne Pascal, pour raison de l'office de maistre des requestes de l'ostel du roy.

Item. Pour ce qu'il a semblé à mess^{urs} estans et assistans oudit conseil, qu'il vauldroit mieulx que ceste matière feust vuidée par expédient et amyable appoinctement que par la rigueur de la justice, que lettres seront faictes audit Poignant pour le faire venir par deçà, affin de trouver moien d'appaiser ceste matière.

---

[1] Après cet alinéa, le manuscrit original contient une lettre reproduite dans le procès-verbal qui suit.

Sur la requeste de mons^ur de Croy, conte de Porcien [1], dont la teneur sensuit :

Plaise au roy, notre sire, et à mess^urs de son sang, octroier au s^ur de Croy, conte de Porcien, main-levée de la terre et seigneurie de Bar sur Aulbe et des greniers à scel dudit lieu, de Mussy-l'Évesque et de Saint-Disier, naguières empeschez soubz couleur de la réunion générale du donmaine, et qui par le traicté d'Arras furent baillées par certaines et justes causes et raisons au feu s^ur de Croy par le feu roy Charles VIIme, que Dieu absoille, par manière d'angaigement, et pour la somme de troys mil livres de rente en assiete, et jusques à ce que ledit s^ur de Croy ou successeurs ou aians cause eussent esté entièrement paiez de la somme de trente mil escuz d'or, les soixante et quatre faisant marc d'or. Et à ce tiltre, ledit feu s^ur de Croy a joy de ladite seigneurie de Bar et de l'esmolument desdits greniers, jusques à son trespas, et après lui feu madame Marguerite de Lorraine, sa femme, mère dudit s^ur de Croy, tant au moien dudit engaigement que par confirmacion que lui en feist le feu roy Lois, aussi que Dieu absoille, qui eut pour agréable ledit engaigement, et dont ledit s^ur de Croy a, pour raison de ladite seigneurie, naguières fait les foy et honmaige au roy qui a présent est. Et avec ce, lui plaise conferrer ledit engaigement et bail ainsi fait que dit est, de ladite seigneurie de Bar, ensemble des appartenances et appendences d'icelle, de laquelle pour la moitié, ensemble desdits greniers, a esté octroyé par ledit s^ur, à la requeste de mons^ur le duc de Lourraine, main-levée à damoiselle Ysabeau de Croy, seur puisnée dudit s^ur de Croy qui, au moien d'icelle main-levée a eu joissance d'icelle moitié. Et avec ce plaise audit s^ur octroier audit s^ur de Croy main-levée de l'esmolument et prouffit des greniers à sel de Chastel en Porcien et de Cornucy, qui jà piéçà furent baillez par ledit feu roy Lois audit feu s^ur de Croy, pour récompense

---

[1] Voyez Masselin, p. 86 et suiv. p. 340 et suiv.

de la conté de Guynes qu'il bailla audit feu roy Lois au traicté qui se feist devant Paris, lequel la bailla au conte de Charrolois. Ou soit le bon plaisir dudit s^{ur} rendre ladite conté audit s^{ur} de Croy en l'estat qu'elle fut baillée audit feu roy Lois, et icellui de Croy délaissera le proffit et émolumens desdits greniers à sel de Chastel en Porcien et de Cornuci, pour desdites choses et chacune d'icelles joir par ledit s^{ur} de Croy, ainsi que faisoit icellui feu s^{ur} de Croy, son père, et feue ladite dame sa mère, aux jours de leurs trespas. Et vous ferez bien.

Il a esté ordonné que ledit s^{ur} de Croy exhibera ses tiltres du contenu en ceste présente requeste à mons^{ur} le premier président des comptes, messire Pierre Doriolle et messire Jehan Bourre, chevaliers, pour iceulx tiltres par eulx veuz, en venir faire leur rapport au conseil du roy.

Fait audit conseil le xxiiiime jour de novembre, mil iiii^c iiii^{xx} et quatre. Ainsi signé J. Mesme.

Après le rapport fait de la matière contenue en ladite requeste, par mons^{ur} le premier président des comptes, messire Pierre Doriolle, chevalier, auquel et au s^{ur} Du Plessis Bourre ladite matière avoit esté remise pour icelle veoir et débatre, pour en venir dire leur advis au conseil, et que icelle matière a esté bien au long débatue oudit conseil;

A esté conclud que touchant le premier point, faisant mencion de la main-levée que ledit s^{ur} de Croy requiert lui estre faicte de la terre et seigneurie de Bar sur Aulbe et des greniers à sel de Mussy-l'Évesque et de Saint-Disier, qu'il aura lettres de ladite main-levée et de confirmacion de l'engaigement, dont en ladite requeste est faicte mencion, tout ainsi que en icelle requeste est plus applain contenu.

Et au regard du second point, faisant mencion d'avoir main-levée de l'esmolument et prouffit des greniers à sel de Chastel en Porcien et de Cornucy, que jà pieçà furent baillez par le feu roy Lois audit s^{ur} de Croy, en récompense de la conté de Guynes, que ledit de

Croy lui bailla pour bailler au conte de Charrolois au traicté qui fut fait devant Paris.

A esté dit que ceste matière sera renvoiée à mess^{urs} des comptes à Paris, et qu'il leur sera mandé par lettres patentes que, si après les droiz et tiltres dudit s^{ur} de Croy par eulx veuz et visitez bien au long, il leur appert du bail de ladite conté de Guynes, et du donné à entendre par ledit s^{ur} de Croy par sadite requeste, ou autres loyaulx enseignemens, tant que souffire doye, ilz, en ce cas, le facent, seuffrent et laissent jouir et user de ladite récompense, selon le contenu de ladite requeste.

Copie des lettres escriptes à M. de Dunoiz touchant maistre Jehan Travers.

DE PAR LE ROY.

Très chier et amé oncle et cousin, nous avons reçeu voz lettres par lesquelles nous escripvez que vous estes enquis de la détencion de maistre Jehan Travers, lieutenant du bailly de Touraine, et que n'en avez riens peu savoir; dont nous donnons grans merveilles et encores plus de ce que le duc ignore ceste matière, car il n'y a bonne ville par deçà ne Paris, Orléans, Tours ne autres, là où il n'en soit mervueilleusement grant bruit, et comment ledit Travers est en franchise dedans l'église des Carmes à Renes, en laquelle franchise il a esté énormement batu et mutillé de son corps, ou grant contempt et irrévérance de Dieu et de nous. Par Jehan de Lagrange, notre maistre d'ostel, vous en avons jà escript et mandé bien au long notre entencion. Et pour ce que par vosdites lettres nous donnez cause de vous en escripre derechief; si ledit Travers n'est délivré et vous estiez party pour vous en venir par deçà sans le ramener quant et vous, retournez en toute dilligence devers le duc, pour lui dire et remonstrer comme vous saurez bien faire, et y faictes tellement qu'il soit mis à plaine délivrance et que notre auctorité y soit gardée, et que n'aions plus cause de y renvoier; car aussi bien fauldroit-il que y retournissiez, vous priant que à ce faire entendez et vacquez dilligemment sur tout le service que nous désirez faire. Donné à Gien sur Loire, le vi[e] jour de décembre.

Plus, lettres de permission aux mannans et habitans de la ville de Harfleu, en ensuivant l'octroy à eulx fait par le feu roy Loys, que Dieu absoille, et depuis confermé par le roy Charles qui à présent est, et pour six ans davantaige, de povoir prandre, cueillir et lever v s. tourn. sur chacune queue de vin vendue en ladite ville et menée hors d'icelle; qu'ilz puissent cuillir et lever ledit octroy sur tous les vins qui seront deschargez ès mectes de ladite ville de Harfleu et prevosté d'icelle, pour obvier aux abuz que aucuns marchans font de descharger les vins hors ladite ville, afin qu'ilz soient exemps de paier ledit aide de v s. tourn.; au moien de quoy, ladite ville pourroit tumber en ruyne et désolacion, pour ce que ledit aide et octroy est pour convertir ès réparacions et emparemens d'icelle ville.

Item. Une retenue de chappelain du roy aux honneurs pour ung prebstre, parent d'ung des portiers du roy, nommé[1]

Item. Une autre retenue de médicin du roy aux honneurs, pour ung médicin, dont mons[ur] de Genly a fait la requeste, nommé m[e] Jehan Godefroy.

Commission adressant au premier maistre des requestes ou conseiller de la court de parlement, pour informer du débat et question estans entre les religieuses du Pont Saincte Mexante, touchant certain ellection faicte de ladite abbaie, en laquelle sont quatre contendans à qui sera abbesse, et des abuz, forces et violances qui s'i sont commises, et l'informacion faicte estre rapportée au roy et à son conseil, pour y adviser ainsi qu'il appartiendra par raison.

Lettres missives aux archiers estans en garnison à Saumur, et à ceulx de ladite ville, qu'ilz ne seuffrent desloger les gens de la royne de Cécille des logiz où ilz sont logez, actendu que ledit Saumur lui a esté baillé pour son douaire et pour sa demeure.

---

[1] Le nom est en blanc dans le manuscrit.

DU VIIe JOUR DE DÉCEMBRE MIL IIIIe IIII^{xx} (QUATRE), A GIEN SUR LOIRE.

Estans au conseil :

M. de Lorraine,
M. de Beaujeu,
M. le chancellier,
M. de Périgueux,
M. de Marseille,
M. le président des comptes Doriolle,
M. de Curton,
M. de Graville,
M. de Chastelachier,
M. de Montmoranci,
M. de Lisle,
M. de Champerroux,
M. Des Quars,
Me Adam Fumée,
Me Pierre de Sacierges,
Me Estienne Pascal,
Messire Pierre Sallat,
Messire Michel Gaillart, } généraulx des finances.
Me Guillaume Briçonnet,

Sur la matière mise en termes pour donner ordre ou fait des monnoies ;

A esté conclud que on escripra lettres aux xxiiii villes où se font lesdites monnoies, et maistres particuliers desdites monnoies, estans en icelles, c'est assavoir : Paris, Cremyeu, Rommans, Mirabel, Montpellier, Thoulouse, Tours, Angiers, Poictiers, La Rochelle, Limoges, Sainct-Pourçain, Dijon, Mascon, Troyes, Rouen, Tournay, Sainct-Lo, Sainct-Quentin, Sainte-Menehoult, Bourdeaulx, Parpignen, Bourges, Lyon, qu'ilz débatent entre eulx ceste matière, et assemblent à ce faire les gens marchans et gens de bien à ce congnoissans, et leur advis rédigé par escript envoient par homme bien instruit devers le roy et son conseil, dedans le jour de la Chandelleur prouchainement venant, pour le tout veu, y estre pourveu ainsi qu'il appartiendra par raison.

Item. Lettres aux bailliz et séneschaulx de ce royaume, qu'ilz facent publier et signiffier au peuple que tout homme qui aura monnoie estrange autre que du coing du roy, aient à s'en deffaire dedans le temps et terme de troys moys prouchainement venant. Desquelles lettres la teneur sensuit :

Chers et bien amez, noz très-chiers et bien amez les gens des troys estatz de notre royaume, en l'assemblée dernièrement tenue en notre ville de Tours, nous ont fait remonstrer les grans abuz qui chacun jour se commectent ou fait des monnoies d'or et d'argent ayans cours en notre royaume, tant de celles qui sont forgées en noz monnoies particulières que aux estrangières, au moien du pris et cours excessif qui leur est donné, ou grant préjudice de nous et de la chose publicque de notre royaume. A l'occasion desquelles remonstrances, nous, désirans y pourveoir, escripvismes à noz amez et féaulx conseillers, les généraulx de noz monnoies, estans à Paris, nous advertir et informer de leur adviz sur l'ordre qui estoit à tenir ou fait desdites monnoies : lesquelz depuis nous ont à plain informez de l'évidente perte et dommaige que y avons, tellement qu'ilz ont trouvé que pour raison dudit pris et cours excessif, qui est donné ausdites monnoies estrangières pour plus qu'elles ne vallent, que les estrangiers tirent du marc d'argent, les aucuns LX s. tourn. et les autres IIII l. tourn., plus que ne faisons en noz monnoies forgées en notredit royaume ; et fondent noz bonnes monnoies pour forger les leurs. Pareillement du marc d'or tirent les aucuns XV l. tourn., et les autres XX l. tourn., plus que nous, en donnant cours excessif à leur or : et y font et commectent plusieurs autres grans abuz. Et pour ce que désirons donner quelque bonne ordre en ceste matière, pour relever notre peuple desdits abuz, nous avons advisé que, avant que y mectre autre conclusion, d'avoir l'advis de plusieurs gens de bien de notre royaume, en ce expers et congnoissans. Si vous mandons et expressément enjoignons que incontinant, à toute dilligence, vous faictes assemblée générale de noz officiers estans en votre ville, tant de notre monnoie que autres, et des marchans, mannans et habitans d'icelle, pour leur communicquer ladite matière, et avoir sur ce leur advis et oppinions : et leursdits advis faictes mectre par escript soit sur l'abolissement desdites monnoies estrangières, donner pris et cours raisonnable aux nostres, que aussi en la forme et manière qui se devra tenir en toutes les choses deppendans desdites monnoyes. Et iceulx advis envoiez-nous par quelque notable personnaige, en ce expert et congnoissant, quelque part que soions, au jour de la Chandelleur prouchainement venant, pour, sur iceulx advis, veuz par nous et les gens de notre sang et conseil, et généraulx de nosdites monnoies, y estre pourveu comme il appartiendra par raison. Et au surplus, afin de garder que lesdites monnoies estrangières ne se multiplient plus cy-après en notre royaume, nous avons dès à présent, par l'advis que dessus, escript aux bailliz et séneschaulx de notredit royaume faire notiffier et défendre, par les limites de leurs juridicions, par cry public, que toutes personnes aians monnoies estrangières d'or et d'argent, d'autre coing que du nostre, aient à trouver moien d'eulx en deffaire et dessaisir dedans troys moys prouchainement, en manière que lesdits troys moys escheuz, aucun n'en soit trouvé saisi, ainsi que de tout serez plus à plain advertiz par ladite publicacion. Donné à Gien sur Loyre le xe jour de décembre.

DE PAR LE ROY.

Notre amé et féal, pour ce que nous avons esté advertiz du grant (grief) et dommaige que portent à nous et à noz subgectz les monnoies estrangères, aiant à présent cours en notre royaulme pour plus grant pris qu'elles ne vallent; et que désirons de tout notre cueur y pourveoir, nous vous mandons, commandons, et expressément enjoignons que, incontinant ces lettres veues, vous faictes publier par toutes les limites et mectes de votre juridicion, et crier à son de trompe, sur certaines et grans peines à nous à applicquer, que toute personne aiant monnoies estrangières d'or ou d'argent, d'autre coing que du nostre, aient à trouver manière d'eulx en deffaire et dessaisir dedans troys mois prouchainement venans, en manière que après lesdits troys moys escheuz, aucun n'en soit trouvé saisi, afin qu'elles n'aient plus cours que pour estre mises et emploiées au billon; car pendent lesdits troys moys nous espérons donner telle ordre et provision au fait desdites monnoies, que lesditz abuz n'auront aucun lieu cy-après, et que nosdits subgectz ne seront plus endommaigez comme ilz ont esté par cy-devant. Si gardez qu'il n'y ait point de faulte. Donné à Gien sur Loyre le dix^{me} jour de décembre[1].

DU IXe JOUR DE DÉCEMBRE MIL CCCC QUATRE VINGS ET QUATRE, A GIEN.

Estans au conseil :

Mons^{ur} de Lorraine,
M. de Beaujeu,
M. le chancellier,
M. de Périgueux,
M. de Marseille,
Messire Pierre Doriolle, président des comptes;
M. de Genly,
M. de Curton,
M. de Montmoranci,
M. de Lisle,

M. Des Quars,
M. de Champerroux,
Le bailly d'Alemaigne,
M. de Chastelachier,
Messire Pierre Sallat,
Me Adam Fumée,
Le prothonotaire de Vendosme,
Me Charles de La Vernade,
Me Pierre de Sacierges,
Me Estienne Pascal.

Pour maistre Guillaume Dasnières, notaire et secrétaire du roy, congié de résigner son office de secrétaire ou prouffit de son filz, actendu les services qu'il a fais, et son ancien eaige.

---

[1] Cette date est postérieure à celle de la séance qui va suivre. Il est probable qu'il y a une transposition dans le manuscrit.

Pour maistre Pierre Oraige, notaire ou Chastellet de Paris, congié de résigner sondit office a personne ydoine et souffisant.

Sur ce que mess[urs] les maistres des requestes ordinaires de l'ostel du roy ont requis au roy et à mess[urs] de son sang et conseil creue leur estre faicte de leurs gaiges de cinq solz parisis par jour durant le terme de dix ans, à iceulx avoir et prendre sur les admendes de la court de parlement, où ilz sont assignez, oultre et par dessus leurs gaiges et autres bienfaiz, actendu les grans fraiz et mises qu'ilz ont à supporter chacun jour ou service du roy, et considéré que le IIIIe jour de cedit moys de décembre oudit conseil du roy ladite creue leur avoit esté accordée pour deux ans seulement ;

A esté concludque, considéré les fraiz et services dessusdits, qu'ilz auront ladite creue de gaiges de v s. paris. par chacun jour, oultre et par dessus leurs autres gaiges et bienfaiz, et par forme de don, jusques a dix ans prouchains venans, à icelle creue de gaiges avoir et prendre sur les admendes de la court de parlement, par la forme et manière qu'ilz sont paiez de leurs gaiges ordinaires.

Item. A esté ordonné que doresenavant par chacun an, on fera estat du revenu desdites admendes de parlement, afin que mess[urs] des finances aient la congnoissance de la distribucion d'icelles.

Item. A esté ordonné que le receveur desdites admendes, qui à présent est, comptera en la chambre des comptes de la recepte et administracion qu'il a eues et a encores du fait desdites admendes, sans plus délaier, comme il a tousjours fait.

Depuis sont survenuz audit conseil :

M. de Bresse,
M. le prince d'Orenge.

Sur ce que mons[ur] de Curton, gouverneur de Limosin, a requis ou conseil du roy délivrance lui estre faicte par mess[urs] les trésoriers de France de terres et seigneuries de Mirambel et de Réauville, à luy baillées et vendues par feu M. de Guienne, frère du feu roy Loys, que Dieu absoille, pour la somme de xii^m escus d'or, à lui baillez comptant par ledit s^{ur} de Curton, à rachapt perpétuel, en lui rendant ou aux siens lesdits xii^m escuz, pour une foiz, par lesquelles ont esté empeschées au moien de la révocacion du dommaine;

A esté conclud que la délivrance sera faicte audit s^{ur} de Curton, par provision, pour joir desdites terres de Mirambel et Réauville, pendent le terme de six ans prouchainement venans, et tout ainsi qu'il faisoit au jour de la révocacion du dommaine, pendent lequel temps mess^{urs} des finances adviseront de le faire appoincter desdits xii^m escuz, le plus bref qu'ilz pourront, afin que lesdites terres et seigneuries reviennent plustost au roy.

Mandement adressant au bailly de Chartres ou à son lieutenant, pour lui renvoier l'entérinement et congnoissance d'une rémission obtenue par ung nommé Yvonnet Du Tertre, d'un murtre par lui commis en la personne de Charlot Moysant, filz de Matrie, vefve de feu Jehan Moysant demourant à Ylliers près Chartres, laquelle rémission estoit adressée sur l'entérinement au prevost des mareschaulx ou à son lieutenant, par devant lequel elle avait esté adjournée pour veoir procéder sur ledit entérinement, à laquelle journée elle dit estre venue en ceste ville de Gien, où elle n'a trouvé ledit prevost ou son lieutenant ne sadite partie; par quoy a esté avisé de renvoyer ladite matière audit bailly de Chartres, pour ce que c'est en sa juridicion.

Une retenue de maistre des requestes aux honneurs pour m^e Guillaume Bruny, docteur en loix, lequel est gendre de Guillaume de La Croix, trésorier des guerres.

Sur la requeste faicte par les religieux, abbé et couvent de l'église de Saint-Sauveur de Redon de Bretaigne, remonstrans que le feu roy Loys, que Dieu absoille, leur donna iiii^m l. tourn. de rente, pour l'acquict d'un veu par lui fait du temps qu'il estoit daulphin; pour laquelle fondacion ilz ont supporté et supportent de grandes charges, pour le service continuel et autres charges qu'ils ont fait et font en ladite église pour ledit feu roy, et que dernièrement à la remonstrance faicte de ladite fondacion à Tours aux estatz, sur le dessaisinement et empeschement que leur donnoient les commissaires de la réunion du dommaine, il leur fut octroyé mandement du roy et assignacion d'un terme qui estoit lors escheu, pour le tiers de ladite fondacion, dont ilz n'ont eu aucun paiement pour ce que les terres et seigneuries sur lesquelz ils furent assignez, furent peu après délivrées à mess^{urs} de Nemours et mareschal de Gyé : par quoy requièrent qu'il plaise au roy les faire paier et joir du contenu oudit mandement, et du temps depuis escheu qui est ung an entier;

A esté conclud que, actendu que une foiz ledit mandement et assignacion leur ont esté accordez, qu'il sera ordonné à mess^{urs} des finances ou trésoriers de les appoincter dudit terme selon ledit mandement. Et au surplus pour ce qui est escheu depuis ledit temps, le roy aura regard en besongnant au fait des autres fondacions faictes par ledit feu roy, pareillement à plusieurs autres églises.

Pour maistre Dreux Bude, notaire et secrétaire du roy, confirmacion et continuacion des lettres pactentes du feu roy Loys, que Dieu absoille, pour estre paié des gaiges de XII s. paris. par jour et autres droiz appartenans audit office de secrétaire, en ensuivant lesdites lettres dudit octroy, par la forme et manière qu'il en a esté paié du vivant du feu roy, à commencer du jour du trespas dudit feu roy.

Pour maistre Michiel Pileur, notaire ou Chastellet de Paris, congié de résigner sondit office à telle personne souffisant et ydoine que bon lui semblera.

Pour ledit Michiel Pileur, clerc du guet de nuyt à Paris, congié de résigner sondit office de clerc du guet de nuyt à telle personne, etc.

Pour Georges Pileur, sergent à cheval du guet de nuyt à Paris, congié de résigner sondit office du guet de nuyt à telles personnes souffisant, etc.

Pour Guillaume Maulevault, notaire oudit Chastellet de Paris, congié de résigner sondit office de notaire à telle personne, etc.

DU DIX^me JOUR DE DÉCEMBRE MIL CCCC QUATRE VINGS ET QUATRE, A GIEN SUR LOIRE.

Estans au conseil :

Mons^ur de Lorraine,
M. de Beaujeu,
M. le chancellier,
M. de Périgueux,
M. de Marseille,
M. le président Doriolle,
M. de Curton, gouverneur de Limosin;
M. de Genly,
M. de Lisle,
M. Des Quars,
M. de Champerroux,
Le bailly de Nancy,
Me Adam Fumée,
Me Charles de La Vernade,
Me Pierre de Sacierges,
Me Estienne Pascal,
Messire Henry de Merle,
Messire Pierre Sallat,
Messire Christophle de Carmonne.

Pour les religieux, abbé et couvent de l'église et abbaye mons^ur Sainct Jehan lez Amiens, congé de quester d'ici à ung an, pour leur aider à réediffier et reffaire leur église abatue durant le sieige qui fut mis devant ladite ville par le feu duc Charles de Bourgoigne.

Une admende de LX l. paris. pour Philibert Destainville, maistre d'ostel de la royné.

Une retenue de conseillier et chambellan du roy aux honneurs pour le s^ur de Tengues, nepveu de mons^ur Desguardes.

Lettres de confirmacion pour les religieux de Notre-Dame du val des escolliers lez Chaumont en Bassigny, pour prendre x charges de sel blanc sans gabeller en la saulnerie de Salins, lequel sel leur appartient de rente, ainsi qu'ilz dient, sur le conté de Bourgoigne, en faisant apparoir de leurs lettres à eulx par cy devant octroiées.

Pour Regnault de Chastellet, lettres de révision d'un procès dont il a esté condempné ou parlement de Grenoble, pourveu que l'arrest donné à l'encontre de lui sera préalablement exécuté selon sa forme et teneur, ensemble la depposition de consigner les vi^{xx} l. tourn.

Pour Jehan de Chasteauneuf, panetier du roy, lettres pour avoir foires et marchez en ung sien villaige nommé[1]..... avec les pourveuz acoustumez.

Pareilles pour Gaultier Des Quars en ung sien villaige nommé[2]..... avec lesdits pourveuz.

Pour les Augustins de Paris, lettres au pape et à plusieurs cardinaulx pour avoir des pardons en l'onneur de la Concepcion Notre-Dame, et pour entretenir les enfans et novisses estudians oudit couvent.

DU TREIZIESME JOUR DE DÉCEMBRE, MIL IIII^c IIII^{xx} ET QUATRE, A GIEN SUR LOIRE.

Estans au conseil :

Le roy,
M. le cardinal de Bourbon,
M. de Lorraine,
M. de Beaujeu,
M. de Bresse,
M. de Vendosme,
M. le prince d'Orenge,
M. de Périgueux,
M. le président des comptes Doriolle,
M. de la Trimolle,
M. Des Querdes,
M. de Graville,
M. de Genli,
M. de Piennes,
M. de Momorancy,
M. Du Monteil,

---
[1] Le nom est laissé en blanc dans le manuscrit.
[2] *Idem*

M. Du Bouchaige,
M. de Lisle,
M. de Champerroux,
M. Des Quars,
M. le bailly de Meaulx,
M. Du Plessis Bourre,
Messire Michel Gaillart, }
M* Guillaume Briçonnet, } généraulx des finances;
Le général de Picardie,
M* Adam Fumée,
M* Charles de La Vernade,
M* Pierre de Sacierges,
M* Estienne Pascal,
Messire Henry de Marle,
Messire Pierre Salat,
M* Philippe Baudot.

Sur la matière mise en termes touchant le fait des guetz, et savoir, pour derrenière résolucion, la manière comment on en usera d'icy en avant.

Après que cestedite matière a esté bien au long débatue en la présence du roy et de tous les dessusdits, et que on a eu allégué ce qui en fut derrenièrement ordonné au boys de Vincennes; et aussi veu et considéré que les ordonnances qui furent faictes sur le fait desdits guetz par le roy Charles VIIme, en la présence des s^{urs} de son sang, et autres gens de bien du royaume, en bien grant nombre, furent si meurement concluttes, et que, à ceste cause, a semblé qu'on les devoit ensuivre;

A esté conclud, pour résolution finalle, par le roy que doresnavant on usera desditz guetz, tout ainsi et en la forme et manière que on faisoit du temps et vivant dudit feu roy Charles VIIme, et selon lesdites ordonnances sur ce par lui faictes.

Et pour ce que aucuns ont esté d'oppinion oudit conseil, qu'il seroit bon de communicquer ceste matière à aucuns de mess^{urs} de la court de parlement, que le roi a mandez devers lui, pour autres causes, avant que du tout la conclure,

A esté dit que on leur communicquera ceste présente conclusion, mais que néantmoings riens ne se muera ne changera de ladite conclusion, et que les lettres en seront faictes et dépeschées selon icelle conclusion; lesquelles le roy a commandées oudit conseil, présens tous les dessusdits.

Et sont ordonnez pour besongner en cestedite matière, c'est assavoir: à veoir les ordonnances dudit roy Charles VIIme et pour adviser à donner ordre aux abuz qui pourront estre sur le fait desditz guetz:

- M. Des Cordes,
- M. Du Monteil,
- M. le président des comptes, messire Pierre Doriolle, et mons^{ur} Du Plessis Bourre.

Sur la requeste faicte par mons^{ur} de Graville, touchant la restitucion et réintegracion qu'il a requis lui estre faicte de la place, terre et seigneurie de Vendeul, qu'il dit avoir prinse sur lui par voye de fait, par mons^{ur} le conte de Romont ou par ses gens, ensemble plusieurs biens meubles estans en ladite place;

Après que mons^{ur} de Bresse, frère dudit s^{ur} de Romont, et le dit s^{ur} de Graville ont esté sailliz hors du conseil, a esté ladite matière mise en délibéracion, et a esté conclud que lettres seront escriptes de par le roy à mondit S^{ur} de Romont, qu'il vueille rendre et restituer ladite place audit de Graville, veu que ledit de Graville en estoit paisible possesseur à l'eure de ladite prinse comme il dit.

Item. Que si ledit s^{ur} de Romont y prétend aucun droit, qu'il le poursuive en justice. Et au surplus se icellui s^{ur} de Romont, après avoir veues lesdites lettres du roy, fait difficulté de rendre ladite place, a esté ordonné que ledit s^{ur} de Graville aura lettres patentes adressant au bailli, soubz la jurisdicion duquel est assis ledit Vendeul, que s'il lui appert que à l'eure de ladite prinse de ladite place, ledit s^{ur} de Graville en feust paisible possesseur, et que ledit s^{ur} de Romont l'ait prinse ou fait prandre sur lui, et semblablement lesditz biens meubles, par voye de fait et sans auctorité de justice, que en ce cas, il face remectre et réintégrer ledit s^{ur} de Graville en possession de ladite place, terre et seigneurie de Vendeul, et lui rendre et restituer lesdits biens meubles.

Des XIIII, XV, XVI, XVII, XVIII, XIX, XX et XXIe jours de décembre, *nihil,* pour ce que mess^{urs} besongnoient ès finances et en la guerre [1].

LE XXIIme JOUR DE DÉCEMBRE, L'AN MIL IIII^c IIII^{xx} ET IIII, LE CONSEIL DU ROY TENU AU CHASTEL DE MONTARGIS, OUQUEL ESTOIENT CEULX QUI S'ENSUIVENT :

 Mons^{ur} le duc de Lorraine,
 Mons^{ur} le conte de Clermont, s^{ur} de Beaujeu ;
 Mons^{ur} le conte de Bresse,
 Mons^{ur} le chancellier,
 Mons^{ur} l'évesque de Périgueux,
 Mons^{ur} le premier président des comptes,
 Mons^{ur} le président des enquestes, messire Pierre Sallat ;
 Mons^{ur} de Lisle, bailli de Costentin ;
 Mons^{ur} le seneschal de Périgueux,
 Maistre Adam Fumée,
 Maistre Charles de La Vernade,   maistres des requestes ordinaires ;
 Maistre Estienne Pasqual,
 Maistre Aulbert Le Vaste,
 Maistre Emery Louet,
 Le prothonotaire de Blanchefort,
 Maistre Jehan de Bailly, procureur du roy au grant conseil ;
 Le bailli d'Allemengne.

Fut mis en déliberacion ung advertissement qui a esté fait au roy et à mess^{urs} de son sang et de son grant conseil, pour les gens

---

[1] Il y a à la suite de ceci quelques lacunes occasionnées par le mauvais état du manuscrit.

de guerre qui de présent sont ès marchiez de Fouez et ès environs, pour le différent qui estoit entre madame la princesse de Navarre et mons⁰ʳ de Narbonne; lesquelz gens de guerre, mesmement ceulx qui sont de la nacion du royaume, sont pretz à partir pour retourner ung chacun en son logeis et reffuge. Dit a esté et ordonné que *lettres closes et commissions* seront faictes de par le roy; c'est assavoir :

POUR LE PAYS DE GUIENNE :

Monsᵘʳ d'Albert et monsᵘʳ de Cominge...... *Lettres missives.*

POUR LIMOSIN :

Monsᵘʳ de Curton, gouverneur de Limosin.. } *Lettres missives.*
Monsᵘʳ de Vantadour.................
Monsᵘʳ de Pompadour................ *Commission et lettres missives à part.*

POUR SAINTONGE :

Monsᵘʳ le viconte de Rochechouart......... } *Commissions.*
Monsʳ Darchiart......................

POUR POITOU :

Monsᵘʳ le séneschal..................
Monsᵘʳ de Bressoure................. } *Commissions.*
Messire Yvon Du Fou................

POUR ANJOU :

Le séneschal d'Anjou................ } *Commissions.*
Monsᵘʳ de La Forest.................

POUR LE MAINE ET LE PERCHE :

Le séneschal Herne Du Chennay.......... *Commission.*

POUR TOURAINE :

Le bailly de Touraine................. } *Commissions.*
Monsᵘʳ de Mailly...................

POUR BERRY :

Mons⁰ʳ le bailly ou son lieutenant lay......	
Mons⁰ʳ Daubourdet....................	} Commissions.
Mons⁰ʳ de Voullon.....................	

POUR LYONNOIS :

Le bailly de Lyonnois ou son lieutenant lay.	} Commissions.
Mons⁰ʳ de Saint-Chamont................	

POUR BEAUJOLOYS :

Le bailly ou son lieutenant lay........... Commission.

POUR LANGUEDOC :

Mons⁰ʳ de Clermont, pour Lodève........

POUR NORMANDIE :

Mons⁰ʳ l'admiral, pour la basse.	
Mons⁰ʳ le grant séneschal...............	} Hault Normendie. Commissions.
Mons⁰ʳ Destouteville....................	

POUR L'ISLE DE FRANCE :

Mons⁰ʳ le prévost de Paris..............	
Mons⁰ʳ de Montmorancy................	} Lettres missives.
Le cappitaine de la Bastille............	
Mons⁰ʳ le bailly de Saint Pierre le Moustier..	

POUR BEAUVOISIN :

Le gouverneur de Clermont.............	} Commissions.
Mons⁰ʳ de Cerens.....................	

POUR CHAMPAIGNE :

Mons⁰ʳ Darsilières....................	
Le bailly de Vitry....................	} Commissions.
Messire Jehan de Suresnes.............	

POUR NYVERNOYS :

Le bailly de Saint Pierre le Moustier ou son lieutenant.......................	} Commissions
Le bailly de Nyvernois................	

Par lesquelles lettres sera mandé ne souffrir retourner lesdites gens de guerre par grandes compaignies, affin de garder plus facilement toutes pilleries, roberies que lesdits gens de guerre pourroient faire, s'ilz estoient en grant nombre ensemble, et que sur ce provision n'y fust donnée. Et[1] que de la délibéracion dessusdite sera adverty mons[ur] le connestable auquel la congnoissance de ceste matière, à cause de son office, en appartient. Et pour ce faire passera par devers luy mondit s[ur] de Curton, gouverneur et seneschal de Lymosin.

Dudit jour, par maistre Estienne Pasqual, maistre des requestes ordinaires de l'ostel du roy, a esté dit et remonstré au roy et à mess[urs], en soy griefvement complaignant, que par la court de parlement et à la requeste de maistre Pierre Pongnant, Jehan Du Plessis, huissier des requestes de l'ostel, avoit esté refusé à exécuter unes lettres d'évocacion au conseil, obtenues par luy pour le fait de son office, et par icelle court arresté en la ville de Paris. Et avecques ce, lui firent commandement, sur peine de privacion de son office et d'estre constitué prisoinier, de ne procéder en ceste matière plus oultre, ne de bailler aucune relacion des choses à luy interdictes et deffendues. Par quoy disoit, ledit Pasqual, ledit huissier s'en estre venu sans povoir faire l'excécucion de sesdites lettres d'évocacion, et par ce moien icelluy luy estre de nulle valleur. Et avec ce ne lui voulloit ledit huissier faire ne bailler relacion des choses dessusdites, requérant au roy et à mess[urs] sur ce luy donner provision, et contraindre ledit huissier luy faire et bailler relacion des choses faictes et interdictes par ladite court, pour luy valloir ce que de raison. Dit a esté que provision sera donnée audit Pasqual et que ledit huissier sera contraint réaument et de fait à luy faire et bailler rellacion de ce que il n'a mis sa provision d'évocacion en excécucion, et les causes pourquoy. Et après fut envoyé quérir ledit

---

[1] Il faut ajouter, je crois, pour compléter le sens, *Il fut ordonné*, mots qui peut-être manquent dans le manuscrit.

huissier au conseil, auquel fut commandé accomplir l'ordonnance dessusdicte, sur peine de pugnicion corporelle.

Dudit jour, sur la requeste faicte par mons[ur] l'admiral audit s[ur] et à mesdits s[urs], contenant que puis aucun temps en çà il avoit équippez certains navires, appartenant à ung nommé Jehan Codelain, pour faire guerre aux Angloiz et autres ennemis de France. Et ont esté iceulx navires garnis et fournis par mondit s[ur] l'admiral de pouldres, pavez et lances, pour le fait de la guerre, ainsi qu'il est tenu de faire : par quoy à ce moien, luy compecte et appartient, à cause de sondit office d'admiraulté, la dixiesme partie de tous les biens et choses qui par iceulx peuvent estre gaignez. Et pour ce que ledit Codelain estoit naguerez sur la mer en iceulx navires, a gagné et conquiz sur les ennemys beaucop de biens, ausquelz il a la dixiesme partie, à cause de son office d'admiral, a esté contraint pour faire guérir de ses gens qui avoient esté blessez en la conqueste desditz biens, et rabiller ses navires qui estoient fort gastées, fraissées et rompues, arriver au port de Plomb prèz de La Rochelle; auquel lieu les gens et officiers de mons[er] de Cominges, admiral de Guienne, ont arrestez tous les biens estans èsdits navires, empeschant par ce moien le droit appartenant à mondit s[ur] l'admiral, requérant luy estre donnée provision de justice. Dit a esté que commission sera baillée, adressant au bailly d'Aulnis et gouverneur de La Rochelle ou à leurs lieutenans, que, s'il leur appert des choses dessusdites, ils retraient, baillent et délivrent à mondit s[ur] l'admiral ledit dixiesme desdites choses arrestez, comme dit est, en baillant bonne et souffisant cauxion par mondit s[ur] l'admiral, de la somme que se pourra monter ledit dix[me], en faisant commandement à tous qu'il appartiendra de ainsi le faire, ne luy donner aucun empeschement ès choses dessusdictes, pour raison de ce que dit est, et que à ce les contraignent réaument et de fait par toutes voies deues et raisonnables, et en cas d'opposition, reffuz ou dellay, ladite recréance desdits biens faicte comme dit est tenant, adjournement soit fait aux parties reffuzantes à jour certain et compétant

DU CONSEIL DE CHARLES VIII. 1484.

par devant messurs de parlement, auxquelz la congnoissance de ceste matière appartient, pour illec estre fait droit aux parties.

DU XXIII͏ᵉ JOUR DE DÉCEMBRE MIL IIIIᶜ IIIIˣˣ ET QUATRE, AU CONSEIL DU ROY, TENU AU CHASTEL DE MONTARGIS, AUQUEL ESTOIENT CEULX QUI SENSUIVENT :

Monsur le duc de Lorraine,
Monsur le chancellier,
Monsur l'évesque de Périgueux,
Monsur maistre Adam Fumée,
Maistre Charles de La Vernade,

Maistre Estienne Pasqual,
Maistre Aulbert Le Viste,
Le bailly d'Allemaigne,
Le prothonotaire Blanchefort,
Maistre Jehan de Baillif.

Pour ledit jour riens ne fut fait que l'expédicion des requestes [1].

Du xxiiiiᵐᵉ jour dudit moys, *nihil fuit expeditum* en justice ne en autres choses, excepté au fait des finances.

Du xxvᵐᵉ jour dudit moys, jour de Noël, *nihil*.

Du xxviᵐᵉ jour dudit moys, *nihil*.

DU XXVIIᵐᵉ JOUR DUDIT MOYS, LE ROY SÉANT EN SON CONSEIL OU CHASTEL DE MONTARGIS, AUQUEL ESTOIENT CEULX QUI SENSUIVENT :

Monsur le duc de Lorraine,
Monsur le conte de Clermont, sur de Beaujeu ;
Monsur le conte de Bresse,
Monsur le conte de Vendosme,
Monsur le prince d'Orenge,
Monsur le chancellier,

---

[1] Cet alinéa est bâtonné dans le manuscrit.

Mons^ur de La Trymolle,
Mons^ur l'évesque de Périgueux,
Mons^ur le président des comptes Doriolle,
Mons^ur de Graville,
Le bailly de Meaulx.

Fut mis en délibéracion la requeste baillée par la ville et communauté d'Ippre, l'un des trois membres de la conté de Flandres, contenant qu'il pleust au roy oster le fait de la drapperie à certains villaiges qui sont autour de ladite ville, qui par ce moien sont causes de faire ung grant dommage à ladite ville, et icellui réunir et remectre en icelle, comme autresfoiz et ou temps passé il avoit acoustumé d'estre. Dit a esté que, pour ce que de ceste matière a esté débat et question entre ladite ville et lesdits villaiges, et que par la court de parlement, en aucuns incidens, aucune chose en avoit esté adjugée, à l'avantage desdits villaiges contre ladite ville, en seroit parlé à huit ou dix grans et notables personnages de ladite court de parlement qui doivent en brief venir devers ledit s^ur en cestedite ville de Montargis, pour, puis aprez lesdits conseilliers sur ce oys, icelluy s^ur, les s^urs de son sang et gens de son grant conseil, y estre pourveu et appoincté tout au mieulx que possible sera.

Du xxvIII^me jour dudit moys, riens ne fut besongné au fait de la justice, ne autrez choses, excepté ès matières de finances.

DU XXIXme JOUR DUDIT MOYS, LE CONSEIL DU ROY, TENU AU CHASTEL DE MONTARGIS, OUQUEL ESTOIENT CEULX QUI SENSUIVENT :

Mons^ur le duc de Lorraine,
Mons^ur le conte de Clermont, s^ur de Beaujeu;
Mons^ur le conte de Bresse,
Mons^ur le chancellier,
Mons^ur l'évesque de Périgueux,
Mons^ur le premier président des comptes Doriolle,

Mons^ur d'Argenton, séneschal de Poitou [1];
Le bailly de Costentin,
Messire Pierre Sallat, président en la chambre des enquestes à Paris;
Maistre Adam Fumée, maistre des enquestes ordinaires;
Maistre Charles de la Vernade, } maistres des requestes ordinaires;
Maistre Estienne Pasqual,
Maistre Aulbert Le Viste,
Maistre Jehan de Bailly, procureur du roy au grant conseil;
Le bailly d'Allemaigne.

Fut mis en délibéracion une requeste faicte de bouche par mons^ur d'Argenton, contenant en effect que messire Beaudouyn de Launay, tenant le party du duc d'Autriche, détenoit et occupoit les terres du Giez et de Siply, assises en pays de Hénault, à luy appartenant, laquelle détencion estoit contre l'édict fait pour la paix d'entre le roy et ledit duc d'Autriche. Et pour ce requéroit qu'il pleust au roy escripre audit duc d'Autriche, combien que par deux foys ledit s^ur luy eust autresfois escript de ceste matière, luy rendre et faire délivrer ses terres et seigneuries, en le sommant par icelles lettres de ainsi le faire, ou autrement que, pour justice faire audit mons^ur d'Argenton, seroit raisonnablement tenu luy faire restablir et restituer autant de terres et seigneuries et de telle valeur que sont celles qui de présent luy sont détenues et occupées sur les gens tenans le party dudit duc, ayans de quoy y satisfaire de par deçà. Dit a esté que lesdites lettres seront octroyées audit s^ur d'Argenton, semblables qu'il les a requises, aussi sera rescript au bailly de Haynault, qui est le juge souverain et qui doit administrer justice à ung chacun dudit pays, où sont situées icelles terres et seigneuries, pour satisfaire à ce que dit est dessus. Et en cas de reffuz et que délivrance ne lui en sera faicte desdites terres et seigneuries, ensemble du revenu d'icelles, reçeuz et perçeuz par ledit occupant, depuis ledit traictié de la paix jusques à présent, provision luy sera donnée, c'est assavoir : lettres pactentes, par lesquelles sera mandé

[1] Le célèbre Philippe de Comines qu'on voit figurer plus haut, et qui avait été nommé en 1476 sénéchal de Poitou, à la place du seigneur de Chaumont.

au bailli soubz lequel lesdites terres sont assises, saisir et prendre autant de terres et seigneuries et de semblable valleur que pourroient estre estimées celles d'icellui s^{ur} d'Argenton, pour icelles luy bailler et délivrer et en joir comme de son propre héritage, et jusques à ce que restablissement et délivrance luy seront faictes des choses dessusdites, à luy détenues comme dit est.

DU PÉNULTIME JOUR DE DÉCEMBRE MIL IIII^C IIII^{XX} ET QUATRE, LE CONSEIL DU ROY TENU AU CHASTEL DE MONTARGIS, OUQUEL ESTOIENT CEULX QUI SENSUIVENT :

Mons^{ur} le duc de Lorraine,
Mons^{ur} le conte de Clermont,
Mons^{ur} l'évesque de Périgueux,
Mons^{ur} Des Querdes,
Mons^{ur} de Curton,
Mons^{ur} le premier président des comptes Doriolle,
Maistre Thibault Baillet, président en la court de parlement;
Messire Pierre Sallat, président des enquestes de ladite court;
Maistre Charles de La Vernade, } maistres des requestes ordinaires de l'ostel.
Maistre Estienne Pasqual,
Maistre Guillaume de Cambray,
Maistre Jehan Bouchart,
Maistre Jehan Aligret, } conseillers en ladite court de parlement;
Maistre Jehan Emeret,
Maistre Guillaume Ruzé,
Maistre Guillaume Briçonnet,
Maistre Robert Thiboult, advocat civil en ladite court de parlement;
Maistre Philippes Baudot, } conseillers au grant conseil;
Maistre Robert Le Viste,
Maistre Jehan de Bailly, procureur du roy audit grant conseil;
Mons^{ur} de Chastellacher,
Mons^{ur} de Montmorancy,
Mons^{ur} de Lisle, bailly de Costentin;
Mons^{ur} Du Plessis Bourre, trésorier de France;
Le bailly d'Allemaigne.

A esté dit par mons^{ur} le chancellier ce qui sensuit :

Le roy, notre souverain s^{ur}, a tousjours jusques à présent acoustumé de voulloir communicquer ses grans affaires aux gens de sa court souveraine du parlement de Paris. Et pour ce que de présent en a aucuns bien grans, envoie quérir les dessusdits nommez, président et conseilliers d'icelle. Et affin que d'iceulx aient congnoissance, est vray que nouvelles sont survenues des parties de Bourgogne, que ung nommé messire Jehan de Jaucourt, chevalier, s^{ur} de Villernon, et son filz, ledit chevalier conseillier et chambellam du duc d'Autriche, avecques autres ses complices, lesquelz pour lors n'ont esté nommez, ont fait de grans surprinses, à l'encontre du roy, en voullant suborner les gens dudit pays et retirer de l'obéissance dudit s^{ur}, et iceulx réduire à la subgection dudit duc d'Autriche, son maistre; avecques ce, ont tiré plusieurs tiltres et enseignemens, comme lectres, chartres et autres choses estans en la chambre des comptes de Dijon, et iceulx porter et fait porter par lesdits complices audit duc d'Autriche. Pour lesquelles causes, par $mons^{ur}$ de Baudricourt, gouverneur dudit pays, a esté ledit chevalier, sondit filz et aucuns de sesdits complices prins et constituez prisonniers, et encores sont de présent. Voullant le roy, notredit s^{ur}, avoir de vous tous voz advis et oppinions, qu'il est à faire des dessusdits prisonniers, et pour ce faire, en a donné charge pencer aux choses dessusdites, pour aprez dire ung chacun ce que bon leur en semblera.

DU DERRAIN JOUR DE DÉCEMBRE MIL IIII^c IIII^{xx} ET QUATRE, LE CONSEIL DU ROY TENU AU CHASTEL DE MONTARGIS, OUQUEL LEDIT S^{ur} ESTOIT PRÉSENT ET CEULX QUI SENSUIVENT :

$Mons^{ur}$ le duc de Lorraine,
$Mons^{ur}$ le conte de Clermont.
$Mons^{ur}$ le prince d'Orenge,
$Mons^{ur}$ le conte de Vendosme,
$Mons^{ur}$ le chancellier,
$Mons^{ur}$ l'évesque de Périgueux,
$Mons^{ur}$ de Curton,
$Mons^{ur}$ de la Trimolle,

Maistre Thibault Baillet, président en la court de parlement à Paris;
Maistre Pierre Sallat, président en la chambre des enquestes de ladite court;
Maistre Charles de La Vernade,
Maistre Adam Fumée,
Maistre Estienne Pasqual,
} maistres des requestes ordinaires[1];
Maistre Guillaume de Cambray
Maistre Jehan Bouchart,
Maistre Jehan Aligret,
Maistre Jehan Emeret,
Maistre Guillaume Briçonnet,
Maistre Guillaume Ruze,
} conseilliers de ladite court de parlement;
Maistre Robert Thiboult, advocat civil en ladite court de parlement;
Maistre Philippe Baudot,
Maistre Robert Le Viste,
} conseilliers ou grant conseil;
Maistre Jehan de Bailly, procureur du roy oudit grant conseil;
Mons^{ur} le bailly de Meaulx,
Mons^{ur} le bailly de Costentin.

Fut mise en délibéracion la requeste faicte par...[2], serviteur et embaxadeur du duc d'Autriche, contenant qu'il pleust au roy faire délivrer de prison messire Jehan de Jaucourt et son filz, ledit messire Jehan de Jaucourt, s^{ur} de Villernon, conseiller et chambellam dudit duc d'Autriche; lesquelz avoient esté prins, et de présent sont détenuz prisonniers par mons^{ur} de Baudricourt, gouverneur ès parties de Bourgongne. Aussi requiert ledit ambaxadeur, de par sondit maistre le duc d'Autriche, qu'il pleust au roy faire déclaracion par ses lettres patentes, que le s^{ur} de Ramond, soy disant estre ès parties de Flandres cappitaine et lieutenant général sur le fait de la guerre, pour le roy, n'avoir aucune charge pour ledit s^{ur} en icelle, désadvouant desdites choses par luy dictes, et dont il se vante ès parties de par delà, en continuant le contenu au traictié de la paix, fait entre le roy et sondit maistre, par lequel est dit soustenir l'un l'autre envers tous et contre tous.

[1] Nous rétablissons cette désignation, omise ici dans le manuscrit, comme elle se trouve au folio 120 r° du même manuscrit.
[2] Le nom est resté en blanc dans le manuscrit.

Dit a esté, quant au premier point, qu'on a prins ledit de Jaucourt et sondit filz, pour ce qu'ilz sont accusez, depuis ledit traictié de paix fait, avoir esté commis par eulx crime de lèze-magesté, et pour ce qu'ilz sont subgiectz du roy, et les cas commis ès pays dudit s^{ur} luy appartient congnoistre, et à ses officiers dudit délit. Maiz pour l'onneur dudit duc d'Autriche, y sera procédé par gens saiges, tant de sa court de parlement que d'autres, affin que s'ilz estoient accusez à tort, que repparacion leur fût faicte : et laquelle le roy leur fera faire, telle et si honneste qu'ilz devront estre contens, aussi se autrement estoit, pour d'iceulx estre fait justice, telle que au cas appartiendra. Et quant au second point, touchant le fait de mons^{ur} de Romont, dont ledit duc fait remonstrance au roy, a escript bien au long ledit s^{ur} audit duc d'Autriche, touchant ladite matière, par laquelle rescripcion pourra estre adverty sur ce du voulloir et entencion dudit s^{ur}, et lui en a fait responce telle dont il se doit contenter. Oultre plus, a esté délibéré faire responce audit ambaxadeur selon le contenu en ceste présente déclaracion. Aussi a esté dit que bon sera, tant pour la matière qui est grant de soy, que pour l'onnesteté de la personne dudit duc qui est ung grant prince et prouchain alyé du roy, comme chacun sçet, y envoier une honneste ambaxade pour plus au long et plus amplement remonstrer et dire toutes les choses dessusdictes, affin que ledit duc d'Autriche saiche de la partie du roy qui n'y va que en toute bonne et juste entencion, ne n'a voulloir d'autrement faire, désire tousjours estre amy et bien vueillant d'icellui duc, comme promis a esté par ledit traictié de paix.

JANVIER.

Du premier jour de janvier mil IIII^c IIII^{xx} et quatre[1] *nihil*.

Du deuxiesme ensuivant *nihil*.

Du troixiesme jour ensuivant, l'expédicion est escripte au IIIIme ensuivant.

Du IIIIme jour ensuivant dudit moys, le conseil du roy tenu au chastel de Montargis, ouquel estoient ceulx qui sensuivent :

Mons^{ur} le duc de Lorraine,
Mons^{ur} le conte de Clermont,
Mons^{ur} le conte de Bresse,
Mons^{or} le chancellier,
Mons^{ur} l'évesque de Périgueux,
Mons^{or} de Curton,
Mons^{ur} le premier président des comptes Doriolle,
Maistre Thibault Baillet, président en la court de parlement à Paris;
Messire Pierre Sallat, président en la chambre des enquestes de ladite court;
Maistre Philippes Baudot,
Maistre Charles de La Vernade, } maistres des requestes ordinaires de l'ostel;
Maistre Estienne Pasqual,
Maistre Guillaume Cambray,
Maistre Jehan Bouchart,
Maistre Jehan Alegrin,
Maistre Jehan Emeret, } conseilliers en ladite court de parlement;
Maistre Guillaume Briçonnet,
Maistre Guillaume Reze,

---
[1] 1485 (nouveau style).

Maistre Aulbert Le Viste, conseiller au grant conseil;
Monsʳ le bailly de Meaulx,
Monsʳ d'Argenton,
Monsʳ de Lisle, bailly de Costentin;
Monsʳ Du Plessys Bourre,
Monsʳ de Mery,   } trésoriers de France;
Monsʳ de Montglaz,
Monsʳ Gaillart, général.

A esté mis en délibéracion l'outrage fait à Travers, allant en Bretaigne pour excécuter un adjournement en cas d'appel en perrie à la personne du duc, obtenu à la requeste des nobles de Bretaigne, estans du présent fuitifz au royaume.

Dit a esté que la matière est grande et fort estrange et deshonneste, et pour ce eschiect bien y estre prudentement procédé, pour y estre gardée l'auctorité et honneur du roy, qui y a esté grandement follé : et pour à tout satisfaire, que le tout soit renvoyé à la court souveraine du royaume où toutes grandes matières ont acoustumé d'estre décidées et déterminées. Et par l'oppinion d'aucuns, doit estre faicte commission, donnée par l'auctorité de la court, par laquelle soit mandé à certain commissaire notable personnage pour soy infformer desdits excepz faiz, contenuz ou procès-verbal dudit maistre Jehan Travers, lequel procès-verbal n'est pas assez souffisant pour par icellui en estre fait aucun bon jugement; et lesdites informacions faictes, icelles closes et scellées avecques ledit procès-verbal, le tout renvoier à ladite court, comme dit est, à laquelle appartient la congnoissance de ceste matière pour les causes dessusdites, aussi actendu que jà y est introduicte icelle matière par appel.

DU Ve JOUR DE JANVIER MIL CCCC QUATRE VINGTZ ET QUATRE, LE CONSEIL TENU AU CHASTEL DE MONTARGIS, APRÈZ DISNER, EN LA PRÉSENCE DU ROY, OUQUEL ESTOIENT CEULX QUI SENSUIVENT :

Mons^{ur} le duc de Lorraine,
Mons^{ur} le conte de Clermont,
Mons^{ur} le conte de Bresse,
Mons^{ur} le prince d'Aurenge,
Mons^{ur} le chancellier,
Mons^{ur} de Périgueux,
Mons^{ur} de Curton,
Mons^{ur} de La Trimolle,
Mons^{ur} le premier président des comptes Doriolle,
Maistre Thibault Baillet, président en la court de parlement à Paris ;
Messire Pierre Sallat, président en la chambre des enquestes de ladite court ;
Maistre Guillaume de Cambray,
Maistre Jehan Bouchart,
Maistre Jehan Algrin,
Maistre Jehan Emeret,
Maistre Guillaume Briçonnet,
Maistre Guillaume Ruze,
} conseilliers en la court de parlement ;
Maistre Charles de La Vernade,
Maistre Estienne Pasqual,
Mons^{ur} le bailly de Meaulx,
Mons^{ur} le bailly de Costentin,
Mons^{ur} le bailly de Manny,
Mons^{ur} le séneschal de Périgueux,
Maistre Robert Thiboult, procureur du roy en ladite court de parlement ;
Maistre Aulbert Le Viste, conseiller au grant conseil.

Par mons^{ur} le président maistre Thibault Baillet fut rapporté le procès fait en Bourgongne, du s^{ur} de Villernon, de présent prisonnier audit pays de Bourgongne. Apprez lequel rapport fait, a esté dit et ordonné que tous les prisonniers, tant ceulx qui sont ès prisons et entre les mains des officiers du roy, que ceulx qui sont ès prisons et entre les mains de ceulx de la ville, et seront amenez par deçà devers le roy et puiz aprez renvoiez à la court de parlement à Paris, par icelle estre procédé en icellui ainsi qu'ilz verront estre à faire par raison, aussi amener l'abbé du moutier Saint-Jehan, de présent aussi prisonnier. Et pour ce que l'abbé de Saint Bégnigne, qui est chargé des cas contenuz oudit procès, est absent, soit prins à sa personne, se apréhendé peult estre, sinon soit procédé à l'encontre de luy par adjournemens personnelz et autrement, ainsi qu'on a acoustumé faire en tel cas. Et a esté oppiné par aucuns que le roy doit escripre lettres clozes aux gouverneur de Bourgongne et ceulx de la ville, pour faire venir par devers luy, quelque part qu'il soit, tous lesdits prisonniers. Les autres ont esté d'oppinion qu'on doit adresser commission aux dessusdits pour ce faire. Autres ont oppiné qu'on leur doit adresser commissions et lettres closes.

DU VIe *nihil*.

DU VIIe *nihil*.

DU VIIIme JOUR DE JANVIER MIL IIII^c IIII^{xx} ET QUATRE, A MONTARGIS.

 Estans au conseil :

Le roy,
M. de Lorraine,
M. de Beaujeu,
M. de Bresse,
M. le prince d'Orenge,
M. le chancellier,
M. de Périgueux,
M. de Graville,
Me Thibault Baillet, président en la court de parlement;
Messire Pierre Sallat, président des enquestes de ladite court;
Me Charles de La Vernade, } maistres des requestes,
Me Estienne Pascal,

Mᵉ Guillaume de Cambray,
Mᵉ Jehan Bouchart,
Mᵉ Jehan Alegrin,
Mᵉ Jehan Emeret, } conseillers en ladite court;
Mᵉ Guillaume Briçonnet,
Mᵉ Guillaume Ruze,
Mᵉ Estienne Duboys,
Mᵉ Robert Thiboult, advocat du roy en ladite court;
Mᵉ Philippes Baudot,
Mᵉ Aubert Le Viste,
M. Du Bouchaige,
M. de Lisle,
M. le bailly de Meaulx,
M. le bailly de Nancy,
M. de Mery,
M. de Montglat, } trésoriers de France;
Denis Le Breton, général des finances.

Cedit jour, oudit conseil, a esté mis en termes la matière de monsᵘʳ d'Alençon contenant deux poins :

Le premier touchant l'eschicquier que ledit sᵘʳ d'Alençon a puis naguières tenu et terme en son duché d'Alençon, durant le temps que l'eschicquier du roy se tenoit en Normandie en la ville de Rouen, ce qu'il ne pouvoit ne devoit faire, ainsi qu'on dit.

Le second point est touchant l'arrière-ban que ledit duc d'Alençon a fait crier et publier mectre sus, de son auctorité, et sans le sçeu, auctorité et conmandement du roy, en ses pays, terres et seigneuries, soubz couleur de se[1] vouloir mesler du fait de monsᵘʳ Charles d'Armeignac.

Et après que ceste matière a esté bien au long débatue et sur icelle oppiné par les dessusdits en la présence du roy, pour adviser à y donner provision, tout veu et considéré :

A esté dit que, touchant le premier point, faisant mencion dudit eschicquier, que la matière sera remise à la court de parlement à Paris, afin que les advocat et procureur général du roy en ladite

---

[1] Ms. : *ce.*

court y forment une opposition, et puissent prandre à l'encontre dudit duc d'Alençon et ses officiers, telles conclusions qu'ilz verront estre à faire, pour la conservacion des droiz, auctorité et souveraineté du roy en ceste partie;

Et au regard du second point, touchant ledit arrière-ban, a esté dit que conmissions réitératives seront adressées aux bailliz et senneschaulx du royaume, mesmement de Normandie, gouverneur du Daulphiné et prévost de Paris, pour, narracion faicte du cas, faire inhibicion et deffence par cric publicque et à son de trompe, que nul de quelque estat ou condicion qu'il soit, ne soit doresnavant si osé ne hardy de soy mectre sus, assembler, mectre en armes, marcher ne comparoir à nulles assemblées sans le sçeu et conmandement du roy, et ce sur peine de confiscacion de corps et de biens, bannissemens du royaume, et d'estre repputez rebelles et désobeissans au roy.

Item. De contraindre tous ceulx qu'ilz trouverront ainsi assemblez par l'ordonnance dudit duc d'Alençon à eulx départir, soit par prinse, arrest et détencion de leurs personnes, biens et héritaiges, en la main du roy par main forte ou autrement deuement, en manière que la force et auctorité en demeure au roy.

Item. Autres conmissions adressans à deux ou trois notables personnaiges, pour aller sur les lieux où besoing sera, faire informacion du cry dudit arrière-ban desdites assemblées, et de la forme et manière conment ledit duc d'Alençon et ses officiers y ont fait procéder, de quelle auctorité, des causes pourquoy, qui le meut de ce faire; et le tout rapporter en ladite court de parlement à Paris, pour par icelle court y estre pourveu ainsi qu'il appartiendra par raison.

Item. Povoir de prandre au corps de plus chargez coulpables jusques à tel nombre qu'ilz adviseront, et iceulx envoier prisonniers en ladite court; et les autres moins coulpables adjourner à comparoir en personne en icelle court.

DU Xme JOUR DE JANVIER MIL IIII^c IIII^{xx} ET QUATRE, A MONTARGIS.

Estans au conseil :

Le roy,	Me Guillaume Briçonnet,
M. de Lorraine,	M. de Graville,
M. de Beaujeu,	M. Du Bouchaige,
M. de Bresse,	M. de Lisle,
M. le chancellier,	M. Du Monteil,
M. de Périgueux,	M. Des Quars,
Messire Pierre Doriolle,	M. le bailly de Meaulx,
Me Thibault Baillet,	Me Charles de La Vernade,
Me Guillaume de Cambray,	Me Estienne Pascal,
Me Jehan Bouchart,	Me Jehan Bourre,
Me Jehan Allegrain,	M. de Mery,
Me Jehan Emeret,	Messire Michel Gaillart,
Me Guillaume Ruze,	Me Aubert Le Viste,
Me Robert Thiboust,	Me Philippes Baudot.

Après que, en la présence du roy et des dessusdits, le procureur de la ville de Saint Omer et autres, gectez et mis hors de ladite ville par le s^{ur} de Viennois, ont eu remonstré au roy, oudit conseil, la manière conment ilz ont esté expulsez et mis hors de ladite ville, et qu'ilz ont requis justice leur estre administrée, et leur estre pourveu par le roy ou par sa court de parlement;

A esté conclud qu'ilz auront leur reliefvement en cas d'appel.

Item. Que conmission sera adressée à mons^{ur} Des Querdes pour faire informacion de ce que dit est, et de la manière conment. Et ladite informacion faicte sera envoyée au roy et à son conseil, pour icelle veue estre envoyée aux gens du roy en la court de parlement, pour y prandre telles conclusions qui seront advisées.

Item. Lettres missives à ceulx de Saint Omer, touchant ceste matière, afin de garder et tousjours entretenir le traicté de la paix, et la neutralité.

DU XIIme JOUR DE JANVIER MIL IIII^c IIII^{xx} ET QUATRE, A MONTARGIS.

Estans au conseil :

M. de Lorraine,
M. le chancellier,
Messire Pierre Sallat, président des enquestes;
Me Estienne Pasqual,   ⎫
Me Charles Des Potaulx,   ⎬ M^{es} des requestes;
Le prothenotaire de Vendosme,
Me Philippes Baudot,
Me Aulbert Le Viste,
M. le bailly de Nancy.

Pour le s^{ur} de Mallestrot, s^{ur} de Don, a esté dit qu'il jouira de ses héritaiges, dont il est question entre lui et le s^{ur} de La Tour durant le temps de la surcéance derenièrement octroiée; et que si aucune chose a esté innouvée durant le temps d'icelle, ne des autres surcéances par cy-devant octroiées, tant par le feu roy que par le roy qui à présent est, que tout sera réparé et remis au premier estat et deû.

Pour le grant senneschal de Normandie Breszé, lettres à la court de parlement, que, s'il leur appert qu'il ait signé une feulle de papier où estoit certaine confession que lui fist faire Navarrot, et du temps qu'il estoit prisonnier, et qu'il ait signée au rapport de Navarrot ladite feulle de papier, et sans veoir qu'il y avoit dedans, soubz umbre d'aucunes promesses que ledit Navarrot lui faisoit, de le faire mectre hors de prison, que en ce cas ilz donnent audit grant senneschal telle provision que, en leurs consciences, ilz conseilleroient faire au roy.

Item. Le renvoy de la cause et matière du filz de Lois Toustain a esté conmandé [1].

[1] Ici se termine le manuscrit 9824. Le reste, jusqu'à présent, n'a point été retrouvé.

FIN DES SÉANCES DU CONSEIL DE CHARLES VIII.

TABLE

DES

SÉANCES DU CONSEIL DE RÉGENCE

DU ROI CHARLES VIII.

ANNÉE 1484.

AOUT.

Séances antérieures au 3[1]......Pag.	1
Séance du 3............................	14
——— du 5............................	17
——— du 6............................	25
——— du 9............................	31
——— du 12...........................	45
——— du 13...........................	50
——— du 16...........................	53
——— du 17...........................	57
——— du 18...........................	60
——— du 19...........................	62
——— du 20...........................	65
——— du 21...........................	69
——— du 23...........................	75
——— du 27...........................	77
——— du 28...........................	86

SEPTEMBRE.

Séance du 6............................	88
——— du 13...........................	98
——— du 27...........................	99

Séance du 29..................Pag.	101
——— du 30...........................	ibid.

OCTOBRE.

Séance du 1er.........................	104
——— du 2............................	112
——— du 3............................	116
——— du 4............................	117
——— du 5............................	119
——— du 6............................	120
——— du 7............................	121
——— du 8............................	124
——— du 9............................	125
——— du 10...........................	126
——— du 11...........................	128
——— du 12...........................	129
——— du 15...........................	131
——— du 16...........................	134
——— du 17...........................	136
——— du 18...........................	137
——— du 22...........................	138
——— du 23...........................	140
——— du 24...........................	141

---

[1] Il n'existe qu'un fragment de ces séances, qui ne portent pas de date distincte.

	Pag.		Pag.
Séance du 25	142	Séance du 4	201
—— du 31	144	—— du 5	205
NOVEMBRE.		—— du 6	206
		—— du 7	211
Séance du 1ᵉʳ	144	—— du 9	214
—— du 3	146	—— du 10	218
—— du 4	148	—— du 13	219
—— du 5	150	Séances des 14, 15, 16, 17, 18, 19, 20 et 21	222
—— du 6	152	Séance du 22	ibid.
—— du 8	154	—— du 23	227
—— du 9	155	Séances des 24, 25, 26	ibid.
—— du 10	156	Séance du 27	ibid.
—— du 11	157	—— du 28	228
—— du 14	158	—— du 29	ibid.
—— du 17	162	—— du 30	230
—— du 18	165	—— du 31	231
—— du 19	166		
—— du 20	169	**ANNÉE 1485.**	
—— du 21	172		
—— du 22	174	**JANVIER.**	
—— du 23	176		
—— du 24	177	Séances des 1ᵉʳ, 2, 3	234
—— du 25	179	Séance du 4	ibid.
—— du 26	180	—— du 5	236
—— du 27	184	Séances des 6 et 7	237
—— du 29	186	Séance du 8	ibid.
DÉCEMBRE.		—— du 10	240
Séance du 1ᵉʳ	195	—— du 12	241
—— du 2	198		

FIN DE LA TABLE.

www.ingramcontent.com/pod-product-compliance
Lightning Source LLC
Chambersburg PA
CBHW070530170426
43200CB00011B/2376